Informatik-Fachberichte

Herausgegeben von W. Brauer
im Auftrag der Gesellschaft für Informatik (GI)

2

Betrieb von Rechenzentren

Workshop der Gesellschaft für Informatik
Karlsruhe, 23.-24. September 1975

Herausgegeben von A. Schreiner

Springer-Verlag
Berlin Heidelberg New York 1976

Programmausschuß:

K. Becker-Berke, K. H. Grimm, D. Haupt, P. Lange-Hellwig, R. Rackles

Herausgeber
Prof. Dr. A. Schreiner
Lehrstuhl für Großrechenanlagen
Rechenzentrum der Universität Karlsruhe
Zirkel 2
Postfach 6380
D-7500 Karlsruhe 1

Library of Congress Cataloging in Publication Data
Gesellschaft für Informatik.
    Betrieb von Rechenzentren : Workshop der Gesell-
schaft für Informatik, Karlsruhe, 23.-24. September
1975.

    (Informatik-Fachberichte   Band 2   )
    Bibliography: p.
    Includes index.
    1. Electronic data processing. 2. Data
processing service centers. I. Schreiner, Adolf,
1929-   II. Title. III. Series: Gesellschaft für Informatik. Fachtagungen der Gesellschaft für Informatik.
HF5548.2.G47 1976   658'.05'4   76-4465

AMS Subject Classifications (1970): 68-00, 68-02
CR Subject Classifications (1974): 2.45, 3.72, 4.6

ISBN-13: 978-3-540-07621-6   e-ISBN-13: 978-3-642-66320-8
DOI: 10.1007/978-3-642-66320-8

<u>V O R W O R T</u>

Die Gesellschaft für Informatik trat mit dem Workshop "Betrieb
von Rechenzentren" an den grossen Kreis von Firmen, Behörden,
Lehr- und Forschungseinrichtungen heran, die Datenverarbeitungs-
anlagen betreiben. Die Fragen, die sich aus dem Betrieb von Da-
tenverarbeitungsanlagen ergeben, betreffen die Organisation des
Betriebsablaufs, Probleme der Personalschulung und -führung ebenso wie Methoden der Leistungsmessung, der langfristigen Planung,
der Betriebssysteme, der Anlagentechnik sowie der leistungsbezo-
genen Kalkulation, um nur die wichtigsten zu nennen. Um sich
nicht in diesem weiten Feld zu verlieren, konzentrierte sich der
Workshop auf 5 Themengruppen:
1. Organisation und Technik in Rechenzentren
2. Planung in Rechenzentren
3. Betriebsablauf in Rechenzentren
4. Abrechnung und Leistungsanalyse
5. Sicherheit in Rechenzentren.

Die Veranstaltung richtete sich an die leitenden Mitarbeiter der
Rechenzentren; sie zielte darauf ab, Beiträge aus allen Branchen
der Wirtschaft, aus verschiedenen Verwaltungseinrichtungen sowie
von Forschungsinstituten und Hochschulrechenzentren zu erhalten.
Berichte zu diesem Fragenkomplex, die aufgrund der Erfahrungen
mit Anlagen verschiedener Hersteller gewonnen wurden, sollten
ebenfalls zur Differenzierung der Betrachtungsweisen beitragen.
Die Referate beschreiben entweder exemplarisch den heutigen technischen Stand für den Betrieb von Rechenzentren, basierend auf
entsprechend ausgewählten und belegten Erfahrungen, oder sie bieten Ausblicke auf Konzeptionen und Planungen, die als diskussions-
würdig hinsichtlich der Modernität oder der Systematik angesehen
werden können. Hierbei erschien es durchaus wünschenswert, wichtige Bereiche aus der Sicht verschiedener Rechenzentren darzu-
stellen, da sowohl Unterschiede als auch Übereinstimmungen im De-
tail für den Praktiker auf diesem Gebiet von grosser Bedeutung
sind.

Besonders erfreulich war die starke Beteiligung der Industrie
und der Wirtschaft mit Referenten und Teilnehmern an diesem Workshop. Auch die Diskussionsbeiträge, die hier leider nicht wieder-
gegeben werden können, gewannen häufig dadurch, daß gerade Vertreter von Rechenzentren unterschiedlicher Zielsetzungen - z.B.
Wirtschaft und Hochschule - sich zu den angesprochenen Problemen

äußerten. Eine Teilnehmerbefragung bestätigte den bereits im Verlauf der Veranstaltung gewonnenen Eindruck, daß sich gerade dieser heterogene Teilnehmerkreis als besonders fruchtbar für den wechselseitigen Gedankenaustausch erwies und daher eine ähnliche Veranstaltung in ca. 2 Jahren wieder durchgeführt werden sollte.

Den Referenten möchte ich im Namen des Organisationsausschusses dafür danken, daß sie sich der Mühe unterzogen, ihre Erfahrungen zu systematisieren und zur Diskussion zu stellen, ferner gilt der Dank den Mitarbeiterinnen und Mitarbeitern des Rechenzentrums der Universität Karlsruhe, insbesondere Herrn Dr. Martin, für ihren Einsatz, mit dem sie die Veranstaltung und die Vorlage dieses Bandes ermöglichten.

Prof. Dr. Adolf Schreiner

INHALTSVERZEICHNIS

<u>AUTORENVERZEICHNIS</u>

Bayer, Dr. G., Rechenzentrum Universität Braunschweig
Deecke, Dipl.-Ing., G., Rechenzentrum Universität Karlsruhe
Driessen, Ir. L.J., ISA-DPS, Philips Eindhoven/Holland
Feldmann, H., Universität Hamburg
Graef, Dr. M., Rechenzentrum Universität Tübingen
Gruber, K.-P., Ciba-Geigy GmbH, Wehr/Baden
Haberkamm, Dr. G., Klöckner-Werke AG, Duisburg
Haller, V., Philips GmbH Forschungslaboratorium Hamburg
Henkelmann, D., Universität Hamburg
Hogrefe, H.D., IBM Deutschland GmbH, Mainz
Korst, van der A.J., Corporate ISA, N.V. Philips, Eindhoven/Holland
Liesen, Dr. A., Bundesamt für Finanzen, Bonn
Lindemann, Prof.Dr., IBM Deutschland GmbH, Stuttgart
Lortz, Dr. B., Rechenzentrum Universität Karlsruhe
Peischl, F., Rechenzentrum Bayer. Akademie d. Wissenschaften
Pfaffenberger, H., rational, Gesellschaft f. Datenverarbeitung,
                   München
Pohl, H., Rechenzentrum Universität Köln
Rackles, Dr. R., BASF AG, Ludwigshafen
Schrammel, P.K., ISA-S&S, Österr. Philips Industrie GmbH, Wien
Schwiderski, Dr. G., Klöckner-Werke AG, Bremen
Siebert, H.J., IBM Deutschland GmbH, Böblingen
Trampedach, Dr. K., Robert Bosch GmbH, Stuttgart
Wichmann, A., IBM Deutschland GmbH, Stuttgart
Windfuhr, M., Hoesch Werke AG, Dortmund
Wöhr, P., Siemens AG, München
Zöller, G., Universität Hamburg
Zorn, Dr.-Ing. W., Informatik-Rechenzentrum,Universität Karlsruhe

Rechenzentrum - ein Produktionsbetrieb

Manfred Windfuhr - Hoesch AG Dortmund

O. Einleitung

Es ist Ihnen bekannt, dass die Forderung, die gestiegenen Informations-
bedürfnisse - sowohl in Verwaltungsstellen wie auch in Produktions-
betrieben - wirtschaftlich zu beherrschen, die maschinelle Datenverarbeitung immer mehr in den Blickpunkt des Interesses gerückt hat:

. Mit dem ständig fortschreitenden Zentralisierungsprozess in der
  Datenverarbeitung,
. mit dem ständig auf maschineller Basis ansteigenden Datenbeständen,
. mit der engen Kopplung an den Produktionsbetrieb

wachsen die Probleme der Datenverarbeitung bezüglich Planung,
Organisation, Verarbeitung und Sicherheit.

Grundsätzlich können wir davon ausgehen, dass das Rechenzentrum ein
Dienstleistungsbetrieb ist, der wie alle anderen Produktionsbetriebe
Umwandlungen vornimmt. Bei einem Produktionsbetrieb sind es Materia-
lien, die umgewandelt werden, beim Rechenzentrum sind es Daten.
Die Forderungen, die an unseren Produktionsbetrieb, an das Rechen-
zentrum gestellt werden, sind:

. perfekte Produktionsabwicklung
. Termintreue
. Wirtschaftlichkeit
. Sicherheit
. Vertraulichkeit
. Prüfbarkeit
. Anpassung an wechselnde Kapazitätsanforderungen

Um diesen Zielen immer gerecht zu werden, muss durch organisatorische
Änderungen und durch Veränderungen der Produktionsmittel (Hard- und
Software) der Produktionsablauf ständig den sich verändernden Verhält-
nissen angepasst werden.

Bevor die im Rechenzentrum der Hoesch Werke Aktiengesellschaft reali-
sierten Produktionsverfahren und Organisationsformen näher beschrieben

werden, ist es erforderlich, zunächst kurz über die vorhandene Organisation zu berichten.

1. Organisation ESTEL

Die <u>Hoesch Werke AG</u> mit dem Sitz in Dortmund ist der deutsche Teil der Zentralgesellschaft <u>ESTEL N.V.</u> mit dem Sitz in Nijmegen in Holland. Die zweite Arbeitsgesellschaft ist die <u>Hoogovens B.V.</u>, die ihre Produktionsstätten an der Küste Hollands in IJmuiden hat.

Bei der Zentralgesellschaft ESTEL N.V. in Nijmegen gibt es einen Stab für EDV. Bei den Arbeitsgesellschaften in Holland und in Deutschland sind jeweils grosse EDV-Abteilungen angegliedert. Spezielle Prozessrechnerabteilungen sind noch den Betriebsführungsgesellschaften zugeordnet. Insgesamt befassen sich ca. 1250 Mitarbeiter im Konzern mit Computerfragen, einschliesslich der Mitarbeiter eines Softwarehauses.

Die <u>Zentrale Datenverarbeitung Hoesch (ZDH)</u>, eine Stabsstelle der Hoesch Werke AG, mit ca. 500 Mitarbeitern betreut sämtliche Betriebsführungsgesellschaften und konsolidierten Beteiligungen der Hoesch Werke AG. Dieses sind ca. 25 Firmen mit ca. 50000 Beschäftigten. Um die gestellten Aufgaben erfüllen zu können, ist das in der Abbildung 0 dargestellte TP-Netzwerk aufgebaut.

2. Rechenzentrum

Wir erinnern uns an die eingangs an das Rechenzentrum gestellten Forderungen:

- perfekte Produktionsabwicklung
- Termintreue
- Wirtschaftlichkeit usw.

Wir sind der Meinung, dass man diese Forderungen an einen Produktionsbetrieb, hier Forderungen an das Rechenzentrum, weitestgehend erfüllen kann, wenn man
- alle im Rechenzentrum durchzuführenden Aufgaben zunächst in möglichst viele Einzelschritte aufteilt,
- die Einzelschritte nach Funktionsgruppen zusammenfasst,

- möglichst viele Funktionsgruppen automatisiert,
- die Funktionsgruppen in eine straffe Organisationsform einordnet.

Dieses Vorgehen hat Auswirkungen auf die Organisationsstruktur, auf
die Ablauforganisation und auf die technische und bauliche Gestaltung
des Rechenzentrums.

2.0 Organisation des Hoesch-Rechenzentrums

Aufgrund von Wirtschaftlichkeitsberechnungen war man bei Hoesch schon
frühzeitig der Meinung, dass eine Zentralisierung der Datenverarbeitung
im Konzern wesentliche Vorteile bringen würde. So wurde geplant, die
Hardware zu zentralisieren und nur wenige grosse Rechner einzusetzen.
Im Jahre 1966 standen an 5 verschiedenen Stellen insgesamt 11 Rechner.
Zu diesem Zeitpunkt waren in den Rechenzentren 330 Personen damit beschäftigt, die maschinenlesbaren Datenträger zu erstellen, die Maschi-
nenpläne zu koordinieren und die Rechner zu betreiben.

6 Jahre später im Jahre 1972 war mit dem Bezug des neuen Rechenzentrums
das Soll-Konzept erfüllt. Organisatorisch war die Datenverarbeitungs-
abteilung inzwischen auf die höchste hierarchische Stufe gehoben worden; sie war dem Vorstand direkt unterstellt worden. Die einzelnen
Datenverarbeitungsabteilungen waren zu einer Abteilung verschmolzen,
es wurden nicht mehr 11 Rechner, sondern nur noch 2 Grossrechner eingesetzt. Die Mitarbeiterzahl im Rechenzentrum war trotz Verdopplung
der Kapazität von 330 Mitarbeitern auf 270 Mitarbeiter gesunken.

Die eingangs erläuterte Vorgehensweise, die durchzuführenden Aufgaben
weitestgehend zu analysieren und zu ordnen, mit dem Wunsch, eine starke
Funktionsstrennung einzuführen und einen hohen Automatisierungsgrad
zu erreichen, führte nach der Überarbeitung im Jahre 1974 zu folgender
organisatorischer Aufteilung (Abb. 1):

Es wurden 3 Hauptabteilungen geschaffen:

2.0.0 Die Hauptabteilung "Datenbanken und Datensicherung", die sich
als Zentralstelle mit dem Aufbau und der Verwaltung von Datenbanken,
mit der Auswahl und Einführung von neuer, anwendungssystem-unabhängiger
Software, mit der Entwicklung von Methoden zur Datensicherung, mit der
Überprüfung von Datensicherungsmassnahmen und mit der Programmübernahme befasst.

2.0.1 Die "Programmentwicklung und -wartung", die für die rationelle
Abwicklung der grösseren, mehrere Bereiche überdeckenden Automations-
aufgaben im Konzern und für die Wartung der erstellten Systeme zuständig ist. Einzelaufgaben werden auch an anderen Stellen im Konzern
innerhalb vorgegebener Richtlinien programmiert.

2.0.2 Das "Rechenzentrum", das für die formale Abwicklung aller im
Konzern anfallenden Routineaufgaben, einschl. der Testdurchführung,
verantwortlich ist. Zum Rechenzentrum gehören:

. die Abteilung "Datenerfassung", die die maschinenlesbaren
   Datenträger erstellt,
. die Abteilung "Datenverarbeitung", welche die Bedienung der
   Rechner einschl. der Terminals, die Produktionsplanungsaufgaben
   bearbeiten, durchführt,
. die Abteilung "Arbeitsvor- und -nachbereitung", die Planungs-,
   Steuerungs- und Überprüfungsaufgaben für alle Bearbeitungs-
   vorgänge - im Rechenzentrum selbst und zwischen dem Rechenzentrum und den Fachabteilungen - wahrnimmt, und
. die Abteilung "Systemsoftware", die für die Generierung und
   Pflege der Betriebssysteme zuständig ist, die alle Software-
   Pakete implementiert und neue Arbeitstechniken im Rechenzentrum
   entwickelt und einführt.

2.1 Abgrenzung des Rechenzentrums

Wir hatten eingangs festgestellt: Zur Realisierung der "Forderungen
an das Rechenzentrum" benötigen wir:

- eine starke Funktionsstrennung
- einen hohen Automatisierungsgrad

Dieses Prinzip der weitgehenden Dezentralisierung der zu erledigenden
Aufgaben, die Schaffung eines hohen Automatisierungsgrades und - hierdurch hervorgerufen - die Schaffung einer grossen Anonymität spiegelt
sich besonders in dem organisatorischen Aufbau der Hauptabteilungen
"Datenbanken und Datensicherung", "Programmentwicklung und -wartung"
und "Rechenzentrum" sowie in der Kommunikation dieser Bereiche unter-
einander wieder.

2.1.0 Programmübernahme

Automatisierungsprojekte werden nacheinander innerhalb der Hauptabteilung "Programmentwicklung und -wartung" von der "Anwendungsberatung und Systemanalyse" und der "Programmierung" unter Einschaltung des Bereiches "Datenbanken und Datensicherung" durchgeführt. Zusätzlich überwacht die Zentrale Revisionsabteilung des Konzerns stichprobenartig die Automatisierungsvorhaben auf Prüffähigkeit. Nach Fertigstellung der einzelnen Programme erfolgt die formale Abwicklung des Tests durch das Rechenzentrum oder direkt über TP-Leitungen.

Die von der "Programmierung" (Abb. 2) fertiggestellten Jobs werden in der Programmübernahme - einer Gruppe innerhalb des Bereichs "Datensicherung" - den Mitarbeitern der "Arbeitsvor- und -nachbereitung" übergeben. Hier werden formal die Programmkarten, die Jobsteuerkarten, der Datenflussplan und die Jobübersicht überprüft. Nach dieser formalen Prüfung werden dann die Programme von der Abteilung "Datensicherung" in die PRAXLIB gelinkt, und es werden pro Programm Umwandlungslisten und dergl. als Teile der Programmdokumentation automatisch erstellt. Zur maschinellen Erstellung von Programmablaufplänen steht ein Hilfsprogramm zur Verfügung.

Der Übernahme von neuen Programmen widmen wir sehr viel Aufmerksamkeit. Bei dem Betrieb eines Rechenzentrums, welches

- 5000 unterschiedliche Programme fahren muss,
- im 4-Schicht-Betrieb arbeitet,
- viele Terminal-Benutzer hat und
- allgemeine Mengenprobleme zu bewältigen hat,

ist die Vorgabe und die Kontrolle der Einhaltung von Vorschriften über Dateiaufbau, Jobstruktur, Restart-Fähigkeit usw. von ausschlaggebender Bedeutung.

2.1.1 Closed-shop-Betrieb

Um störende Einflüsse vom Rechenzentrum fernzuhalten und somit die Sicherheit und Termintreue zu erhöhen, ist es erforderlich, das Rechenzentrum im Closed-shop-Betrieb zu betreiben. Nur Mitarbeiter der Abteilung "Datenverarbeitung" dürfen ohne Sondergenehmigung den Maschinenraum betreten.

<u>2.1.2 Ein- und Ausgang von Daten</u>

Um die Termintreue überprüfbar gewährleisten zu können, müssen Ein-
gangsbelege sorgsam registriert und die Abstimmung und Verschickung
der Auswertungen sorgfältig durchgeführt bzw. überprüft werden. Hier
ist ein Formalismus aufgebaut, der sehr stark von dem Arbeitsgebiet
abhängig ist.

<u>2.2 Ablauf im Rechenzentrum</u>

Unser Ziel im Rechenzentrum ist es,

- durch maximale Spezialisierung und Automatisierung
- durch die Zuordnung von kleinen Bearbeitungsschritten zu einem
  Bediener
- durch Wegfall von manuellen problemorientierten Unterlagen
- durch automatische Protokollierung und Archivierung

ein Höchstmass an Effektivität und Anonymität zu dem einzelnen Arbeitsplatz zu schaffen und somit einen hohen Grad an Sicherheit und Wirtschaftlichkeit im Ablauf zu erreichen.

<u>2.2.0 Materialfluss und Aufstellung der Maschinen</u>

Pro Tag müssen im Rechenzentrum ca. 1500 Magnetbänder montiert werden
und es wird mehr als 1 t Papier bedruckt. Die Bearbeitung der genannten Mengen erfordert, die Transportwege so kurz wie möglich zu gestalten. Die Magnetbänder werden aus dem Magnetbandarchiv über einen separaten Aufzug in den Maschinenraum gebracht, und das Papier wird auf
Paletten über einen zweiten Aufzug mittels Hubwagen in ein Zwischen-
lager im Maschinenraum transportiert. Aus diesem Grunde stehen alle
Magnetbandgeräte in unmittelbarer Nähe des zuerst genannten Aufzuges,
und die Drucker sind alle in einer Reihe aufgestellt, so dass der
Transportweg vom Papierlager zum Drucker klein ist und die gedruckten
Listen nach der Herausnahme aus dem Drucker direkt auf Transportwagen
gelegt werden und bis auf Ausnahmen zur Papiernachbereitung gefahren
werden.

2.2.1 Ablauf des Informationsflusses

Bei der Schilderung des Ablaufes des Informationsflusses soll im
wesentlichen der Informationsfluss in Computernähe dargestellt werden.
Nachdem die "Arbeitsvor- und Nachbereitung" die Monats- und Tagespläne
für alle im Batch-Betrieb durchzuführenden Arbeiten erstellt und für
die pünktliche Erfassung der Datenträger gesorgt hat, übergibt sie die
Datenträger und Abrufkarten für die entsprechenden Verarbeitungsjobs
auf Transportwagen dem Maschinenraum.

Je nach Terminstellung auf dem Tagesplan werden die Abrufkarten für
die Verarbeitungsjobs eingelesen. Den weiteren Informationsfluss um
den Rechner steuert ein bei uns entwickeltes Dateiverwaltungssystem
(Abb. 3) - ADIOS genannt -, welches im wesentlichen die ca. 25000 Magnetbänder des Magnetbandarchives verwaltet. Angeschlossen an dieses
Dateiverwaltungssystem sind mehrere Sonderprogramme. Aufgrund der Informationen aus dem Betriebssystem, die in ADIOS verarbeitet werden,
sind die Arbeitsvor- und -nachbereitungsaufgaben im Rechenzentrum nahezu beseitigt worden. Nach dem Einlegen der Abrufkarten bzw. Jobsteuerkarten werden im wesentlichen die folgenden Arbeitsschritte unter ADIOS durchgeführt:

- Prüfung der eingelesenen Steuer- bzw. Abrufkarten auf zur
  Verfügung zu stellende Eingabefiles
- Zuordnung der Eingabefiles über eine Datenträgerdatei zu den
  Magnetband-Rollennummern
- Drucken einer Bandanforderungsliste im Magnetbandarchiv, nach
  Rollen-Nummern geordnet in aufsteigender Reihenfolge
- Angabe der freien Magnetbänder des Magnetbandbestandes
- Erstellen von Protokollen und Statistiken

Die Aufstellung der Maschinen wurde so gewählt, daß gleiche Maschinen
beider Systeme in Peripheriegruppen zusammenstehen, z.B. alle Magnet-
bandgeräte. Aus diesem Grunde wurden den einzelnen Peripherie-Gruppen
Terminals zugeordnet, und durch den Einsatz von MCS (Multiple Consol
Support) werden die entsprechenden Operator-Commands den einzelnen
Peripherie-Gruppen übermittelt.

Im Rechenzentrum selbst werden für Probleme der Routine- und Test-
verarbeitung keinerlei Unterlagen benötigt oder geführt, die in irgend-
einer Beziehung zum Verarbeitungsprogramm stehen. So hat der Konsol-
operator die Maschine ausschliesslich auf Maximaldurchsatz zu fahren.

Durch Modifikationen am Betriebssystem werden den einzelnen <u>Terminals</u>, die bei den verschiedenen Konzerngesellschaften aufgestellt sind, nur die <u>Mitteilungen</u> zugänglich gemacht, die sie zum Fahren ihrer eigenen Jobs benötigen.

2.3 Sicherheit im Rechenzentrum

Eingangs war festgestellt worden, dass wir gewährleisten müssen:

. perfekte Produktionsabwicklung
. Vertraulichkeit
. Sicherheit
. Prüfbarkeit usw.

Mittels verschiedener programmierter Verfahren und Auswahl der Maschinenkonfiguration werden diese Forderungen weitgehend bzw. vollständig erfüllt.

2.3.0 Hardware

Ein Rechenzentrum, was im wesentlichen Produktionsplanungsaufgaben durchführt, muss ständig mit seiner Antwortzeit unter einem bestimmten Maximalwert bleiben, d.h. auch bei Ausfall eines Processors oder einer Magnetplattensteuereinheit muss gewährleistet sein, dass die wichtigsten Produktionsplanungsaufgaben noch erfüllt werden können. So ist es möglich, z.B. sämtliche TP-Leitungen über beide Ferndaten-Steuereinheiten an beide Processoren anzuschalten. Ebenso sind von beiden Processoren alle Magnetplatten und alle Magnetbänder zu erreichen. Die wichtigsten Teile der restlichen Peripherie sind über eine Umschaltebene umschaltbar an beide Processoren.

2.3.1 Datensicherung durch Verfahren

Wir unterscheiden zwischen

- einer automatischen Überwachung der Abläufe im Computer mit evtl. Sperrung des Ablaufes bei dem Versuch einer Einleitung nicht zulässiger Verfahren und

- sporadisch durchgeführten manuellen Überwachungen der automatisch
  erstellten Protokolle bzw. der automatisch gespeicherten Daten

Wir setzen generell gleiche Methoden für <u>Überwachung von Routinen</u>
<u>und</u> für die Überwachung von <u>Testläufen</u> ein.

Die Benutzung von Routinedateien zu Testzwecken ist grundsätzlich
nicht zugelassen und auch unter normalen Umständen nicht möglich.
Ist es in Ausnahmefällen erforderlich, einen Testlauf mit umfangreichen Routinedaten durchzuführen, z.B. als Abschlusstest, so bedarf
dieser Vorgang einer Sondergenehmigung und Sonderbehandlung. Von diesen Dateien, die normalerweise weder von einer Datenstation angesprochen werden können noch den Programmierern in Testprogrammen zugänglich
sind, werden durch spezielle Programme Duplikate erstellt, die dann
für den Abschlusstest zur Verfügung gestellt werden können.
Nur die Abteilung Datensicherung kann diese Duplikate erstellen. Die
entsprechende Sondergenehmigung des zuständigen Abteilungsleiters bzw.
der zuständigen Betriebsführungsgesellschaft muss vorliegen.

Wir hatten eingangs die Forderung nach Prüfbarkeit der Rechnerabläufe
erhoben für die Zwecke der Fehlersuche und der Revision.

Die Protokollierung und die <u>Archivierung aller Programmzustände</u> (Abb.4)
erfolgt automatisch, indem alle Routine- und Testprogrammversionen
beim Linken in einem besonderen Plattenbereich zusätzlich abgespeichert
werden. Zur Linkliste werden noch Tag und Uhrzeit der Übernahme in die
Programmbibliothek mitgespeichert. Sämtliche so archivierten Läufe
werden nach Programm-Nr. und Datum sortiert und auf Magnetbändern
archiviert. Ein Inhaltsverzeichnis je Monat bzw. je Kalenderjahr
macht das Auffinden und Rückstellen der Programme einfacher.

Da alle Systemnachrichten in ähnlicher Weise ebenfalls gespeichert werden, ist der lückenlose Nachweis jedes Maschinenlaufes sichergestellt.

Diese Unterlagen dienen also zu speziellen Nachprüfungen, aufgetreten
nach Unklarheiten oder als Nachweis für die spätere Überprüfung des Ablaufes im Rechenzentrum und der Programmierung durch firmeneigene -
z.B. Revision - oder durch externe Stellen, wie z.B. Wirtschaftsprüfer.

Um den Forderungen:

- Schutz der Daten vor Zerstörung
- Vertrauliche Behandlung der Daten

zu genügen, ist es erforderlich, die Datenbestände entsprechend zu
sichern.

2.3.2 Sicherung der Datenbestände

In einem Rechenzentrum mit einem umfangreichen Terminalbetrieb ist es
besonders wichtig, Dateien gegen missbräuchliche Benutzung durch Dritte zu schützen bzw. eine Veränderung oder Zerstörung der Daten zu verhindern. Wir haben daher sichergestellt, dass einem Terminalbenutzer
nur ihm vorher genehmigte Dateien zur Verfügung stehen: Wenn von
einem Terminal ein Job an die Zentrale zur Verarbeitung gesendet wird,
so wird dem Jobeingabestrom automatisch die Kennzeichnung des senden-
den Terminals mitgegeben. Anschliessend wird vor der Verarbeitung
überprüft, ob der Job ausschliesslich Dateien anzieht, die dem Terminal genehmigt worden sind. Sollen im Job Dateien angezogen werden,
die dem Terminal nicht zugeordnet sind, so wird der Job gecancelt.

2.3.3 Sicherung durch bauliche Massnahmen

Die im Organisationsprinzip dargestellte funktionale Trennung der
einzelnen Bereiche ist auch baulich realisiert worden. Ausserdem
sind besondere Massnahmen zum Schutz des Bebäudes vor äusseren Einflüs-
sen getroffen worden. Die baulichen Massnahmen seien kurz zusammengefasst:

- räumliche Trennung der Bereiche entsprechend der funktionalen
  Gliederung
- Berücksichtigung des Datenflusses im Rechenzentrum
- Trennung des Personenverkehrs vom Materialverkehr
- Vorsorge vor Überflutung des Maschinenraumes und des Datenträger-
  archivs
- besonders geschützter Raum für das Datenträgerarchiv
- Feuermeldeanlage
- CO_2-Feuerlöschanlage im Rechenzentrum
- günstige Aufteilung aller wesentlichen Aggregate zur Versorgung
  des Rechenzentrums mit Klima, Strom und Wasser
- Überwachungssystem für Klima, Strom und Wasser

- Türsicherungssystem
- Umzäunung des Gebäudes
- automatische Ein- und Ausgangskontrolle des Personals durch
  Ausweisleser

2.3.4 Aufwendungen für Sicherheit im Rechenzentrum

- Sicherung des Gebäudes: einmalig und weniger als 2 % der Gesamt-
                           baukosten
- Programmierung der Verwaltungs- und Überwachungssysteme:
                           0,1 % des Budgets
- Abwicklung der routinemässigen Datensicherungsmassnahmen:
                           0,6 % des Budgets
- Manuelle Überwachung und Kontrolle der Auswertungen:
                           0,1 % des Budgets
- Kosteneinsparungen durch Datensicherungsmassnahmen:
                           Einsparung von Personal
                           Verbesserung der Programm-Dokumentation
                           einheitliche Verfahrensrichtlinien
                           weniger Wiederholläufe
Ohne die nicht exakt bewertbaren Vorteile sind die Einsparungen
grösser als Aufwendungen.

2.4 Überwachung und Berichterstattung

Besonders schwierig ist es, ein grösseres Rechenzentrum bezüglich der
Leistung der Mitarbeiter und der Leistung der Maschinen exakt zu überwachen. Diese Schwierigkeiten erhöhen sich noch durch den aufgrund der
zu steuernden Produktionsprozesse erforderlichen 3- bzw. 4-Schicht-
Betrieb.

2.4.0 Datenerfassung

Seit Jahren wird die Leistung der Datentypistinnen überwacht. Bei der
früher ausschliesslich konventionellen Datenerfassung wurden die erstellten Lochkarten gezählt bzw. gemessen. Jede Belegart wird durch
einen Datentyp gekennzeichnet; über den Datentyp ist dem Beleg der
Schwierigkeitsfaktor des Arbeitsgebietes zuzuordnen. Aus der Anzahl

der gelochten Lochkarten und dem Schwierigkeitsfaktor wurde ein Punkt-
wert errechnet. Seit dem Einsatz der Datensammelsysteme im Jahre 1972
ist die Leistung der Datentypistinnen exakt feststellbar. Es werden
alle Zeiten, Anschläge und Fehler sowohl der Erfasserin wie der Prü-
ferin für die einzelnen Arbeitsgebiete in der Operator-Statistik pro-
tokolliert.

Die Informationen aus der Operator-Statistik und die Aufschreibungen
aus der restlichen konventionellen Erfassung, erweitert um die Aufgabe
einiger Sonderzeiten, wie Urlaub und dergl., bilden die Grundlage für
die an die einzelnen Datentypistinnen zu zahlende Leistungsprämie, für
die Leistungsentwicklung, für die Monatsberichte der Datenerfassung
und für die Weiterbelastung der Kosten an die einzelnen Konzernwerke.

Vor ca. 3 Jahren wurden ab einer Punktzahl von 50000 pro Monat je
3.-- DM pro 1000 Punkte an Prämie gezahlt. Ausserdem mussten zu diesem Zeitpunkt Fremdfirmen herangezogen werden, um alle im Konzern anfallenden Daten ablochen zu können.
Man hat sich zu diesem Zeitpunkt entschlossen, über eine Erhöhung der
Leistungsprämie die Datentypistinnen zu einer Mehrleistung zu motivieren. Anhand der vorhandenen Leistungsverteilung (Abb. 5, durchgezo-
gener Strich) wurde ab einer Leistung von 60000 Punkten pro Monat der
Prämiensatz überproportional erhöht.

Die Überprüfung der Leistungsverteilung nach einem Jahr ergab, dass
sich die Verteilung zu höheren Leistungen hin verschoben hatte. Dadurch war zwar ein Mehraufwand an Prämie von 3.200.-- DM zu zahlen,
insgesamt wurde aber eine Leistungssteigerung, bezogen auf die erfass-
ten Datensätze, von 12 % festgestellt; diese Leistungssteigerung entspricht einem Wert bei einer Datenerfassung ausser Haus von 34.000.-
DM pro Monat.

2.4.1 Datenverarbeitung

Als Leistung der Datenverarbeitung kann man für den Betrieb einer <u>vor-
handenen Konfiguration</u> die durchgesetzte Menge an CPU-Zeit und evtl.
Verweilzeit gegenüber dem Planwert in einem bestimmten Zeitraum definieren. Ziel in der Datenverarbeitung muss es sein, die Rechner minimal zu nutzen, um die Anschaltzeit und personelle Besetzung und damit
die Kosten gering zu halten. Auf Grund der SMF-Daten werden Auswer-

tungen erstellt, die Auskunft geben über die Rechnerauslastung je
Schicht und je Tag, also über Wartezeiten, die z.B. aufgrund von verzö-
gerten Bandmontagen entstanden sind, über Startzeiten von Jobs, über
den gefahrenen Multiprogrammingfaktor und über die durchgesetzte Menge
an CPU-Zeit und Verweilzeit.
Ausserdem werden alle Wiederholläufe, besonders die, die nicht aufgrund eines Abbruch-Codes erklärbar sind, weitestgehend analysiert.

3. Zusammenfassung

Das Ziel, das vor wenigen Jahren gesetzt wurde, war, einen automatischen Ablauf für möglichst viele Arbeiten im Rechenzentrum zu schaffen.
Damit sollte erreicht werden:

- Reduzierung des Personalbestandes
- Verminderung der Fehlerquellen
- ständige Termintreue
- Substitution von Personalkosten durch Hardware-Kosten
- höhere Wirtschaftlichkeit
- Überprüfbarkeit der durchgeführten Arbeiten
- Erhöhung der Sicherheit und Vertraulichkeit

Unsere Strategie sieht vor, im zentralen Rechenzentrum nur noch die
Systeme in ihren Grundzügen aufzubauen und zu betreiben, die zentralen
Dateien zu implementieren und zu verwalten und die Programmierung
immer mehr in die Fachabteilungen zu verlagern.

Der Weg dorthin erfordert nicht nur neue Hardware-Einrichtungen, sondern auch organisatorische Anpassungen im Rechenzentrum und somit viel
Verständnis der Mitarbeiter.

Die Pionierzeiten der Datenverarbeitung liegen längst hinter uns. Wir
müssen ständig bemüht sein, durch Anwendung, aber auch durch Abschaf-
fung der Datenverarbeitung in verschiedenen Produktionsstätten bzw.
Verwaltungsstellen den für das Unternehmen wirtschaftlichsten Weg zu
finden. Ein Rechenzentrum ist ein Produktionsbetrieb wie jeder andere
und muss somit nach den gleichen Methoden geführt werden. Unser Ziel
im Rechenzentrum muss sein, den Computer in einen Automaten zu über-
führen.

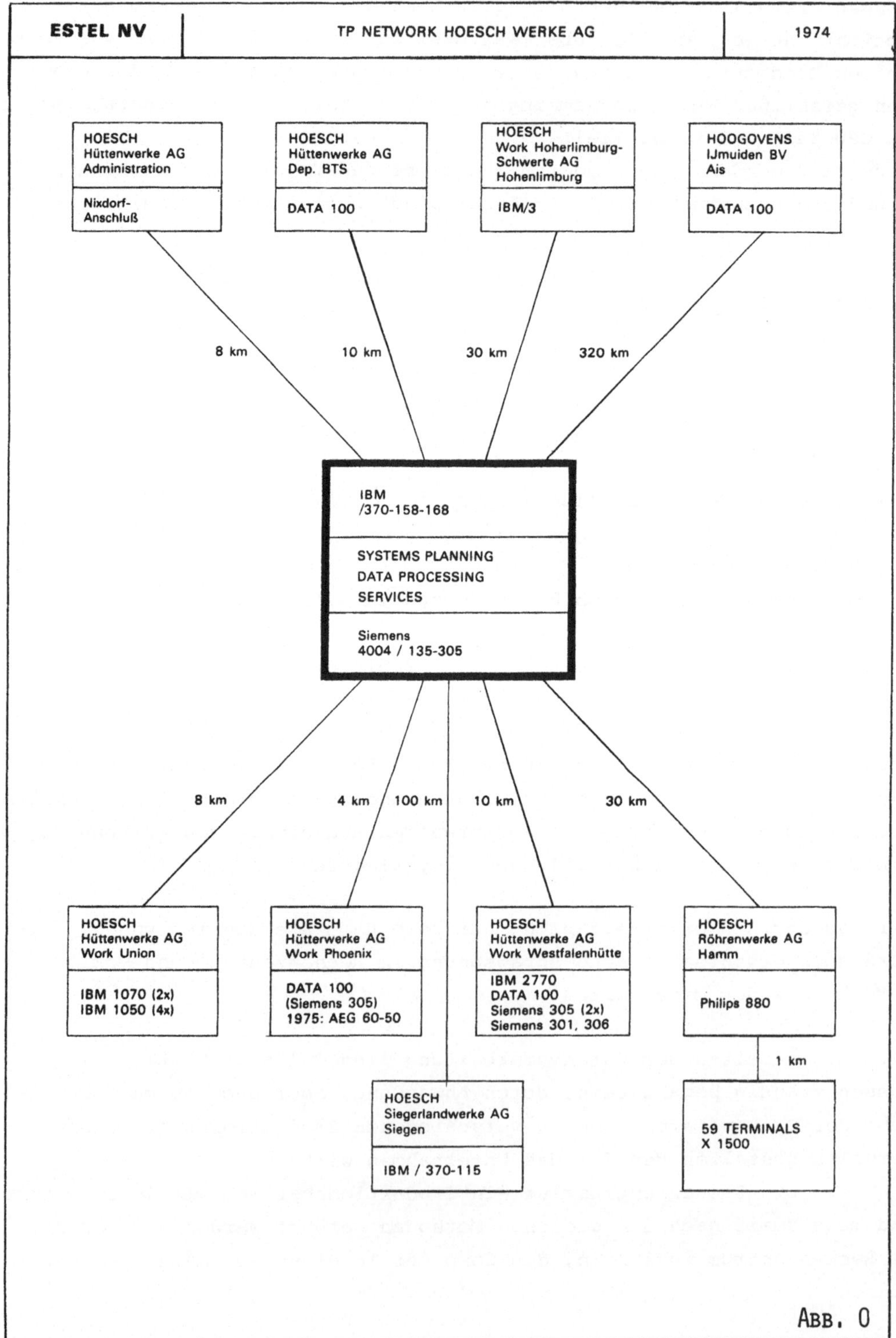

ESTEL NV
TP NETWORK HOESCH WERKE AG
1974
HOESCH
Hüttenwerke AG
Administration
Nixdorf-
Anschluß
HOESCH
Hüttenwerke AG
Dep. BTS
DATA 100
HOESCH
Work Hoherlimburg-
Schwerte AG
Hohenlimburg
IBM/3
HOOGOVENS
IJmuiden BV
Ais
DATA 100
8 km
10 km
30 km
320 km
IBM
/370-158-168
SYSTEMS PLANNING
DATA PROCESSING
SERVICES
Siemens
4004 / 135-305
8 km
4 km
100 km
10 km
30 km
HOESCH
Hüttenwerke AG
Work Union
IBM 1070 (2x)
IBM 1050 (4x)
HOESCH
Hütterwerke AG
Work Phoenix
DATA 100
(Siemens 305)
1975: AEG 60-50
HOESCH
Hüttenwerke AG
Work Westfalenhütte
IBM 2770
DATA 100
Siemens 305 (2x)
Siemens 301, 306
HOESCH
Röhrenwerke AG
Hamm
Philips 880
1 km
HOESCH
Siegerlandwerke AG
Siegen
IBM / 370-115
59 TERMINALS
X 1500
ABB. 0

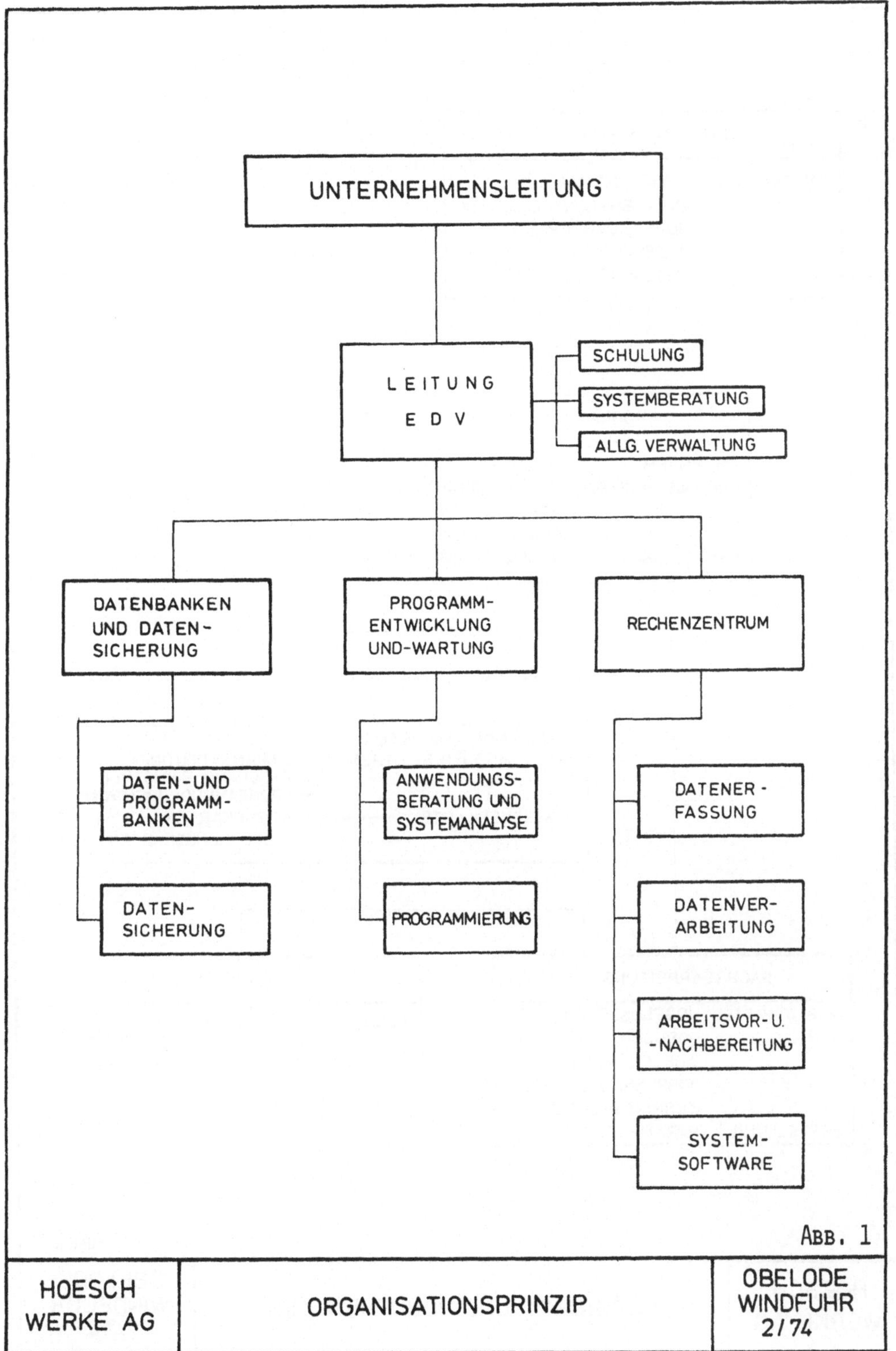

UNTERNEHMENSLEITUNG
LEITUNG EDV
SCHULUNG
SYSTEMBERATUNG
ALLG. VERWALTUNG
DATENBANKEN UND DATEN-SICHERUNG
PROGRAMM-ENTWICKLUNG UND-WARTUNG
RECHENZENTRUM
DATEN-UND PROGRAMM-BANKEN
DATEN-SICHERUNG
ANWENDUNGS-BERATUNG UND SYSTEMANALYSE
PROGRAMMIERUNG
DATENER-FASSUNG
DATENVER-ARBEITUNG
ARBEITSVOR-U. -NACHBEREITUNG
SYSTEM-SOFTWARE
ABB. 1
HOESCH WERKE AG
ORGANISATIONSPRINZIP
OBELODE WINDFUHR
2/74

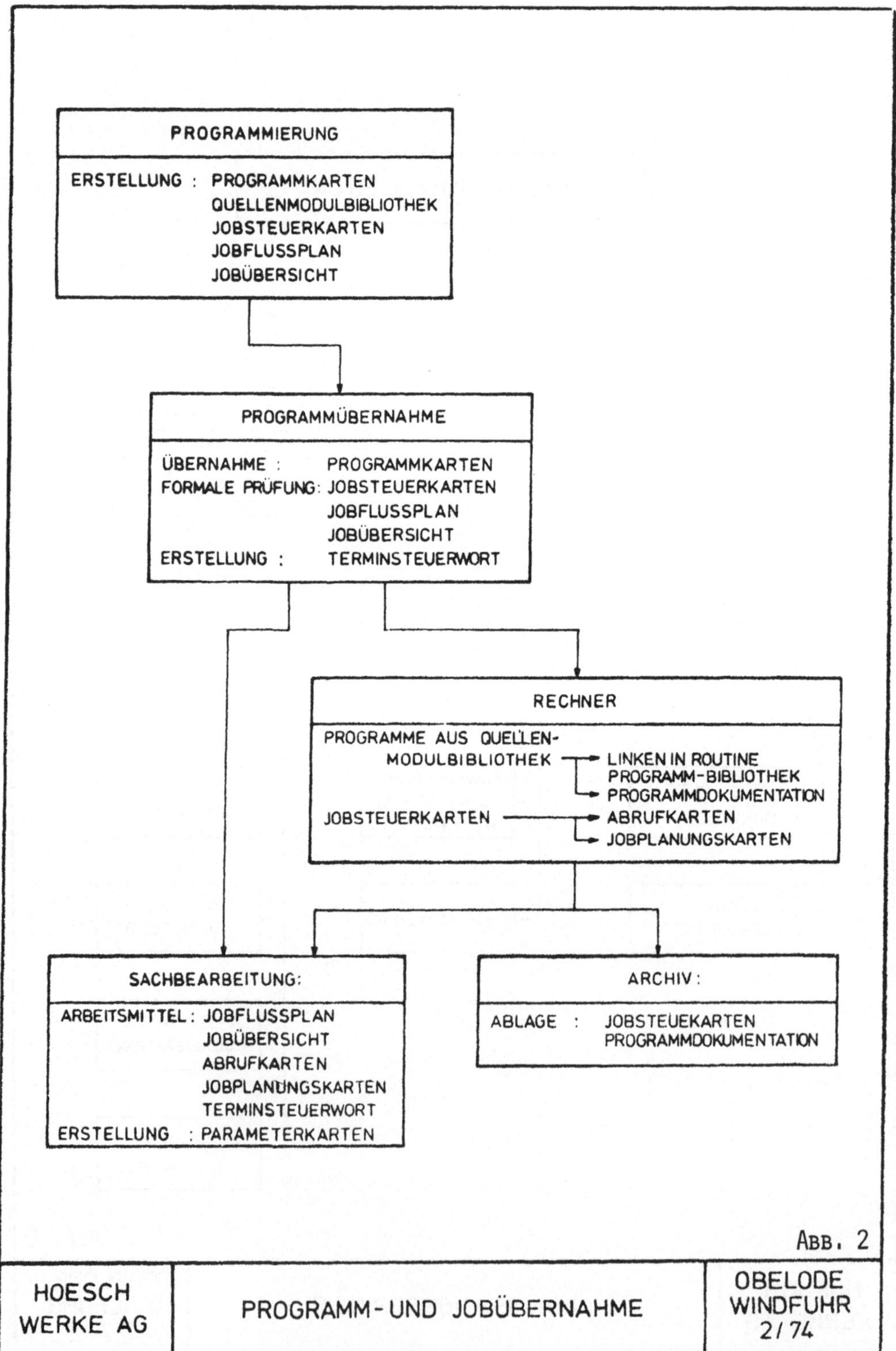
PROGRAMMIERUNG
ERSTELLUNG : PROGRAMMKARTEN
QUELLENMODULBIBLIOTHEK
JOBSTEUERKARTEN
JOBFLUSSPLAN
JOBÜBERSICHT

PROGRAMMÜBERNAHME
ÜBERNAHME : PROGRAMMKARTEN
FORMALE PRÜFUNG: JOBSTEUERKARTEN
JOBFLUSSPLAN
JOBÜBERSICHT
ERSTELLUNG : TERMINSTEUERWORT

RECHNER
PROGRAMME AUS QUELLEN-
MODULBIBLIOTHEK
LINKEN IN ROUTINE
PROGRAMM-BIBLIOTHEK
PROGRAMMDOKUMENTATION
JOBSTEUERKARTEN
ABRUFKARTEN
JOBPLANUNGSKARTEN

SACHBEARBEITUNG:
ARBEITSMITTEL: JOBFLUSSPLAN
JOBÜBERSICHT
ABRUFKARTEN
JOBPLANUNGSKARTEN
TERMINSTEUERWORT
ERSTELLUNG : PARAMETERKARTEN

ARCHIV :
ABLAGE : JOBSTEUEKARTEN
PROGRAMMDOKUMENTATION

ABB. 2
HOESCH WERKE AG
PROGRAMM- UND JOBÜBERNAHME
OBELODE
WINDFUHR
2/74

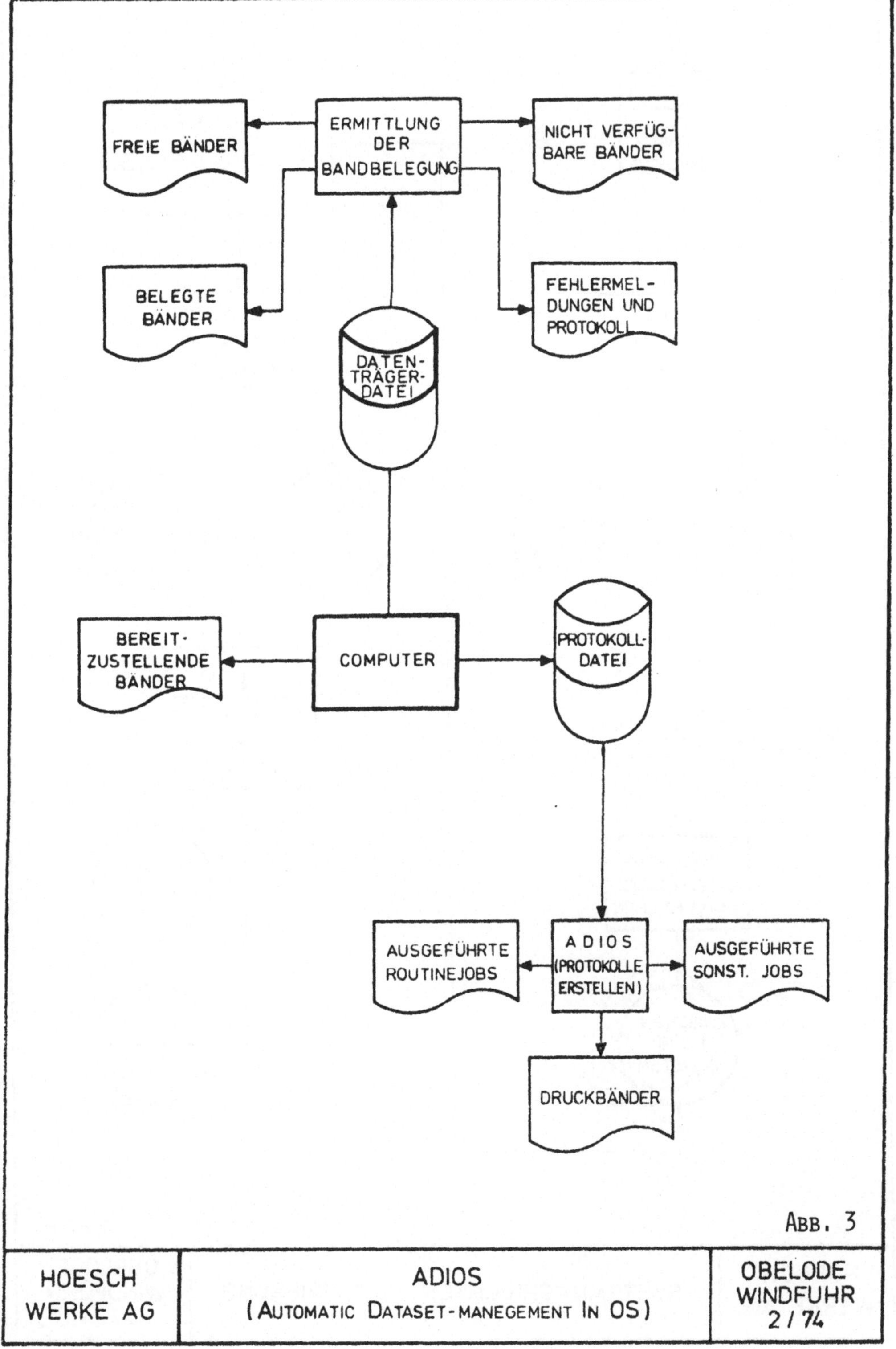
FREIE BÄNDER
ERMITTLUNG DER BANDBELEGUNG
NICHT VERFÜG-BARE BÄNDER
BELEGTE BÄNDER
FEHLERMEL-DUNGEN UND PROTOKOLL
DATEN-TRÄGER-DATEI
BEREIT-ZUSTELLENDE BÄNDER
COMPUTER
PROTOKOLL-DATEI
AUSGEFÜHRTE ROUTINEJOBS
A D I O S (PROTOKOLLE ERSTELLEN)
AUSGEFÜHRTE SONST. JOBS
DRUCKBÄNDER
ABB. 3
HOESCH WERKE AG
ADIOS (AUTOMATIC DATASET-MANEGEMENT IN OS)
OBELODE WINDFUHR 2 / 74

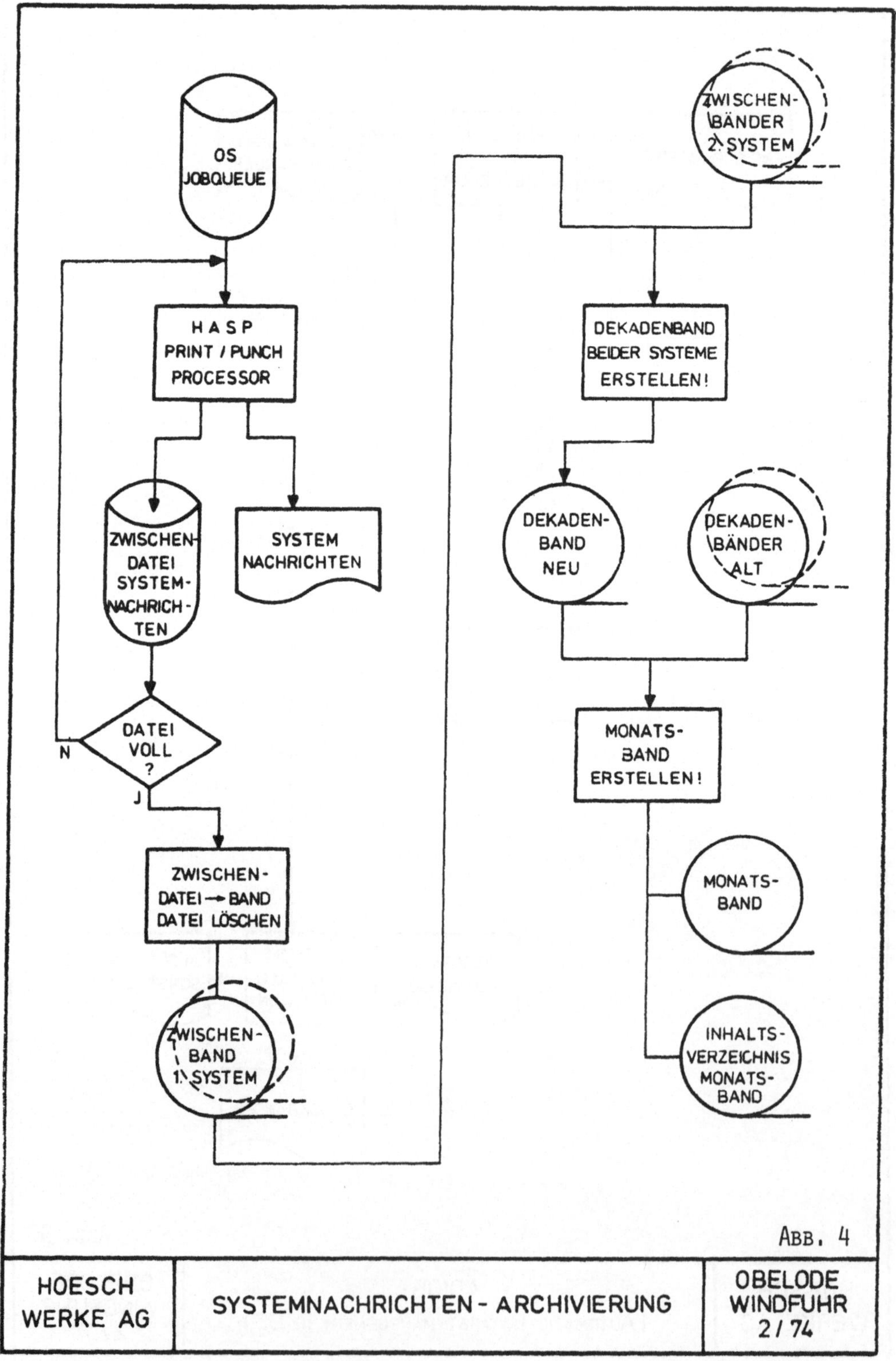

OS
JOBQUEUE

ZWISCHEN-
BÄNDER
2. SYSTEM

H A S P
PRINT / PUNCH
PROCESSOR

DEKADENBAND
BEIDER SYSTEME
ERSTELLEN!

ZWISCHEN-
DATEI
SYSTEM-
NACHRICH-
TEN

SYSTEM
NACHRICHTEN

DEKADEN-
BAND
NEU

DEKADEN-
BÄNDER
ALT

DATEI
VOLL
?

N

J

MONATS-
BAND
ERSTELLEN!

ZWISCHEN-
DATEI → BAND
DATEI LÖSCHEN

MONATS-
BAND

ZWISCHEN-
BAND
1. SYSTEM

INHALTS-
VERZEICHNIS
MONATS-
BAND

ABB. 4

HOESCH
WERKE AG

SYSTEMNACHRICHTEN - ARCHIVIERUNG

OBELODE
WINDFUHR
2 / 74

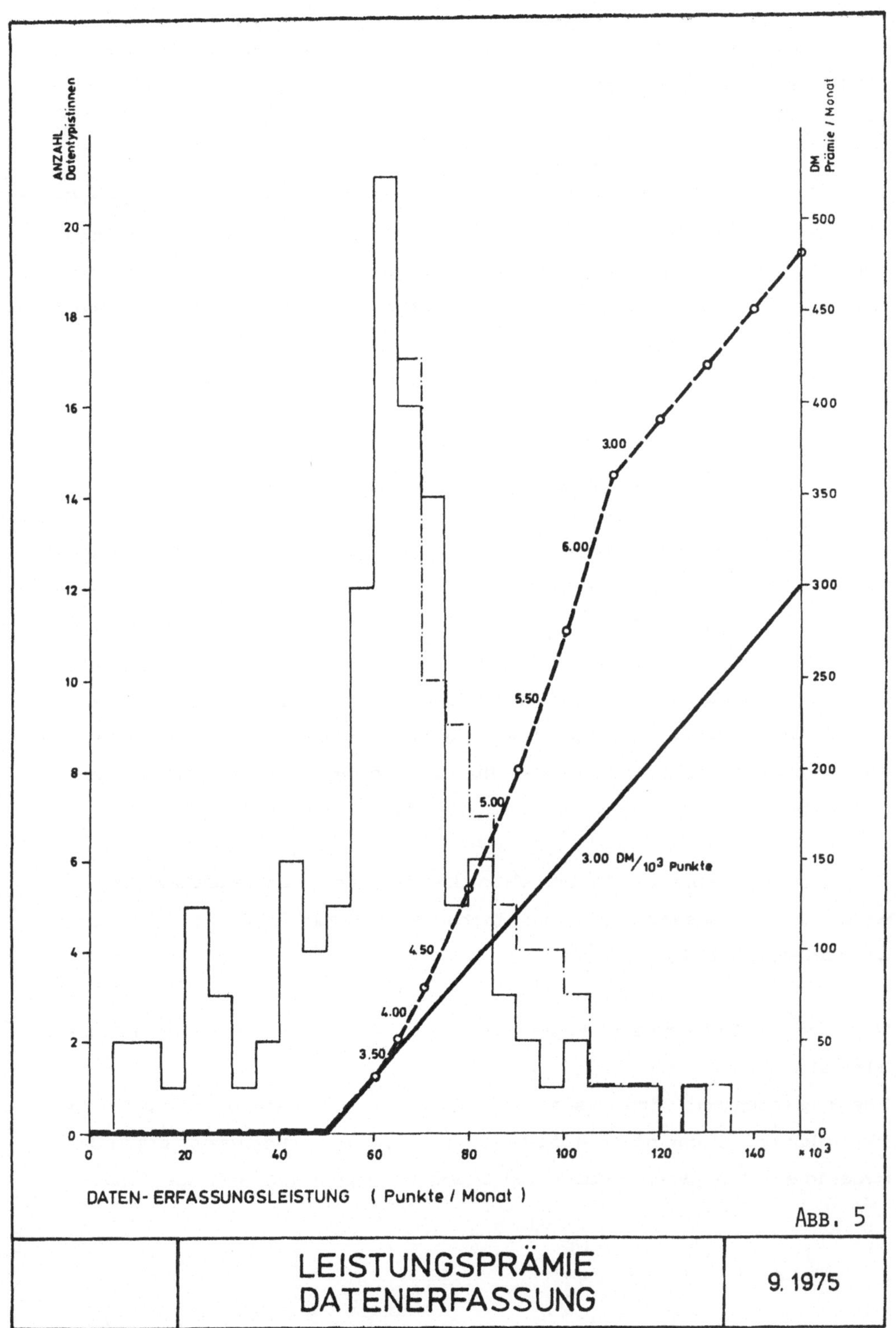

ANZAHL Datentypistinnen
DM Prämie / Monat
20
18
16
14
12
10
8
6
4
2
0
500
450
400
350
300
250
200
150
100
50
0
3.00
6.00
5.50
5.00
4.50
4.00
3.50
3.00 DM/10³ Punkte
0
20
40
60
80
100
120
140
× 10³
DATEN- ERFASSUNGSLEISTUNG   (Punkte / Monat)
ABB. 5
LEISTUNGSPRÄMIE
DATENERFASSUNG
9. 1975

Die Übergabe von Informationssystemen in die Verantwortung eines
Rechenzentrums

H.D. Hogrefe - IBM Deutschland GmbH

Nach Entwicklung und Test eines neuen Informationssystemes beteiligt sich das
Rechenzentrum an der Einführung und übernimmt danach die Verantwortung für
den Betrieb.

Im Hinblick auf einen einwandfreien und sicheren RZ-Betrieb müssen eine Reihe
von Vorkehrungen getroffen werden. Neben dem optimalen Einsatz der Hardware,
gut ausgebildeten EDV-Fachleuten und einer wohldurchdachten Ablauforganisation des Rechenzentrums gibt es Voraussetzungen, die nicht direkt vom Rechenzentrum sichergestellt werden können. Dabei handelt es sich um Punkte, die
bereits bei der Entwicklung der Verfahren berücksichtigt werden müssen.

WIE WERDEN DIESE VORAUSSETZUNGEN ERFÜLLT ?

Das Rechenzentrum muß in der Lage sein, das neu entwickelte Informationssystem bei der Übernahme zum Betrieb zu überprüfen und dabei sicherstellen
können, daß es allen RZ-Anforderungen entspricht. Da aber nicht erst nach
Abschluß der Entwicklungs- und Programmierarbeiten Bedingungen gestellt
werden können, die eventuell zu einer Überarbeitung des Verfahrens führen
würden, muß eine rechtzeitige Unterrichtung der Organisatoren und Programmierer erfolgen. Deswegen werden die RZ-Anforderungen in Entwicklungs-
richtlinien und Programmierstandards festgelegt. (Abb. 1)

Damit ist eine Basis für ein formelles Übergabeverfahren gelegt und eine
wesentliche Voraussetzung für das Rechenzentrum zur Erfüllung seiner Ziele
geschaffen. (Abb. 2)

Nach unseren Erfahrungen ist diese Vorgehensweise aber immer noch unge-
nügend!
Das Rechenzentrum wird zu spät mit dem neuen Verfahren konfrontiert - die
Identifikation mit der neuen Aufgabe setzt zu spät ein. Dies resultiert in der
Regel in einer längeren Bindung von Entwicklungspersonal. Häufige "Spät-

änderungen" verursachen die typischen Konsequenzen – neue Fehler entstehen und weitere Testläufe sind notwendig. In einigen Fällen muß Entwicklungspersonal (Systemprogrammierer) sogar zur Maschinenbedienung herangezogen werden, um dringende Installationstermine zu halten. Darüber hinaus wird das Zusammenspiel von Hardware, Software und modernen Verfahren immer komplexer und stellt höhere Anforderungen an das Rechenzentrum.

Ich möchte diesen Gesichtspunkt an einem Beispiel verdeutlichen. (Abb. 3) Wir bedienen bei unseren betriebswirtschaftlichen Anwendungen mehrere Werke aus einem zentralen Rechenzentrum. In der ersten Schicht – Normal – schicht – laufen mehrere Online-Verfahren. Ein großer Teil der Batch-Läufe in der zweiten Schicht – Abendschicht – ist unbedingte Voraussetzung für den Online-Betrieb am nächsten Morgen (Datenbestände auf aktuellem Stand). Andere Ergebnisse der Batch-Läufe müssen bei Arbeitsbeginn auf dem Schreibtisch des Anwenders liegen; müssen also bis Ende der zweiten Schicht in die Werke übertragen werden. Sie können davon ableiten, welche hohe Bedeutung ein reibungsloser Arbeitsablauf im Rechenzentrum hat. Um der gegebenen Abhängigkeit der Werke vom Rechenzentrum entsprechend Rechnung zu tragen, müssen wir verstärkt Aufmerksamkeit auf einwandfrei laufende Informationssysteme legen.

Zur Vervollständigung des oben beschriebenen und als ungenügend bezeichneten Übergabeverfahrens haben wir eine organisatorische Maßnahme eingeführt. Wir setzen im Rechenzentrum Verbindungsleute ein, die ein Informationssystem von Entwicklungsbeginn an verfolgen. Bei der Entwicklung arbeiten wir nach einem Phasenkonzept. (Abb. 4) Das Schaubild zeigt die Schwerpunkte der Tätigkeit des RZ-Verbindungsmannes in den einzelnen Entwicklungsstufen. Er ist vor allem verantwortlich für die Ausbildung der Operatoren und ist der RZ-Gesprächspartner für den Anwender.

Wir stehen mit dieser Vorgehensweise noch am Anfang. Die bisher gemachten Erfahrungen sind gut und bringen das Hauptziel der Organisatoren und Programmierer = PLANMÄSSIGE EINFÜHRUNG VON INFORMATIONSSYSTEMEN und das Hauptziel des Rechenzentrums = TERMINGERECHTER SERVICE FÜR DEN ANWENDER besser in Einklang.

ZUSAMMENFASSUNG

1. Frühzeitige Identifikation des Rechenzentrums mit neuen
    Verfahren erspart wertvollen Entwicklungs- und Computer-
    zeitaufwand.

2. Ein formelles Übergabeverfahren ist die Voraussetzung für einen
    einwandfreien RZ-Betrieb und die Verantwortungsübernahme.

3. Alle Informationssysteme sollten in der Verantwortung des
    Rechenzentrums und ausschließlich vom RZ-Personal durch-
    geführt werden.

4. Trenne Testbetrieb von Normalbetrieb (Datenbanken etc.)

5. Teste nicht mit Originaldaten.

6. Implementiere spezielle Kontrollen für das Einführen von
    Änderungen.

RZ-ANFORDERUNGEN AN EIN INFORMATIONSSYSTEM

(Abb.1)

= PRÜFKRITERIEN:

- VERTRÄGLICHKEIT MIT LAUFENDEN VERFAHREN
  (INTEGRITÄT)

- NOTWENDIGE HARDWARE/SOFTWARE

- EINHALTEN DER PLANWERTE - LAUFZEIT

- TESTABSCHLUSS - BENUTZER FREIGABE

- VERFAHRENSDOKUMENTATION

- DATENSICHERUNG

- EINGABE-PRÜFPROGRAMME

- RESTART-MÖGLICHKEITEN

- FEHLERROUTINEN/FEHLERNACHRICHTEN

- SPERRFRISTEN

- JOB STEUERKARTEN

- EINFACHE HANDHABUNG DURCH OPERATOR

- EINDEUTIG VERSTÄNDLICHE BEDIENUNGSANLEITUNG

FORMELLES RZ-ÜBERGABEVERFAHREN

ABNAHMEPRÜFUNG
PRÜFKRITERIEN
ÜBERGABELAUF
RZ VERANTWORTLICH FÜR OPERATION
UND DATENBESTÄNDE

ZIELE FÜR DEN RZ-BETRIEB

TERMINGERECHTE FERTIGSTELLUNG DER RZ-JOBS
REIBUNGSLOSE RZ OPERATION
DATEN- UND BETRIEBSSICHERHEIT
MASCHINENBEDIENUNG NUR DURCH RZ PERSONAL
BEREITSTELLUNG ERFORDERLICHER KAPAZITÄT

(Abb. 2)

TERMINALS
TERMINALS
TERMINALS

WERK 1
WERK 2
WERK 3

MIET-LEITUNGEN

- BATCH
- ON LINE
- BATCH
- BATCH
- TEST

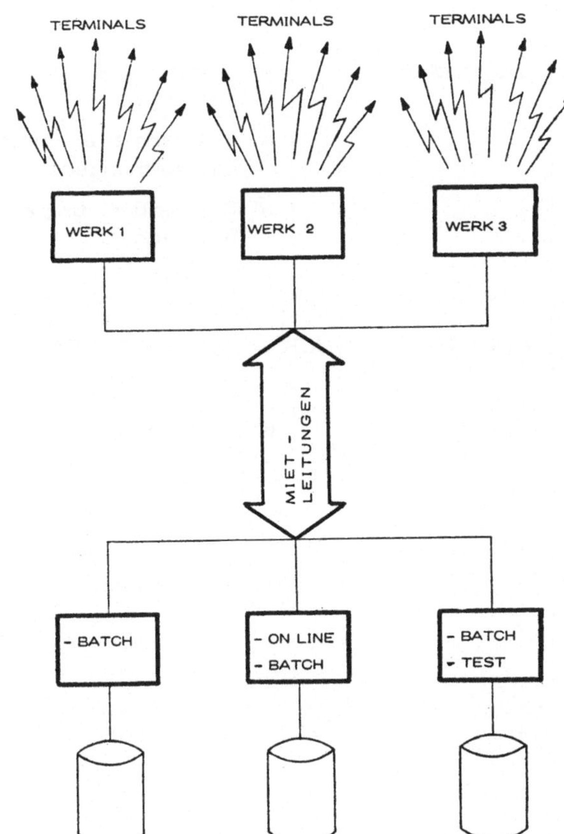

(Abb. 3)

(Abb.4)

PROJEKTMITARBEIT DES RZ

PROJEKT - PHASEN	BISHER	HEUTE
VORSTUDIE		
GROBENTWURF		Untersuchen RZ-Einflüsse

DETAILENTWICKLUNG	Kenntnisnahme	● Analyse
		  - Verfahrensaufbau
		  - Maschinenzeitbedarf
		  - Datenbankbedarf
		  - Test & Installationsplan

PROGRAMMIERUNG
 	
UND TEST
	Testbeobachtung	● Schaffung RZ-Voraus-
		  setzungen
		● Teilnahme an Projekt-
		  besprechungen
		● Projektberatung aus
		  RZ-Sicht

INSTALLATION	FORMELLES ÜBERGABEVERFAHREN	
	● Übergabelauf ● Datenschutz	
OPERATION	BETRIEB UND BETREUUNG	
	● Systemstabilisierung	

Eine gut vorbereitete Übergabe spart wertvollen Entwicklungs- und
Computerzeitaufwand und vermeidet Ärger mit den Fachabteilungen

<u>DAS PROGRAMMDOKUMENTATIONSSYSTEM PROGDOK</u>

<u>DES REGIONALEN RECHENZENTRUMS DER UNIVERSITÄT HAMBURG</u>

von

H. Feldmann, D. Henkelmann, G. Zöller

Universität Hamburg

<u>Computing Reviews Category</u>: 3.7

<u>Key words and phrases</u>:

Program documentation, library, information retrieval, data bank,
data maintenance, restart, classification, descriptor, dialogue,
interactive, layout, text output, file, random access, garbage
collection.

<u>Summary</u>:

We present the program documentation system PROGDOK, which is used
and developed at the University of Hamburg since 1967. The 1975-ver-
sion [1] of PROGDOK has been adopted by the "ständige Arbeitsgruppe
der TR 440-Rechenzentren (STARG)". The PROGDOK system does not only
supervise the documentation of the names and titles (searching, lists)
but also the handling of the original texts of the program descrip-
tions (comfortable output). It works mainly in dialogue mode.

<u>Zusammenfassung</u>:

Vorgestellt wird das seit 1967 an der Universität Hamburg verwen-
dete und laufend weiterentwickelte Programmdokumentationssystem
PROGDOK, das in seiner jetzigen Form [1] 1975 von der ständigen
Arbeitsgruppe der TR 440-Rechenzentren (STARG) übernommen wurde. Das
System PROGDOK verwaltet nicht nur die Namen und Titel (Suchvorgänge,
Listen), sondern auch die eigentlichen Texte der Programmbeschrei-
bungen (komfortable Ausgabe). Es arbeitet hauptsächlich im Dialog-
Betrieb.

O Einleitung
   ==========

Vorteile des PROGDOK-Systems sind aus der Sicht der Benutzer:

- sofortiges Auffinden einer geeigneten Programmbeschreibung
  an Hand von gegebenen Suchmerkmalen per Dialog oder aus
  Übersichtslisten,

- sofortige Einsicht (Sichtgerät) in die Programmbeschreibung
  oder Erhalt einer Programmbeschreibungs-Kopie,

- ein sich selbst erklärendes einfaches Dialogsystem,

- im Mittel wöchentlich neuester Stand der Programmbeschreibungs-
  bibliothek,

aus der Sicht der Programmhersteller:

- Übernahme aller Schreibarbeiten für Erstellung oder Änderung
  der Programmbeschreibungen durch die Locherinnen des Rechenzentrums,

aus der Sicht des Rechenzentrums:

- Einsatz von Locherinnen an Stelle von Sekretärinnen,
- Schreibarbeiten (Locherinnen) nur für Erstanfertigung und die
  zu ändernden Teile, nicht aber für die gesamte geänderte
  Programmbeschreibung,
- Abwälzung von bibliothekarischen Arbeiten (Angabe aller Such-
  merkmale) auf den Programmhersteller,
- statistische Miterfassung der Benutzerwünsche bei deren Dialog
  mit dem PROGDOK-System,
- Bedienung des PROGDOK-Systems durch die Benutzer selbst oder
  durch Dispatcher (Übersichtslisten),
- Unempfindlichkeit des PROGDOK-Systems gegen Bedienungsfehler bzw.
  Restarts.

1   Kompakte Eingabe

Alle Programmbeschreibungen werden mit Namen, Titel, vollständigem
Inhalt (in Ausnahmefällen Kurzfassungen oder Verweise) und Suchmerkmalen nach einem syntaktischen Schema in kompakter Form abgelocht und
eingelesen.
Insbesondere Standard-Überschriften und -Hinweise sind so weit wie
möglich abgekürzt. Aus Gründen der Rechenzeit-Ersparnis wurde bisher
von aufwendiger Textverarbeitung des Inhalts abgesehen.

2   Tandem-Datei-System

Die derzeit vorhandenen 600-Programm- und 200 sonstigen Beschrei-
bungen belegen mitsamt dem in FORTRAN und TAS (Maschinensprache der
TR 440) geschriebenen PROGDOK-System (ca. 300 K BYTES) insgesamt
ca. 3000 K BYTES langfristigen Plattenspeicher.
Nur zur Maintenance (etwa 14-tägig) werden für das Umkopieren der
Programmbeschreibungen und für erforderliche Maintenance-Hilfspro-
gramme (ca. 70 K BYTES) noch einmal insgesamt ca. 3000 K BYTES auf
einer Wechselplatte benötigt.

Die im Betriebssystem [2], [3], [4] enthaltenen Datei-Kopierbefehle entschrotten (gargabe collection) beim Kopieren die Dateien.

3 Suchvorgänge, Dialogbetrieb, Übersichtslisten

Angesichts der Wichtigkeit einer guten Programmbeschreibungsdoku-
mentation für die Effizienz eines Rechenzentrums und in Anbetracht
des relativ erträglichen Umfangs einer Programmbibliothek wird die
Angabe aller Suchmerkmale (Klassifikationen nach ACM und Telefunken,
programmiersprachliche Einordnung und darüber hinaus alle in Frage
kommenden Deskriptoren) vom Programmhersteller verlangt.

Eine i. a. unschärfere "automatische" Suchmerkmals-Findung (z. B.
durch Zerlegung des Titels in Schlüsselworte) kommt hier nicht in
Betracht.

Das PROGDOK-System ermöglicht dann Suchvorgänge im Dialogbetrieb
auf Grund logischer Verknüpfungen der vorhandenen Suchmerkmale. Für
die Deskriptor-Verknüpfungen liegt eine (kontextfreie) Syntax vor.

Für einfache häufig wiederkehrende Suchanfragen werden laufend Übersichtslisten (ACM -, Telefunken-, alphabetischer Index, Index nach
unverknüpften Deskriptoren) auf dem neuesten Stand gehalten.

4 Komfortable Ausgabe

Aus der kompakten kann eine komfortable Form der Programmbeschreibungen (mit Kopfzeilen, Überschriften, genormten Hinweistexten etc.)
als Vorlage zur Vervielfältigung oder auch zum Lesen am Sichtgerät
erstellt werden.

5 Literatur

[1]   D. Henkelmann: "Das Programmdokumentationssystem PROGDOK der
            Hamburger TR 440-Programmbibliothek",
            Regionales Rechenzentrum der Universität Hamburg,
            Bestell-Nr. GO.HH.02.00, März 1975.

[2]   COMPUTER GESELLSCHAFT KONSTANZ mbH: "TR 440-Teilnehmer-Betriebs-
            system", Konstanz, Januar 1973,
            Bestell-Nr. 440.BO.03 .

[3]   COMPUTER GESELLSCHAFT KONSTANZ mbH: "TR 440-Programmiersystem",
            Konstanz, Januar 1973,
            Bestell-Nr. 440.BO.02 .

[4]   COMPUTER GESELLSCHAFT KONSTANZ mbH: "SORT, Sortieren und Mischen
            von Dateien", Konstanz, Februar 1971,Nr. 440.EO.14 .

<u>EIN BEGLEITPAPIER ZUR MATERIALFLUSS-
STEUERUNG IM RZ</u>

Dr. Arndt Liesen
Bundesamt für Finanzen
Bonn

1. Einleitung

In der Programmierung brauchen wir in der Regel keine Sorge zu haben,
daß unseren Mitarbeitern nicht hinreichend raffinierte und alle Möglichkeiten ausnutzende Lösungen einfallen. Ebensowenig besteht im Rechenzentrumsbetrieb Anlaß zur Sorge, daß die Arbeitsvorbereiter die
Job-Control-Sprache, die Maschinenbediener ihr System nicht virtuos
beherrschen. Hier wie dort liegen die Probleme gerade für die besten
Kräfte i.a. bei den „einfachen" Dingen: Konventionen einhalten, Information weitergeben, Ordnung halten.

Da für Flexibilität und Individualität ohnehin keinerlei Gefahr besteht,
ist die These gerechtfertigt:

> Nichts ist in einem Rechenzentrum wichtiger als pe-
> dantische Ordnung bei Durchführung und Weiterleitung
> der Arbeit.

Dies vorausgesetzt, ergibt **sich** die Berechtigung - ergab sich in meiner
Dienststelle die Notwendigkeit -, das Interesse einem so simplen Thema
wie der Gestaltung des Begleitpapiers für den Materialfluß im RZ zu-
zuwenden.

2. Forderungen an die Materialflußsteuerung

Die Möglichkeiten

- Entstehen
- Untergehen
- Zusammenlaufen
- Auseinanderlaufen

sind im Materialfluß eines Rechenzentrums sämtlich vertreten. Je nach
Aufgabe sind die von den zugehörigen Unterlagen zu durchlaufenden Netz-
werke von

- ganz unterschiedlicher Komplexität.

Ein Formalismus zur Steuerung dieser Ströme sollte für alle auftretenden Fälle gleichermaßen geeignet sein und neben der

- eigentlichen Steuerungsfunktion

folgende Forderungen erfüllen:

- Information des Empfängers über Art und weitere Behandlung der Unterlage
- Dokumentation des erfolgten Ablaufs
- Einfachheit
- Einheitlichkeit.

3. Alternative Lösungsmöglichkeiten

Man hat grundsätzlich die Wahl zwischen der globalen und der lokalen Lösung, also dem Begleitpapier für den gesamten Weg einer Unterlage von Entstehung bzw. Eingang bis zu Ablage bzw. Vernichtung bzw. Ausgang und dem Formular, das nur das Wegstück zwischen zwei Stationen abdeckt.

3.1. Die globale Lösung ist besonders verwaltungskonform, sie entspricht der eingebürgerten Form der Verfügung:

1. An Arbeitsvorbereitung
   Anliegend 3 Magnetbänder für Monatsabschluß Juni zur Vorbereitung des Maschinenlaufs durch Beifügung der Steuerkarten

2. An Maschinenbedienung
   Mit anliegenden 3 Magnetbändern und Steuerkarten Monatsabschluß Juni fahren

3. An Archiv
   Anliegende 3 Magnetbänder (Daten für Monatsabschluß Juni) nach vorliegender Dienstanweisung archivieren

4. zu den Akten

Das Beispiel läßt auftauchende Probleme bereits erkennen, obwohl die Darstellung einfachster Verhältnisse angestrebt wurde. Das Beifügen der Steuerkarten wurde noch ohne Schwierigkeiten erfaßt, eine evtl. Rückgabe der Steuerkarten an die Arbeitsvorbereitung ist aber mit obigem Papier bereits nicht mehr abgedeckt, ebensowenig die Weiterleitung der Arbeitsergebnisse. Sicher wird man nicht dem Begleitpapier zuliebe den Ablauf künstlich linearisieren und die Magnetbänder erst den Rückweg der Steuerkarten mitmachen lassen, bevor sie ins Archiv gelangen, Ergebnislisten sogar über Arbeitsvorbereitung und Magnetbandarchiv leiten, bevor sie zum Empfänger geschickt werden. Demnach ist man zu einer der folgenden Lösungen gezwungen:

3.1.1. Erstellung von neuen Laufzetteln an den Verzweigungspunkten der
Wege

3.1.2. Vorausplanung des gesamten Wegesystems einer Aufgabe, Erstellung
eines Formularsatzes, so daß an den Verzweigungspunkten das Benötigte sogleich zur Hand ist.

Die Forderungen der Information des Empfängers und der Dokumentation
des Geschehens sind durch beide Lösungen gut erfüllbar. Beide können
die Forderungen nach Einfachheit und Einheitlichkeit in einem Rechenzentrum mit vielfältigen Aufgaben jedoch nicht erfüllen. Die Gefahr
einer Schwemme von unterschiedlichen Formularen oder Formularsätzen mit
erheblicher Änderungsanfälligkeit ist so gut wie unabwendbar.

3.2. Der lokalen Lösung sind prinzipielle Einfachheit und Einheitlichkeit
in idealer Weise eigen. Ein gewisser Mehraufwand, der dadurch entsteht,
daß auch bei vollkommen linearen Abläufen an jeder Station ein neues
Formular benötigt wird, kann in Kauf genommen werden. Entscheidend ist,
ob es gelingt, das Formular so aufzubauen, daß es wirklich universal
verwendbar ist, die entscheidenden Angaben zwingend vorschreibt und dabei seine Einfachheit behält.

4. Beschreibung der gewählten Lösung

Wir haben uns für die oben geschilderte lokale Lösung entschieden. Das
gewählte Formular hat den auf Seite 4 dargestellten Aufbau. Es wird
grundsätzlich mit einer Durchschrift erstellt, die in Papierart und
-farbe von der Erstausfertigung abweicht. Zum gleichen Zeitpunkt, in dem
Erstschrift und Unterlagen den Absender verlassen, geht die Durchschrift
an eine zentrale Überwachungsstelle für den Datenfluß und die Termin-
einhaltung. Dieser Stelle wird nach Erledigung der Arbeit an der nächsten
Station vom Empfänger auch das Erststück zugeleitet, so daß sie über
den Stand der Arbeiten ständig informiert ist und bei ihr eine vollständige Dokumentation des Ablaufs entsteht.

Im einzelnen wird in das Formular eingetragen (die Bezugsziffern sind
im Abdruck des Formulars eingetragen) :

(1) Ausgang beim Absender

(2) Empfänger - i.a. in Kurzform

(3) Absender - i.a. in Kurzform

(4) X, wenn der Absender das Zweitstück, der Empfänger nach Erledigung
das Erststück der Leitstelle übersendet

<table>
<tr>
<td rowspan="3">Rechenzentrum der
Bundesfinanzverwaltung

Arbeitsbegleitformular</td>
<td>(1)
Tag   Uhrzeit</td>
<td>An   (2)</td>
<td rowspan="3">Wegbeschrei-
bung</td>
</tr>
<tr>
<td>Von
(3)</td>
</tr>
<tr>
<td>MK zum (4)
Verbleib</td>
</tr>
<tr>
<td colspan="3">Einsender / Arbeitsgebiet

(5)</td>
<td></td>
</tr>
<tr>
<td colspan="3">Anzahl | Art   der Anlagen

(6)</td>
<td rowspan="4">Sendungsbe-
schreibung</td>
</tr>
<tr>
<td colspan="3">Kennzeichnung
der Lieferung (7) (7 a) lfd. Nr. (7 b) X (bei letzter Lieferung)</td>
</tr>
<tr>
<td colspan="3">Kennzeichnung der Datenträger (z. B. Band- od. Kassetten-Nr.)

(8)</td>
</tr>
<tr>
<td colspan="3">Termin
(9) | Terminplan Art (10) Nummer</td>
</tr>
<tr>
<td colspan="3">Bemerkungen

(11)

Namenszeichen
(12)</td>
<td rowspan="2">Unformatierter
Teil</td>
</tr>
<tr>
<td colspan="3">Weiterleitung : (13)
Unterlagenart | an | Kennzeichnung | Namenszeichen
(13 a) | (13 b) | (13 c) | (13 d)</td>
<td>Weiterlei-
tungsteil</td>
</tr>
</table>

(5) Einsender und/oder Arbeitsgebiet - i.a. in Kurzform

(6) Beschreibung der zu begleitenden Arbeitsunterlagen,
z.B.: 2 MB, 5 Mappen

(7) Code der Lieferung, sofern für Arbeitsunterlagen bestimmter Arbeitsgebiete ein Schlüsselsystem eingeführt ist. Teil dieses Codes ist in der Regel eine lfd. Nr., die bei (7a) besonders hervorgehoben ist. Für Arbeitsgebiete, in denen ein Schlüsselsystem nicht existiert, kann dennoch die Vergabe einer lfd. Nr. für Teillieferungen sinnvoll sein. Die letzte Teillieferung eines Arbeitsgebiets soll stets, auch wenn sie gleichzeitig die erste ist, bei (7b) durch ein X gekennzeichnet sein.

(8) ggf. Serien-Nummer der Datenträger

(9) ggf. vorhergesehener Fertigstellungstermin

(10) ggf. Verweis auf einen Terminplan und eine Position darin

(11) zur freien Verwendung, z.B. können hier auch Abstimmsummen, Anzahl von Sätzen und ähnliches mitgeteilt werden

(12) Namenszeichen des Absenders

(13) Das Feld Weiterleitung vermittelt den Anschluß an die nächsten, durch neue Arbeitsbegleitformulare abzudeckenden Wege der - ggf. neu entstandenen - Unterlagen. Die beiden linken Spalten (13a), (13b) können bereits vom Absender vorgeschrieben werden, sonst füllt sie der Empfänger aus. In jedem Fall füllt der Empfänger die rechten Spalten (13c) und (13d) zum Zeitpunkt der Absendung der jeweiligen Unterlagen aus. Sofern es sich darum handelt, Unterlagen die von der Leitstelle kamen, nach Erledigung wieder nach dort zurückzusenden, soll kein neues Arbeitsbegleitformular ausgefüllt werden, vielmehr das alte auch den Rückweg begleiten. In diesem Fall ist, wie sonst auch, das Feld (4) anzukreuzen, die Unterlagen sind jedoch beizufügen, im Feld (13b) soll eingetragen werden "MK _zurück_" (MK steht für die Stellenbezeichnung der Leitstelle).

Das Verfahren wird auch bei der (off-line-) Übermittlung von Daten mittels Datenfernübertragung verwandt. In diesem Fall füllt die absendende Stelle zunächst ein derartiges Formular genau wie oben beschrieben aus. Bei der Übermittlung wird auf telefonischem Weg auch der Inhalt des Begleitformulars übermittelt und am Empfangsgerät wieder auf einem Arbeitsbegleitformular festgehalten. Das Feld (8) enthält auf beiden Seiten zunächst die Kennzeichnung der Datenträger beim Absender;

Absender und Empfänger tragen dann die Kennzeichnung der Datenträger
ein, auf die die Übermittlung erfolgt. Der Absender übersendet wie
üblich das Zweitstück des Arbeitsbegleitformulares an die Leitstelle,
der (Übertragungs-) Empfänger legt ein Erststück der Arbeit bei. Erststück des Senders und Zweitstück des Übertragungsempfängers verbleiben
jeweils bei diesen. Falls Absender und Leitstelle räumlich getrennt
sind, erfolgt die Information der Leitstelle möglicherweise leicht
verzögert, das war allerdings bisher kein Problem und machte keine
Sonderregelungen notwendig.

<u>Zur Beurteilung der Verfügbarkeit von</u>
<u>Rechensystemen und die Absicherung im</u>
<u>Wartungsvertrag</u>

H. Pohl
Rechenzentrum der Universität zu Köln

O Zusammenfassung

Zur vollständigen Beurteilung der Verfügbarkeit eines Rechensystems
sind die drei folgenden Kriterien notwendig:

. Prozentuale Nutzungszeit (uptime)
. Mittlerer Ereignisabstand (mean time between event, MTBE)
. Mittlere Ereignisdauer (mean time of event, MTOE);

dabei sollen unter den Begriff "Ereignisse" alle die Vorfälle zusammengefaßt werden, die vom Auftragnehmer des Wartungsvertrags - im allgemeinen der Hersteller - zu vertreten sind. Dazu gehören Ausfälle, Reparaturen, vorbeugende Wartung und auch evtl. Zeiten, die zur Generierung
des Betriebssystems benötigt werden, Einbau von FCOs, ECOs.

Die drei genannten Kriterien sind im Wartungsvertrag zu verankern. Bei
Nicht-Erreichen der für diese Kriterien vereinbarten Werte wird das War-
tungsentgelt reduziert.

1 Bisherige Verfügbarkeitsvereinbarungen

Der Anwender ist heute gewohnt, die Leistungsfähigkeit verschiedener Hardware/Software-Systeme bei der Auswahl und Beschaffung an Hand von Mixen, Benchmarks und Kriterienkatalogen (4) zu beurteilen.

Auch für den Probebetrieb sind Regelungen wie die Erreichung einer up-time oder ein mindestens zu erreichender mittlerer Fehlerabstand bekannt. Im laufenden Betrieb von Rechensystemen ist die Absicherung des Auftraggebers - dem Anwender - gegen Ausfälle des Systems oftmals unzureichend; vielfach ist der Anwender bei der Reparatur und Instandhaltung des Systems weitgehend auf die Kulanz des Herstellers angewiesen, weil die Aufgaben des wartenden Auftragnehmers, der ja meist mit dem Hersteller des Rechensystems identisch ist, im abgeschlossenen Wartungsvertrag nur sehr pauschal formuliert sind. So ist in einem Hersteller-Standard-Wartungsvertrag die Leistung wie folgt definiert: "Der Auftragnehmer stellt seinen Wartungsdienst zur Verfügung, um die Maschinen in gutem, arbeitsfähigem Zustand zu erhalten." Der Begriff "guter, arbeitsfähiger Zustand" kann sicher zu unterschiedlichen Auffassungen der Vertragspartner führen; abgesehen davon, daß Rechtsfolgen für den Fall der Nichterbringung dieser Leistung nicht vorgesehen sind.

So gilt selbst nach den vom Bundes-Innenministerium veröffentlichten "Besonderen Vertragsbedingungen (BVB)" für die Wartung (5) folgende Regelung (für den Fall, daß eine Ausweichanlage nicht vereinbart ist): Der Auftragnehmer leistet vom 7. Ausfalltag an einen pauschalierten Schadenersatz in Höhe von 5/3o der monatlichen Wartungsvergütung je Ausfalltag. Mit Ausfalltag ist hier jeder Tag gemeint, an dem das System mehr als 12 Stunden nicht genutzt werden kann. Auch wenn man entgegenhalten wird, daß diese Vereinbarung nur sehr selten zum Tragen kommen wird - es wäre jedenfalls zu hoffen - so erscheint diese Regelung doch völlig unzureichend - zumal wenn man berücksichtigt, daß diese Formulierung von Anwenderseite vorgeschlagen worden ist.

In den BVB-Miete (2) findet sich folgende Regelung für den Ausfall des Systems: Sofern eine Ausweichanlage nicht vereinbart ist, leistet der Auftragnehmer für jeden Tag, der eine Ausfalldauer von 3 Tagen überschreitet, Schadenersatz in Höhe von 1/3o der Monatsmiete.

Im allgemeinen sollte der Anwender davon ausgehen können, daß er auf dem Wege von Verhandlungen und von Kulanzregelungen zufrieden gestellt wird. Einfacher und klarer wäre es jedoch, wenn der Hersteller im Wartungsvertrag eine Verfügbarkeit des Systems gewährleisten würde, so daß der Kunde diese bereits bei der Auswahl des Rechensystems berücksichtigen kann. Schließlich werden vom Hersteller auch Daten zur "primären" Leistungsfähigkeit des Rechensystems, wie maximale Anzahl von Instruktionen pro Sekunde etc., angegeben. Der Kunde - auch der potentielle - hat sicher ein Recht darauf zu wissen, wie oft und wie lange er pro Tag im Durchschnitt diese Rechenleistung nutzen kann - und damit wie oft und wie lange das System voraussichtlich ausfällt. Diese Daten bekannt zu geben, bedeutet für den Hersteller keinen besonderen Aufwand, da sie ihm vorliegen.

Ein Ansatz zur Verfügbarkeitsgarantie findet sich in einigen Verträgen der GSA (General Service Administration), die in den USA als Regierungsbehörde für staatliche Institutionen Standardverträge für den Kauf, die Miete und die Wartung mit den Herstellern aushandelt. Hier wird von einer 90% Verfügbarkeit der Geräte und Systeme ausgegangen; Bezugszeitraum sind jeweils 3 Monate. Darüberhinaus wurde von der GSA zuerst die oben erwähnte Regelung für mehr als 12 stündige Ausfälle vereinbart.

Daß derartige Regelungen unbefriedigend sind, läßt sich daran erkennen, daß die Anwender immer wieder versuchen, über zusätzliche Bedingungen - Sondervereinbarungen - indirekt die Gewährleistung eines zuverlässigen Systems vom Auftragnehmer zu erhalten. Als solche Regelungen bekannt geworden, sind z.B. Vereinbarungen wie die folgenden.

. Beschränkung der Latenzzeit zwischen der Ausfallmeldung und dem Eintreffen des Technikers am System. Wichtig ist dabei jedoch weniger die Dauer der Anreise des Technikers - so schön es ist, wenn er innerhalb einer Stunde an der Anlage ist; wichtiger erscheint, daß er ein qualifizierter Techniker ist und das System auch binnen kurzem repariert. Bekannt ist weiterhin die Forderung nach

. einer mindestens 3-jährigen Erfahrung des Chef-Technikers an demselben Systemtyp, sowie bei Austausch eines Technikers, eine parallellaufende Einarbeitungszeit des Nachfolgers von mindestens 6 Monaten zu fordern. Man sollte sich jedoch darüber im Klaren sein, daß mit dieser Vereinbarung ebenfalls nur eine recht begrenzte Aussage über die Qualität der Wartungsmannschaft verbunden ist.

. Auch eine Regelung wie "taucht derselbe Fehler innerhalb 8 Stunden erneut auf, so soll die gesamte Zeit als Ausfallzeit gelten" löst das Problem nicht endgültig, weil es insbesondere für den Anwender schwierig ist zu entscheiden, ob der Fehler derselbe ist, der vor 8 Stunden bereits einmal auftauchte.

Gesehen werden sollte auch, daß eine qualitativ noch so gute Wartungsmannschaft gegenüber schlechter Hardware relativ machtlos ist.

Diese angeführten Vereinbarungen können letztlich nur Stückwerk darstellen. Ziel muß es sein, Kriterien zu finden, die sowohl die Qualität der Geräte als auch die Qualität der Wartungsmannschaft als Gesamtheit beurteilen helfen - und dies läßt sich nur am Erfolg der Wartungsmannschaften messen!

2 Drei Kriterien zur Beurteilung der Verfügbarkeit von Rechensystemen

Vom Anwender her läßt sich dieser Erfolg jedoch nur an der Verfügbarkeit des gesamten Rechensystems wirklich beurteilen, unabhängig von beeinflussenden Einzelkomponenten wie z.B. der Erfahrungszeitraum der Wartungsmannschaft an demselben System.

Eine vollständige Beurteilung der Verfügbarkeit eines Rechensystems ist mit den folgenden drei Kriterien möglich.

. <u>Prozentuale Nutzungszeit (uptime)</u>, diese berechnet sich aus dem Quotienten aus Ausfallzeit und der vorgesehenen Betriebszeit - multipliziert mit 100. Für vorgesehene Betriebszeit (Anschaltzeit) läßt sich auch formulieren: Summe aus Ausfallzeit und tatsächlich nutzbarer Zeit.

Der Begriff der prozentualen Nutzungszeit ist grundsätzlich bekannt (1).

Der Vollständigkeit halber muß noch eines nachgetragen werden. Wenn hier von Ausfallzeit gesprochen wird, ist immer die vom <u>Auftragnehmer zu vertretende</u> Ausfallzeit gemeint. Ausfälle, die vom Anwender z.B. durch falsche Bedienung hervorgerufen werden, sollen außer Betracht bleiben - und es soll auch nicht auf die möglicherweise auftauchenden Probleme eingegangen werden, aufgrund welcher Tatsache falsch bedient wurde (schlechtes Handbuch?).

Diese prozentuale Nutzungszeit sollte nicht nur auf der Basis der einzelnen Geräte berechnet werden; dies würde bedeuten, daß jedes einzelne Gerät zwar eine prozentuale Nutzungszeit von z.B. 90% erreicht. Hier muß Situationen vorgebeugt werden wie der, daß nach beendeter Reparatur des Lochkartenlesers der Schnelldrucker ausfällt und damit das Gesamtsystem praktisch nicht nutzbar ist. Dies erfordert die Vereinbarung einer <u>Bewertungsfunktion</u>, die den Ausfall eines einzelnen Geräts anteilig auf das Gesamtsystem anrechnet. Damit muß für das o.g. Beispiel des konsekutiven Ausfalls von Schnelldrucker und Lochkartenleser erreicht werden, daß für die Zeit des Ausfalls von Schnelldrucker oder Lochkartenleser keine Nutzungszeit ausgewiesen wird. Dies gilt selbstverständlich nur prinzipiell; in der Praxis wird eine Latenzzeit von einigen Minuten vorzusehen sein mit folgender Begründung: Die Input-Warteschlange wird im allgemeinen so gefüllt sein, daß ein Ausfall z.B. des Schnelldruckers bis zu 10 Minuten die Nutzungsmöglichkeiten des Gesamtsystems nur unwesentlich beeinträchtigt. Für wirklich redundante Systemkomponenten kann dies ganz anders aussehen. An anderem Ort wurde eine solche Bewertungsfunktion vorge-

schlagen (3). Die Vereinbarung einer prozentualen Nutzungszeit reicht
jedoch nicht aus, einige für den Anwender unangenehme Situationen zu
vermeiden.

Den Betrieb eines zuverlässigen Rechensystems würde man sich etwa so
wünschen; der Betrachtungszeitraum soll im folgenden 3o Arbeitstage
betragen. In diesem Zeitraum treten fast gleich verteilt einige Störungen S_i auf, die im allgemeinen durch sofort folgende Reparaturen
R_i behoben werden. Die Summe der Ausfallzeiten soll 10% der vorgesehenen Betriebszeit nicht überschreiten, vgl. hierzu Abb. 1.

Mit dem Kriterium der prozentualen Nutzungszeit ist jedoch die folgende Situation nicht angemessen abgedeckt. Innerhalb des betrachteten
Zeitraums sollen eine große Anzahl von Fehlern anfallen, die in sehr
kurzer Zeit behoben werden können. Dies ist in Abb. 2 dargestellt.
Wenn auch nur kurze Störungszeiten entstehen, so ist diese hohe Zahl
der Ausfälle unerwünscht; die Zeit zwischen zwei Ausfällen ist sehr
gering; der organisatorische Aufwand z.B. für Checkpoint/Restart-
Routinen wäre also sehr hoch. Zu vereinbaren ist hier ein mittlerer
Fehlerabstand von mindestens mehreren Stunden.

. Der mittlere Fehlerabstand (mean time between failure, MTBF) ist der
Quotient aus der vorgesehenen Betriebszeit und der Anzahl der Störungen. Mit dem Kriterium mittlerer Fehlerabstand kann also die Anzahl
der aufgetretenen Störungen beschränkt werden. Rein rechnerisch wäre
bei einer vereinbarten prozentualen Nutzungszeit von z.B. 90% und
einem zugrunde gelegten Zeitraum von einem Monat mit etwa 3oo Stunden
Betriebszeit eine einmalige Ausfalldauer von 3o Stunden denkbar. In
Abb. 3 ist ein Zeitraum mit sehr wenigen Ausfällen dargestellt; der
vorgeschriebene mittlere Fehlerabstand und die prozentuale Nutzungszeit werden eingehalten; am Ende des Betrachtungszeitraums liegt
eine große Störung mit einer Ausfalldauer von fast 3o Stunden. Um
Terminarbeiten abwickeln zu können, wünscht der Anwender jedoch auch
eine Begrenzung der Störungsdauer, auch als mittlere Reparaturdauer -
mean time to repair - bezeichnet. Mit der Vereinbarung einer mittleren
Reparaturdauer kann auch sinnvoll verhindert werden, daß die Wartungsmannschaft eine größere Anzahl von Fehlern ansammelt und nur ein ein-
ziges mal pro Monat während einer längeren Überholung behebt.

. Die mittlere Fehlerdauer oder mittlere Reparaturzeit (mean time to
repair, MTTR) ist der Quotient aus der Summe der Ausfallzeiten und
der Anzahl der Ausfälle.

Soweit zu den Ausfällen; Unterbrechungen im Betriebsablauf von Rechen-

systemen werden jedoch nicht nur durch Fehler und Störungen hervorgerufen sondern auch durch Routinemaßnahmen wie z.B.

. die vorbeugende Wartung und
. den Einbau von werkseitig modifizierten Komponenten, die einen ausfall-
  sicheren Betrieb oder auch eine leichtere Wartbarkeit zur Folge haben -
  bekannt unter den Abkürzungen FCOs (field change order) und ECOs
  (engineering change order), sowie
. die Generierung neuer Versionen des Betriebssystems.

Auch wenn diese Unterbrechungen nur im weiteren Sinne vom Auftragnehmer zu vertreten sind und ihre Terminierung und Dauer weitgehend vorge-
plant werden kann, beeinträchtigen sie die Verfügbarkeit des Rechensystems beträchtlich. Es sollten daher alle Zeiten als Ausfallzeiten angesehen werden, in denen das System dem Benutzer nicht zur Verfügung
steht aus Gründen, die der Auftragnehmer zu vertreten hat.

Dazu müssen die o.g. Verfügbarkeitskriterien etwas umformuliert werden;
und zwar sollte der Begriff Fehler in Fehlerabstand und Fehlerdauer ersetzt werden durch den allgemeineren Ausdruck "Ereignis", womit dann
alle die Ereignisse gemeint sind, die zur Folge haben, daß der Anwender das System nicht nutzen kann aus Gründen, die der Auftragnehmer zu
vertreten hat. Alle Ausfallzeiten, die auf solchen Ereignissen beruhen,
werden bei der Berechnung der prozentualen Nutzungszeit berücksichtigt.
Es muß dann also lauten:

. Prozentuale Nutzungszeit (unverändert)
. MTBE (mean time between event)
. MTOE (mean time of event)

Diese Kriterien ermöglichen eine angemessene Beschreibung der Verfügbarkeit eines Rechensystems.

Hier sollen nun konkrete Werte für diese Kriterien genannt werden, die
in einem Universitätsrechenzentrum bezogen auf einen 3-Monats-Zeitraum
erreichbar sein sollten. Diese können bei einer Installation mit anderer Aufgabenstellung oder auch nur anderer Konfiguration in Abhängigkeit von der oben erwähnten Bewertungsfunktion zur Berechnung der prozentualen Nutzungszeit anders aussehen.

Für die prozentuale Nutzungszeit wird folgender Wert vorgeschlagen:
95%. Der mittlere Ereignisabstand sollte 1o Stunden überschreiten, und
die mittlere Ereignisdauer sollte nicht mehr als 2 Stunden betragen.

Betrachtet man diese Forderungen so ergeben sich daraus einige Schluß-
folgerungen. In dem betrachteten Zeitraum von 9oo Stunden vorgesehener

Betriebszeit in 3 Kalendermonaten sollen höchstens 9o Ereignisse auftreten, die zu einem Ausfall des Rechensystems führen. Die Gesamtdauer
dieser Ereignisse darf 45 Stunden nicht überschreiten. Hier wird deutlich, daß bei gegebener prozentualer Nutzungszeit die Vereinbarung eines
mittleren Ereignisabstands die Vereinbarung einer mittleren Ereignisdauer nur noch ergänzt; im obigen Beispiel ergibt sich nämlich bei maximal 9o Ereignissen und maximal 45 Stunden Ausfallzeit eine mittlere Ausfalldauer von o,5 Stunden. Dies zeigt, daß ein Spielraum vorhanden ist;
dieser kann vom Anwender bei der Festlegung der Werte für die Kriterien
genutzt werden; er kann - bei angenommen festgelegter prozentualer Nutzungszeit - entweder den mittleren Ereignisabstand drastisch heraufset-
zen, auf bis zu 4o Stunden oder die mittlere Ereignisdauer auf o,5 Stunden heruntersetzen. Im obigen Beispiel wurde auf den Spielraum nicht verzichtet, vielmehr sollte dieser dem Auftragnehmer zugute kommen. Die genannten Werte entsprechen den Erfordernissen der Benutzer des Rechensystems und es steht dem Auftragnehmer frei, die Wartungspolitik innerhalb der genannten Werte festzulegen.

3 Verfügbarkeitsgarantien im Wartungsvertrag

In einem Wartungsvertrag ausgesprochene Verfügbarkeitsgarantien erfordern eine klare Regelung der Rechtsfolgen bei Nicht-erreichen der Werte. Eine implizit vorhandene Folge ist sicher die Kündigung des Ver-
trags; denkbar wäre auch eine fristlose Kündigung. Eine Kündigung wird
jedoch oftmals wenig nutzen, da insbesondere bei größeren Rechensystemen sich neben dem Hersteller kein Auftragnehmer zur Wartung bereit erklärt. Sinnvoller Weise wird für den Fall des Nicht-Erreichens der Ver-
fügbarkeitswerte eine abgestufte Reduzierung des Wartungsentgelts vereinbart, ergänzt durch eine Vertragsstrafe, die gemäß § 348 HGB in ihrer
Höhe auch über den reinen Ersatz des nachweisbaren Schadens hinausgehen
könnte.

Die Vereinbarung einer Ausweichanlage erscheint nur in den seltensten
Fällen möglich, in denen bei identischer Hardware/Software-Konfigura-
tion (!) der Transport der Aufgaben und der benötigten Daten sinnvoll
möglich ist.

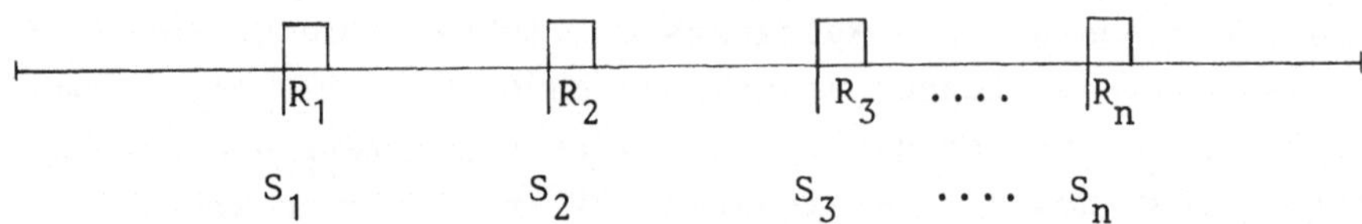

Abb. 1: Fast gleichverteilte Störungen S_i, die durch sofort folgende Reparaturen R_i behoben werden.

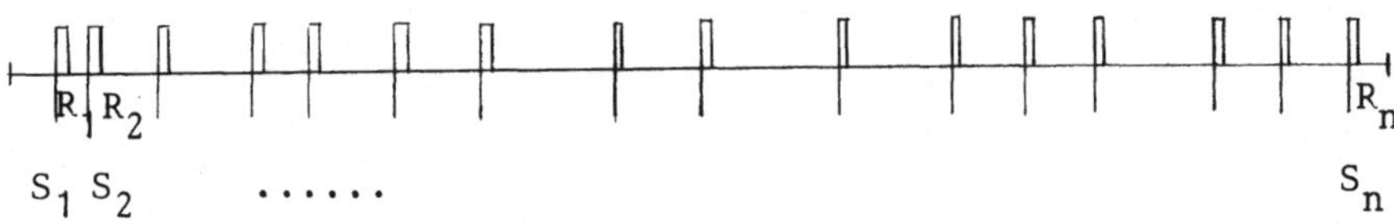

Abb. 2: Sehr große Anzahl Störungen mit sofort folgender vergleichsweise kurzer Reparatur.

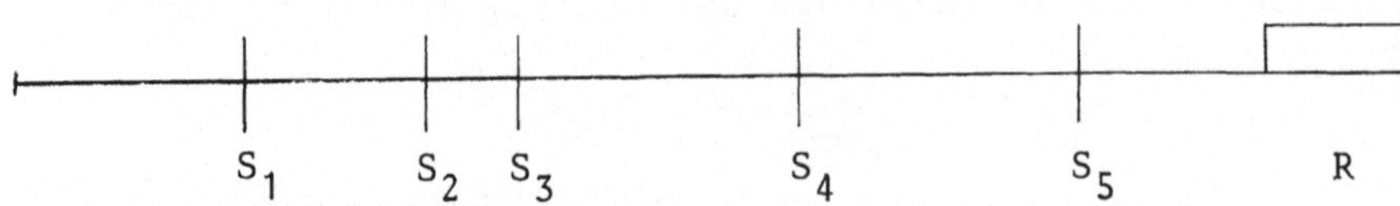

Abb. 3: Einige Störungen, deren endgültige Beseitigung während einer einzigen Reparatur am Ende des Bezugszeitraums vorgenommen wird.

Literatur:

(1) Beizer, B.: The Architecture and Engineering of Digital Computer
    Complexes; New York 1971.

(2) Der Bundesminister für Wirtschaft und Finanzen (Hrsg.): Besondere
    Vertragsbedingungen für die Miete von EDV-Anlagen und -Geräten;
    Beilage zum Bundesanzeiger Nr. 23 vom 2. Feb. 1973.

(3) Pohl, H.; Linder, M.: On Computing the Efficiency Level of EDP-
    Systems for Acceptance Tests and Maintenance Contracts - from the
    Customer's Viewpoint.
    Proceedings of the 2nd Jerusalem Conference on Information Techno-
    logy
    Computers for Social and Economic Development, ILTAM Jerusalem 1974.

(4) Schmitz, P. (Hrsg.): Standardkatalog von Kenngrößen zur Beschrei-
    bung und Beurteilung der Leistung von Hardware-/Software-Systemen
    Schriftenreihe des Rechenzentrums der Universität zu Köln, Bro-
    schüre Nr. 12, Dez. 1972.

(5) Der Bundesminister für Wirtschaft und Finanzen (Hrsg.): Besondere
    Vertragsbedingungen für die Wartung von EDV-Anlagen und -Geräten,
    Stand 1. Juli 1974

TRANSPARENZ UND FLEXIBILITÄT
BEI DER BEDIENUNG DES BENUTZERS

Dr. G. Bayer
Rechenzentrum der TU Braunschweig
33 Braunschweig

Für ein Hochschulrechenzentrum ist es nicht allgemein üblich, daß
sich Angebot und Nachfrage für Rechenleistung nach einem Modell aus
der freien Marktwirtschaft regeln. Stattdessen erhält der Benutzer
Rechenleistung dann, wenn er 'an die Reihe kommt'; er hat i.a. nicht
die Möglichkeit, sich höhere Priorität durch Zahlung eines höheren
Preises zu erkaufen. Das praktizierte System der Zuteilung von Rechenleistung erregt leicht den Unwillen des Benutzers gerade dann,
wenn der Betriebszustand des Rechnersystems nicht transparent ist
und wenn Alternativen nicht möglich sind.

Ein Rechenzentrum, das wie oben beschrieben arbeiten muß, sollte
daher die Vergabe von Rechenleistung möglichst transparent und
flexibel handhaben. Dazu werden drei Beispiele aus dem Betrieb des
Rechenzentrums der TU Braunschweig gegeben.

1. Betriebsart: Dialog

Der Benutzer erwartet gute Antwortzeiten, sowohl für einfache Systemfunktionen als auch für die Abwicklung seiner online-Programme. Die
Belastung des Rechners kann abgefragt werden und die Anzahl von Jobs
im Dialog- bzw. Stapelbetrieb wird dann angegeben; hierzu hat der
Hersteller Betriebsanweisungen vorgesehen.

Das Arbeiten mit Programmen online wird von uns eingeschränkt auf
BASIC bzw. auf Programmgrößen bis 20 K Byte. Ausweichmöglichkeiten
sind die im folgenden beschriebenen Betriebsarten 'Expreß' und
'Stapelverarbeitung'.

2. Betriebsart: Expreß

Was hier als Expreß bezeichnet wird, ist eine spezielle Entwicklung
des RZ nach einem Vorbild der U Oxford. In-core arbeitende, und deswegen besonders schnell übersetzende Compiler für Algol und Fortran
stehen für im Umfang beschränkte Aufgaben zur Verfügung. Die einzu-

gebenden Jobs werden nicht dem allgemeinen Jobscheduling des Betriebssystems unterworfen. Die Eingabe wird vielmehr von einem Eingabeprogramm auf files geschrieben, in kurzen Zeitabständen werden die in den files enthaltenen Quellprogramme compiliert, die Zielprogramme evtl. gerechnet und die Ausgaben wiederum files übergeben, die von einem Ausgabeprogramm laufend ausgegeben werden.

Die Eingabe kann über Lochkarten geschehen. Sie wird dann vom Benutzer selbst gemacht, und der Benutzer nimmt die Ergebnisse unmittelbar selbst entgegen.

Es bildet sich eine Warteschlange an der E/A-Station - damit ist Transparenz gegeben. Klagen über Wartezeiten - und damit über die Regelung der Verteilung - entstehen nicht, denn wer reiht sich in eine ihm zu lang erscheinende Schlange ein! Voraussetzung ist natürlich eine sichtlich schnelle Abfertigung der Schlange- daher incore-Compiler und laufende Abfertigung - und als Alternative der Stapelbetrieb.

In eine ähnliche Warteschlange kann der Benutzer Aufgaben reihen, die er am Bildschirm ein- und ausgibt. Die Warteschlange ist in diesem Falle nicht sichtbar, weshalb der Benutzer am Bildschirm eine Quittung über die Abgabe und eine Fertigmeldung erhält, um die Aktivität des Systems anzuzeigen, d.h. ihm transparent zu machen.

3. Betriebsart: Stapelbetrieb

Für das Job-scheduling sieht das Betriebssystem des Herstellers vor:

> 1. Einen sog. High-Level-Scheduler, dem eine bestimmte Anzahl von Jobs, dadurch daß sie eingelesen werden, bekannt wird. Er sucht geeignete Jobs aus, um sie an
>
> 2. den Low-Level-Scheduler weiterzugeben, der die eigentliche Abwicklung vornimmt.

Der Planungsalgorithmus des High-Level-Scheduler arbeitet über alle bekanntgemachten Jobs. Dies ist u.a. ein Grund dafür, die Anzahl bekannter Jobs gering zu halten, und es bildet sich eine Warteschlange von Jobs außerhalb des Systems.

Das RZ hat einen neuen High-Level-Scheduler entwickelt. Es werden alle angelieferten Jobs eingelesen und dabei zur Zeit 7 Warteschlangen von Jobs gebildet. Jede Warteschlange enthält Jobs einer be-

stimmten, durch Eigenschaften des Job definierten Klasse, (z.B. Lang-
läufer, Kurzläufer, Jobs mit hoher Transferrate usw.). Der High-
Level-Scheduler bezieht in seine Planung eine einstellbare Anzahl
von Jobs ein, und zwar nach einem ebenfalls einstellbaren Mischungsverhältnis aus den einzelnen Klassen.

Vorteile sind:

/ Das System akzeptiert sofort jeden Job.
/ E/A-Geräte werden sofort wieder frei.
/ Der Eingabe-Vorrat wird größer - Vorrat im Falle eines Geräteaus-
  falls.
/ Per Mischungsverhältnis sollte eine bessere Auslastung erreichbar
  sein.
/ Eine Zurückweisung eines Jobs wegen Ungültigkeit passiert sofort
  (z.B. ungültige Benutzer-Nummer, verbrauchtes Kontingent an Rechenleistung).
/ Der Benutzer kann eine vollständige Übersicht der anstehenden Jobs
  erhalten; man kann ihm einen voraussichtlichen Bearbeitungstermin
  sofort nennen. (Letzteres allerdings noch nicht implementiert.)
/ Die Jobklassen geben dem Benutzer Alternativen.

Übrigens können auch vom Bildschirm aus Jobs in jede der beschriebenen Klassen eingereiht werden.

4. <u>Der Gesichtspunkt der Flexibilität</u>

Darunter werde nichts weiter verstanden als das Angebot einer Reihe
von Alternativen für die Bedienung des Benutzers. Wichtig ist, daß
die Alternativen kompatibel sind: Die Gestaltung eines Jobs muß -
bis auf einen Parameter in der Job-Beschreibung - unabhängig davon
sein, über welches E/A-Gerät er bedient wird, in welcher Jobklasse
er bedient wird, in welchem Code er gelocht und in welcher Sprache
er abgefaßt ist. Mit der Flexibilität bekommt der Benutzer die Möglichkeit, zu einem bestimmten Zeitpunkt die für ihn optimale Art der
Bedienung zu wählen, wobei allerdings zu wünschen wäre, daß das
Prinzip 'höherer Preis für bessere Leistung' die Wahl mit bestimmt.

5. <u>Schluß</u>

Die Übersicht über die Systembelastung erhält der Benutzer zur Zeit
noch über aushängende Listen - noch nicht, wie das besser wäre, auf
einem Monitor. Dennoch ist zu beobachten, daß die Benutzer mit gros-

sem Interesse die Arbeit des Systems verfolgen und viel Verständnis
für die Bemühungen des Rechenzentrums bei der Verteilung der Rechenleistung aufbringen.

Zusammenfassung

Die Verteilung von Rechenleistung und Prioritäten sollte flexibel
handhabbar sein und dem Benutzer gegenüber jederzeit transparent
sein. Das RZ der TU Braunschweig hat sich bemüht, seinen Betrieb
nach diesem Grundsatz zu gestalten. Dies wird mit drei Beispielen
kurz umrissen.

<u>Rechnerplanung im Münchener Hochschulbereich</u>

F. Peischl
Leibniz-Rechenzentrum
der Bayerischen Akademie der Wissenschaften

1. <u>Vorbemerkungen</u>

Seit mehreren Jahren läuft die Planung für ein neues Rechensystem im
Münchener Hochschulbereich. Sie ist Anfang 1974 in ein konkretes Sta-
dium getreten und dürfte sich jetzt in der abschließenden Phase befinden. Über die Vorgehensweise bei der Planung, über die gemachten Erfahrungen und daraus resultierende Verbesserungsvorschläge soll hier be-
richtet werden.

Zum besseren Verständnis des weiteren ist es nützlich, auf die örtlichen Verhältnisse einzugehen. Die beiden Münchener Universitäten, das
sind die Ludwigs-Maximilians-Universität und die Technische Universität,
werden im wesentlichen vom Leibniz-Rechenzentrum (LRZ) der Bayerischen
Akademie der Wissenschaften versorgt, das auch für die Akademie selbst
und in naher Zukunft für die Fachhochschule München zuständig ist.
Nicht abgedeckt werden vom LRZ die Belange der Universitätsverwaltungen
und -Bibliotheken. Die beiden Klinika der Fachbereiche Medizin sind
bzw. werden mit eigenen Rechenanlagen ausgestattet, auf denen die DV-
Arbeiten für den patientenbezogenen, aber nicht den rein wissenschaft-
lichen Bereich abgewickelt werden.

Das LRZ verfügt über eine (gekaufte) Doppelprozessorsystem-TR440 mit
2 Fernstapelstationen, 60 Fernschreibkonsolen, 11 Textsichtgeräten und
4 graphischen Sichtgeräten. Es betreibt weiterhin ein (gemietetes) Mo-
noprozessorsystem TR440 mit 48 Textsichtgeräten und 2 graphischen Sichtgeräten, das zur Forschung im Bereich der Informatik eingesetzt wird.

Ein nicht unwesentlicher Teil des Rechenbedarfs der Münchener Hochschulen wird derzeit von der Rechenanlage IBM 360/91 des Instituts für Plas-
maphysik in Garching abgedeckt, das zur Zeit etwa zehn Prozent seiner
Rechenkapazität zu diesem Zweck abgeben kann. Diese Rechenleistung wird
vornehmlich von Münchener Hochschulinstituten aufgenommen, die selbst
auf dem Garchinger Gelände angesiedelt sind und hohe Rechenzeitanforde-
rungen aufweisen.

2. Bedarfsfeststellung

Die Grundlage jeglicher Rechnerplanung ist die Feststellung des zukünftigen Rechenbedarfs. Sie ist und bleibt, so gründlich man auch vorgeht, letztlich angreifbar, da naturgemäß Schätzungen miteingehen.
Ein Hochschulrechenzentrum kann zwar auf Grund des beständigen Kontakts mit seinen Benutzern, die sich ja laufend mit ihren Anforderungen an das Rechenzentrum wenden, gute Bedarfsprognosen erstellen. Dennoch sollte sich eine fundierte Bedarfsfeststellung auf eine Umfrage bei den Benutzern abstützen.

Deshalb führte das LRZ eine arbeitsaufwendige Bedarfserhebung bei seinen Benutzern durch. Ihr lag ein Fragebogen zugrunde, der mit unterstützenden Begleitschreiben der Rektoren der beiden Universitäten den Instituten zugesandt wurde. Charakteristisch für die Umfrage war, daß jedes Institut von einem kompetenten Mitarbeiter des LRZ aufgesucht wurde, um an Ort und Stelle bei der Beantwortung der Fragen behilflich zu sein, und so auch für eine einigermaßen gleichmäßige Beantwortung zu sorgen. An vielen Stellen ergaben sich fruchtbare Gespräche zwischen Institutsdirektor und LRZ-Mitarbeiter. Es soll nicht verschwiegen werden, daß bisweilen die Mitarbeiter einer herben Kritik ausgesetzt waren, die vor allem durch die derzeitige, unzureichende Maschinenausstattung und die dadurch hervorgerufenen Stauungserscheinungen bedingt war.

Rückblickend kann folgendes gesagt werden. Nur einige Institute mit großer DV-Erfahrung können präzise Prognosen geben. Im allgemeinen wird der Zukunftsbedarf nur anhand des jetzigen Bedarfs extrapoliert. Die Hochschulinstitute sind vielfach nicht in der Lage, ihren Bedarf mittels näher spezifizierter DV-Projekte aufzuschlüsseln. Andererseits werden Wünsche bezüglich der Ausstattung an Software, speziellen EA-Geräten, Fernstapel- und Dialogstationen klar formuliert. Die Erfahrung hat gezeigt, daß der Interviewcharakter der Bedarfserhebung erforderlich war, um verwertbare Angaben zu erhalten. Am Rande sei vermerkt, daß das LRZ bei den Interviews zahlreiche betriebliche und organisatorische Anregungen erhalten hat.
Die Bedarfsfeststellung sollte jährlich fortgeschrieben werden. Ein Vergleich des tatsächlichen Verbrauchs mit früheren Schätzungen läßt deren Signifikanz klar erkennen und führt im Laufe der Zeit zu zutreffenderen Voraussagen.

Ist es schon schwierig, den Instituten fundierte Prognosen über den
künftigen Rechenverbrauch zu "entlocken", so erwies es sich als praktisch unmöglich, Aussagen über den zu erwartenden Auftragsquerschnitt
zu erhalten. Überhaupt sollten systemtechnische Aspekte bei Bedarfsum-
fragen unterbleiben; sie verwirren nur die Mehrzahl der Benutzer.
Bei einer nochmaligen Durchführung der Fragebogenaktion würde ich vor-
schlagen, sich auf wenige, wichtige Punkte zu beschränken:

a) Jetziger und zukünftiger Bedarf an Rechenzeit und sein saisonaler
    Anfall
b) Jetziger und zukünftiger Bedarf an Hauptspeicher und an Hintergrund-
    speicher für permanente Dateien
c) Projektbezogene Abstützung von a) und b)
d) Bedarf an speziellen EA-Geräten, insbesondere an Fernstapel- und
    Dialogstationen und Angaben über deren Aufstellungsort
e) Spezielle Anforderungen an Software
f) Sonstige Anforderungen aus Benutzersicht.

Bei den Punkten d) bis f) empfehle ich, keinen Fragenkatalog vorzulegen,
sondern die Befragten frei formulieren zu lassen.

Bei der Extrapolation des zukünftigen Rechenbedarfs ist zunächst der
jetzige Bedarf vollständig zu erfassen. Bei einem so überlasteten Rechenzentrum wie dem LRZ muß dabei auch der andernorts gerechnete Bedarf
der satzungsgemäßen Benutzer ermittelt werden. Der gegenwärtige Bedarf
kann nicht dem derzeitigen Verbrauch gleichgesetzt werden. Er muß auch
diejenigen aktuell vorliegenden Bedürfnisse berücksichtigen, die wegen
der unzureichenden Maschinenausstattung des LRZ und fehlender Mittel,
an anderen Rechnern zu rechnen, nicht abgedeckt werden können. Erst nach
Vorliegen des aktuellen Bedarfs kann mit Steigerungsraten, die der Erfahrung entsprechen, extrapoliert werden. Die Prognose dürfte zutreffen-
der werden, wenn nach Auftragsklassen getrennt extrapoliert wird. Die
Vorgehensweise des LRZ zeigt Bild 1. Die Rechenkapazitäten sind dabei
in TR440-Monoprozessoreinheiten angegeben.

Vergleichsweise ergab sich aus der Benutzerumfrage
Rechenzeitverbrauch 1974   7,6 Einheiten TR440
Extrapolierter Rechenzeitbedarf 1978   23,2 Einheiten TR440
Davon durch Projekte belegt   19,8 Einheiten TR440

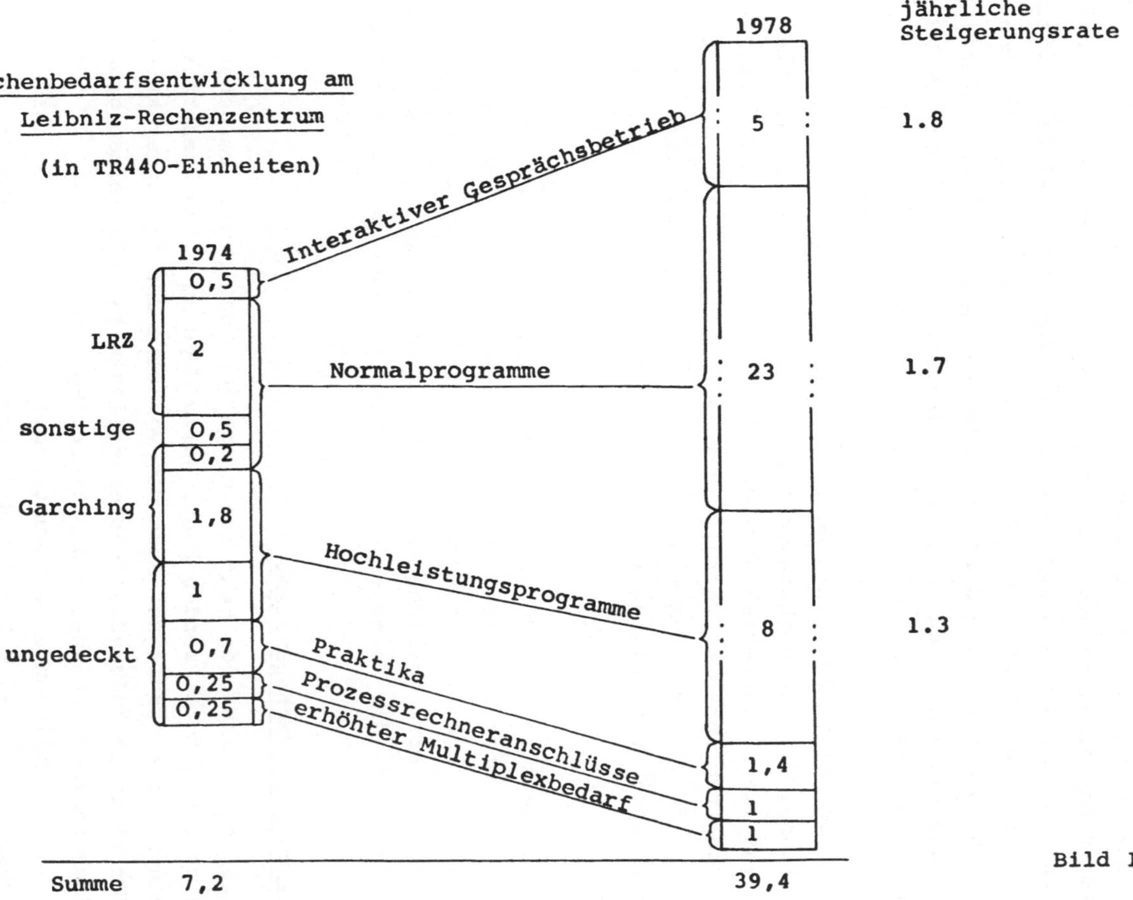

Rechenbedarfsentwicklung am
Leibniz-Rechenzentrum
(in TR440-Einheiten)
jährliche Steigerungsrate
1978
1.8
1.7
1.3
5
23
8
1,4
1
1
Interaktiver Gesprächsbetrieb
Normalprogramme
Hochleistungsprogramme
Praktika
Prozessrechneranschlüsse
erhöhter Multiplexbedarf
1974
0,5
2
0,5
0,2
1,8
1
0,7
0,25
0,25
LRZ
sonstige
Garching
ungedeckt
Summe   7,2
39,4
Bild 1

Die unterschiedlichen Ergebnisse der beiden, unabhängig voneinander ermittelten Bedarfsprognosen zeigen deutlich die Unsicherheitsfaktoren,
die eingehen. Man kann bei der LRZ-Schätzung über die Höhe der jährli-
chen Steigerungsraten diskutieren. Bei den Extrapolationen der Benutzer ist beispielsweise der derzeit ungedeckte Bedarf nicht berücksichtigt und es wird vom jetzigen Verbrauch ausgegangen. Viele Institute
sind nicht in der Lage, ihren Bedarf für 1978 konkret an Hand von Projekten auszuweisen. Alle diese Überlegungen münden darin, daß die jetzige Rechensystemplanung eine Rechenkapazität von annähernd 20 TR440-
Einheiten vorsieht.

Weniger zur Bedarfsfeststellung als zur Bedarfsbegründung diente eine
Aufstellung, die die Rechenkapazität verschiedener Hochschulorte, bezogen auf die Studentenzahl, zeigte. Nach dieser Übersicht, die einige
Unsicherheiten enthält, verfügt München über 0.66 TR440-Einheiten pro
10.000 Studenten. Mit dem geplanten Rechensystem wird diese Größe auf
5.0 ansteigen. Vergleichsweise liegt sie in Stuttgart in naher Zukunft
bei 15.

Selbstverständlich ist das Ergebnis der Bedarfsfeststellung nicht nur
eine Aussage über die erforderliche Rechenleistung. Andere Festlegun-
gen wie räumliche Schwerpunkte, ihre Ausstattung mit Stapel- bzw. Dialogstationen, erforderliche Prozessrechneranschlüsse usw. sind übliche
Planungsarbeit, die keine erwähnenswerten Probleme aufgeworfen hat.

3. <u>Planung des Rechensystems</u>

Ohne weitere Diskussion gehe ich davon aus, daß heute dem Benutzer
nicht mehr zugemutet werden kann, weite Wege zu einem "zentralen" Rechenzentrum zurückzulegen. Auch die Vorteile die das interaktive Arbeiten für viele Anwendungsfälle bietet, legen es nahe, einen großflächi-
gen Hochschulbereich über ein Datenfernverarbeitungsnetz zu versorgen,
das an den räumlichen Schwerpunkten mit Fernstapel- und Dialogstationen
ausgerüstet ist. Das Maß der Ausrüstung ergibt sich aus der Bedarfsfeststellung.

Offen bleibt die Frage der zentralen bzw. dezentralen Aufbringung von
Rechenleistung. Für den Benutzer ist die Antwort irrelevant, sobald
ihm nur die von ihm gewünschte Rechenleistung zur Verfügung gestellt
wird. Im Zeitalter des Verbunddenkens, der billigen Minirechner und

der intelligenten Terminale wird häufig behauptet, daß dezentral aufgestellte Rechner, die im Verbund arbeiten, zu bevorzugen seien. Die Vorstellungen gehen bis zu einem weit vermaschten Netz von Minirechner. Es mag sein, daß das der Trend der Zukunft ist. Man sollte aber daran denken, daß die Aufgabe lautet, ein Rechensystem zu planen, das zum jetzigen Zeitpunkt von einem Hersteller funktionsfähig und erprobt angeboten wird. Ein Rechenzentrum kann es sich nicht leisten, Experimente zur Einführung solch dezentraler Systeme auf dem Rücken einiger Tausend Benutzer durchzuführen.

Selbstverständlich stießen wir bei der Konzipierung des Datenfernverarbeitungsnetzes auch auf die Frage, gewisse Funktionen in einen äußeren Knotenpunkt zu verlegen. Die Lösungen, die dabei gemeinsam mit Herstellern erarbeitet wurden, erwiesen sich letzlich immer als teuer oder warfen Verbundprobleme auf, die mit der zur Verfügung stehenden Software nicht lösbar waren. Aus diesem Grund werden die Knotenpunktsrechner des konzipierten Netzes nur für Datenübertragungsfunktionen eingesetzt. Ausnahme davon sind einfache lokale Dienste, wie das Protokollieren von Lochkarten auf Drucker.

Die Angebotsaufforderung enthält naturgemäß die auf Grund der Bedarfsfeststellung und sonstiger Überlegungen erarbeitete Systemspezifikation, die zweckmäßigerweise in einem eigenen Kapitel zusammengefaßt wird. Sie soll nur insoweit in Einzelheiten gehen, als das für die zu erbringende Funktion von Bedeutung ist. Beispiele sagen hier mehr.

"Die Rechenkapazität soll das 15- bis 20-fache eines TR440-Prozessorsystems betragen. Es kommen Mehrprozessor- oder Mehrrechnersysteme oder Kombinationen aus beiden in Betracht."

"Es sind 2 große Fernstapelstationen geplant mit folgender Ausstattung
      1 Kartenleser   ca. 1000 Karten/min
      1 Drucker   ca. 1000 Zeilen/min
      1 Plotter für Zeichnungen bis DIN A3
Die Stationen sollen über Leitungen mit 48000 bit/s vollduplex betrieben werden."

Besonderer Nachdruck wurde auf Fragen der Verfügbarkeit gelegt.

Gefordert wurden

      volle Funktionsfähigkeit   mit 98 % Verfügbarkeit,

      eingeschränkte Funktionsfähigkeit mit 99 % Verfügbarkeit.

Daß man auf diesem Gebiet nur schwer zu Garantien gelangen kann, zeigen die Antworten einiger Firmen.

Hersteller 1: Mündliche Angaben, die den Anforderungen genügen

Hersteller 2: "hohe Systemverfügbarkeit"

Hersteller 3: "normal commercial requirements"

Hersteller 4: "reliable"

Die Aussagekraft von Benchmark-Tests wird häufig bezweifelt. Dennoch erscheint es das einzige Mittel, um die Leistung eines angebotenen Systems zu überprüfen. Dem LRZ erschien es von Anfang an als aussichtslos, einen dem zukünftigen Auftragsprofil entsprechenden Benchmark zusammenzustellen. Weiterhin entschloß man sich, vor allem worst case-Fälle zu testen.

Für den Stapelbetrieb wurden zwei synthetische Benchmarks verwendet. Der erste davon, in Erlangen von Herrn Thomas entwickelt, ist betont EA-intensiv und gestattet, die Kanalausgewogenheit der Systeme zu testen. Der zweite aus Freiburg stammende sogenannte Badener Benchmark testet bei der von uns gewählten Parametereinstellung mehr die Geschwindigkeiten der Prozessoren in Mehrprogrammbetrieb. Um die reine Prozessorgeschwindigkeit der einzelnen Anlagen nachzuprüfen, wurde ein von Herrn Hertweck in Garching erstelltes FORTRAN-Programm eingesetzt, das die Verarbeitungsgeschwindigkeit von neun sowohl numerischen wie nichtnumerischen kleinen Anwendungsbeispielen mißt und das Mittel bildet. Die drei Tests lieferten, bezogen auf eine brauchbare Systemkonfiguration, in etwa die gleichen Leistungsaussagen. Da die genannten Benchmark-Tests wenig speicherintensiv sind, wird derzeit ein weiterer Benchmark-Test, der das Verhalten der Systeme bei speicherintensiven Programmen im Mehrprogrammbetrieb aufzeigen soll, bei den Herstellern durchgeführt.

Viel Mühe wurde auf die Durchführung von Benchmarktests, die das Verhalten der Systeme bei interaktiven Betrieb aufzeigen, verwendet. Die meisten Hersteller können heute in ihren Benchmark-Rechenzentren in speziellen Rechnern nach einem vorzuschreibenden Kommando-Mix synthetisch Gespräche erzeugen, die im realen Zeitablauf dem zu testenden System zugeführt werden. Wir forderten zusätzlich zur Gesprächsbelastung die simultane Durchführung des Erlangener Stapel-Benchmarks. Ge-

messen wurde die Reaktionszeit im interaktiven Betrieb und die Verzöge-
rung der Stapelverarbeitung. Da in erster Linie die Leistungsgrenze der
Systeme ermittelt werden sollte, wurden sehr kurze Denkzeiten zwischen
zwei Kommandos angesetzt. Die "schärfste" Messung, die durchgeführt wurde, waren 300 simultane Gespräche, bei denen die Denkzeit auf 10 Sekunden festgesetzt war. Wir sind zu der Ansicht gelangt, daß wir mit den
gefahrenen Benchmark-Tests die Leistungsfähigkeit der angebotenen Systeme quantitativ in den Griff bekommen haben.

An Erfahrungen können wir folgendes weitergeben. Wir halten es auf Grund
unserer Erfahrungen für unbedingt erforderlich, daß die Benchmarktests
in Anwesenheit des potentiellen Käufers gefahren werden. Erstens ist
man in der Lage, durch zweckentsprechende Abänderung der Konfiguration
mehr über Leistungsgrenzen des Systems in Erfahrung zu bringen. Zum
zweiten kommt es häufig zu Mißverständnissen in der Handhabung der Tests,
die zu falschen Messungen, auch zuungunsten der Hersteller, führen.
Ein wichtiges Kriterium für einen Benchmark ist seine einfache, unmiß-
verständliche Handhabung.

3. Zeitlicher Ablauf der Planung

Die natürliche Reihenfolge einer Rechnerplanung wäre Bedarfsfeststellung, Rechensystemplanung, Genehmigungsverfahren. Die reale Welt ver-
bietet ein solches Vorgehen. Von Anfang an muß ein zunächst unbekann-
ter Finanzrahmen in Betracht gezogen werden. Deshalb müssen die genannten 3 Stufen mehrfach, wenn auch nicht in voller Intensität durchlaufen
werden. In praxi bedeutet das häufig eine simultane Beschäftigung mit
allen 3 Stufen. Die Schilderung des bisherigen Ablaufes soll dies deutlich machen.

1972/73	Marktbeobachtungen. Informationsgespräche mit Her- stellern. Erste LRZ-interne Festlegung der Leistungs- fähigkeit des neuen Systems. Nennung eines Betrags für die mittelfristige Finanzplanung.
Dez. 1973	Erste schriftliche Vorschläge für Systemkonfigura- tionen von Herstellerseite mit Informationspreisen.
Jan. 1974	Maschinenentwicklungsplan mit Abschätzung des zu- künftigen Bedarfs.
Febr. - Juli 1974	Weitere Gespräche mit Herstellern. Abrundung der Konfigurationen. Neue Informationspreise.

Aug. 1974 — Vollständiger Maschinenentwicklungsplan mit allen Nachfolgelasten.

Sept. 1974 — Erste Begutachtung durch öffentliche Stellen. Beginn des Genehmigungsverfahrens.

Okt. 1974 - März 1975 — Abrundungen der Konfigurationen, meist bedingt durch neue Produkte der Hersteller.

April - Juli 1975 — Bedarfserhebung bei den Instituten.

Juli 1975 — Abänderung der vorgesehenen Konfigurationen bedingt durch Finanzrahmen. Fortsetzung des Genehmigungsverfahrens.

30. 7. 1975 — Angebotsaufforderung

22. 8. 1975 — Angebotsabgabe

Seither: — Angebotsauswertung. Durchführung von Benchmarktests. Bereitstellung von weiteren Unterlagen für das Genehmigungsverfahren.

Strukturelle Veränderungen im Rechenzentrum
bei Einbeziehung von Fernverarbeitung und Rechnerverbund

M.   G r a e f
Rechenzentrum Universität Tübingen

In den letzten Jahren ist eine Vielzahl von Veröffentlichungen über Datenfernverarbeitung erschienen { 1,2 }. Hierbei stand meist die technische Seite im Vordergrund. Da es heute schon eine ganze Reihe zum Teil sehr anspruchsvoller Realisierungen gibt, sind Überlegungen zur wirtschaftlichen Seite auch schon oft Gegenstand von separaten Betrachtungen gewesen { 3,4 }. Man kann also davon ausgehen, daß im wesentlichen die technischen Probleme lösbar sind - bei Rechnerverbund über Fernverarbeitung sind allerdings die Lücken noch offensichtlich - , und auch wirtschaftliche Lösungen realisiert werden können. Sieht man jedoch in die einzelnen Rechenzentren, in denen EDV-Anlagen entweder mit Fernverarbeitungsperipherie oder mit anderen EDV-Anlagen im Verbund arbeiten, so hat noch jeder seine organisatorischen Probleme alleine meistern müssen, und wenig ist davon nach außen gedrungen { 5,6 }.

Die Aufbau- und Ablauforganisation eines Rechenzentrums ist heute im allgemeinen auf einen normalen Stapelbetrieb abgestimmt. Man geht hier von der Vorstellung aus, daß die Eingabe und die Ausgabe von Daten und Programmen am Ort der EDV-Anlage geschieht. So ist eine zentrale Arbeitsvorbereitung, Belegungsplanung und Benutzerberatung fester Bestandteil dieser konventionellen Struktur eines Rechenzentrums { 7 }. Arbeitsvorbereitung und Belegungsplanung befassen sich dabei mit kurz- und mittelfristigen Planungsaufgaben. Die Ausgangsdaten hierfür liefert die im Planungszeitraum zu erwartende Arbeitslast. Entsprechend müssen die Informationen über die Programme und deren Daten im Rechenzentrum bekannt sein. Ist dieses nicht vollständig konkretisierbar wie z. B. bei Hochschulrechenzentren, so müssen zusätzlich zentral Schranken der Betriebsmittelnutzung gesetzt werden. Bei Erfüllung der Beratungsaufgaben geht das Rechenzentrum davon aus, daß der Programmierer im Rechenzentrum seine Ergebnisse abholt und dabei Antwort auf offene Fragen bzgl. seiner Aufgaben sucht.

Neben dieser konventionellen Nutzung werden auch EDV-Anlagen im Realzeitbetrieb genutzt { 8 }. Dieses geschieht meist auf separaten Anlagen. Entsprechend gelten dann völlig andere strukturelle Gesetzmäßigkeiten für das Rechenzentrum. Die Programme werden anlagenresident ab-

laufbereit gehalten, das Datenvolumen fällt meist in sehr kleinen Ra-
ten systematisch oder statistisch verteilt an, und die Aktualisierung
der Datenbestände erfolgt teils parallel zum Betrieb, teils in verkehrs-
armen Zeiten (nightly updating). Die Aufgaben der Belegungsplanung werden zum großen Teil bei Konzeption des Systems erledigt. Eine Verlager-
ung der Belastungsspitzen ist gegenüber dem konventionellen Stapelbetrieb mit sehr großem Aufwand verbunden. Der Programmtest muß häufig in
verkehrsfreie Zeiten gelegt werden oder gar auf separaten Anlagen abgewickelt werden. Meist handelt es sich hierbei auch nur um kleine Anlagen (z. B. Prozessrechner), die speziell auf eine Aufgabenabwicklung
zugeschnitten sind { 9 }. Entsprechend wird dieser Typ des Rechenbe-
triebes bei allgemeinen Betrachtungen der Rechenzentrums-Organisation
ausgeklammert { 7 }.

Zu einer Berücksichtigung beider spezifischer Eigenschaften des Rechen-
betriebes ist man jedoch gezwungen, wenn auf einer EDV-Anlage neben dem
konventionellen Stapelbetrieb ein merkbarer Anteil Fernverarbeitung ab-
läuft, oder wenn diese Anlage des einen Rechenzentrums mit solchen anderer Rechenzentren im Verbund zusammenarbeitet { 10 }. Gerade dieser
Rechnerverbund gewinnt in letzter Zeit sehr an Bedeutung, denn die Kosten der Kleinrechner sind in letzter Zeit stark gefallen und das Gesetz von Grosch ist nicht mehr uneingeschränkt gültig.

War es früher mehr der Gedanke des Kapazitätsausgleichs, der bei der
Schaffung von Rechnerverbundnetzen Pate stand, so sind es heute die
Zentralisierungsbestrebungen in Wirtschaft und Verwaltung, die hier
durch den Computerverbund erhöhte Anforderungen an die Rechenzentren
stellen. Die Folge ist hier, wie auch beim Einsatz der Fernperipherie,
daß zunächst unkontrolliert eine zusätzliche Arbeitslast von der EDV-
anlage eines betrachteten Rechenzentrums abverlangt wird. Da die Cha-
rakteristika dieser zusätzlichen Arbeitslast zunächst nicht bekannt
sind, präsentiert sich gegenüber Arbeitsvorbereitern, Systemplanern und
Operateuren eine an sich "anormal" verhaltende EDV-Anlage.

Hier ist es die Aufgabe des Rechenzentrums, die Struktur und Organisation so zu verändern, daß die Sicherheit und ein wirtschaftliches Optimum der Systemausnutzung erreicht werden kann. Eine wesentliche Voraussetzung ist dabei das organisatorische Abhängigkeitsverhältnis von dem
Rechenzentrum mit der EDV-Anlage und den Organisationseinheiten, in
denen die peripheren Geräte bzw. die angekoppelten EDV-Anlagen sich befinden.

Im einzelnen wird die Aufbau- und Ablauforganisation des Rechenzentrums wie folgt beeinflußt werden:

Eine Einheit für die von der EDV-Anlage zu erbringende Leistung ist in der Form festzulegen, daß auch die über Fernverarbeitungseinheiten oder angekoppelten EDV-Anlagen zu erbringenden Leistungen mit Hilfe dieser signifikanten Größen geplant werden können. Die zusätzlichen Anforderungen durch das Betriebssystem (over head) müssen neben der Nutzlast erbracht werden. Durch die langsamen Datenübertragungsleitungen bedingte Verzögerungen sind in der Planung zu berücksichtigen und fordern mitunter gesonderte Remote-Kapazität { 11 }. Der Arbeitsvorbereiter und Systembelegungsplaner eines Rechenzentrums wird hier mit völlig veränderten und stark erweiterten Planungsaufgaben konfrontiert. Dieses kommt vor allem dann zum Tragen, wenn auf diesem Wege termingebundene Aufgaben abgewickelt werden sollen. Ein einfaches Einbeziehen der bei den Betriebssystemen vorgesehenen Programmprioritäten reicht im allgemeinen nicht aus.

Um einen reibungsfreien Betrieb über Datenfernverarbeitung abzuwickeln, sind häufig flankierende Maßnahmen der Leistungsabgabe notwendig. Hierzu zählt nicht nur, daß z. B. Dialogbetrieb nur zu bestimmten Tagesstunden erlaubt wird, sondern auch die Reservierung von Hauptspeicherbereichen für Fernverarbeitungsaufgaben oder das Verbot, auswechselbare magnetische Speicher vom Terminal oder von angekoppelten EDV-Anlagen aus anzufordern. Diese Einschränkungen resultieren häufig aus einem praktischen Selbsterhaltungstrieb der Rechenzentren. Sie sind aber keineswegs die Idealvorstellungen von einem Rechnerverbundsystem. Um hier den unkontrollierten Anforderungen an die EDV-Anlage Herr zu werden, haben sich Rechenzentren Schranken für Frequenz und Auftragsgröße aufgestellt, und es ist kein Zufall, wenn in vielen Dialogsprachen die Nutzung von magnetischen Wechselspeichern (z. B. Magnetbändern) nicht vorgesehen ist.

Eine wesentliche Erweiterung hat bei Einbeziehung dieser allgemeinen Fernverarbeitungsaufgaben die Leistungsverrechnung zu erfahren. Man erwartet, daß gleiche Datenverarbeitungsleistung gleiches Geld kosten soll. Hier sollten nicht nur die unterschiedlichen EDV-Systeme der verschiedenen Hersteller, gerade bei Rechnerverbund, verglichen werden { 12 }, sondern auch die Leitungskosten, denen dem Benutzer gegenüber keine offensichtliche Datenverarbeitungsleistung entspricht. Dies erfordert meist ein aufwendiges Abrechnungssystem, für das Ausgleichsfaktoren ermittelt werden müssen.

Durch die Datenübertragungswege ist zusätzlich Hardware zu betreuen.
Hierbei treten nicht nur die bekannten Probleme der Wartung von Mixed
Hardware { 13 } auf, sondern auch die Vielzahl der Schnittstellenmög-
lichkeiten erlaubt getrennte organisatorische Unterstellung von Geräten, die an eine EDV-Anlage angeschlossen sind. Dieses kann bei einfacher Fernverarbeitung durch eine gemeinsame Rechenzentrumsordnung abgedeckt werden. Die Koordination zwischen verschiedenen Rechenzentren bei
Rechnerverbund gestaltet das Problem jedoch komplexer. Neben einem gemeinsamen Koordinierungsausschuß hat das Rechenzentrum jetzt über eine
geeignete personelle Kapazität an Nachrichtentechnikern zu verfügen.
Die Überschneidung von technischen und organisatorischen Problemen ist
charakteristisch für diesen Gegenstand.

Bei Datenfernverarbeitung oder Aufgabenabwicklung im Rechnerverbund werden auch erhöhte Anforderungen an die Sicherheit des Betriebes gestellt.
Ein Teil dieser Aufgaben wird im konventionellen Rechenzentrum durch
die Arbeitsnachbereitung oder eine Kontrollgruppe (dispatching) erledigt. Jetzt ist jedoch sicherzustellen, daß auch über den Draht nur
richtige Ergebnisse das Rechenzentrum verlassen und daß Möglichkeiten
der falschen Empfängerauswahl oder das Anzapfen der Leitungen ausge-
schlossen sind. Hier entstehen zusätzliche Aufgaben für die Systemgrup-
pe des Rechenzentrums. Mit ihrer Hilfe wird auch das Problem der Wieder-
holungsläufe zu klären sein. Ein Wiedereingeben von Programmen und Daten ist bei Bedienungsfehlern eigentlich vom Benutzer nicht erwartbar.
Das unangekündigte Starten von Wiederholungsläufen vom Terminal aus erfordert zusätzliche zentrale Planungsmaßnahmen, wenn dadurch nicht alle
anderen Terminarbeiten in Mitleidenschaft geraten sollen.

In besonderem Maße wird durch die Fernverarbeitung und den Datenverbund
die zentrale Datenhaltung betroffen. Wertvolle Erfahrungen sind hierzu
schon von verschiedenen Service-Rechenzentren gesammelt worden { 14 },
die hier heute schon ihren Kunden besondere Sicherheit und Vertraulichkeit anbieten müssen. Aber auch allgemein wird hier die Dateiverwaltung
und Datenträgerverwaltung sich darauf einzustellen haben, daß man in
mehr oder minder großem Umfang vom Terminal aus temporäre Dateien
(scratch files) anfordern können muß. Für zentrale Ausgabegeräte wie z.B.
COM oder Plotter und für sehr umfangreiche Listen ist eine Versandstel-
le einzurichten. Solche Angaben sind auch organisatorisch im Datenfluß-
modell eines Rechenzentrums vorzusehen, da es sich hier um Ausgaben
ohne Auftragskarten handelt.

Die Beratung zählt in vielen Rechenzentren zu den Selbstverständlich-

keiten seines Service. Dieser Beratungsdienst ist auf die Benutzer am
anderen Ende des Drahtes auszudehnen. Hier hat sich eine "Telefonseel-
sorge" schon verschiedentlich sehr bewährt, deren Apparat allerdings in
den Zeiten der Rechnernutzung über Einrichtungen der Fernverarbeitung
besetzt sein muß.

Schließlich ist noch die Behebung einer gewissen psychologischen Barri-
ere zu erwähnen, daß nicht jeder Benutzerkreis seinen eigenen Rechner
hat, sondern eine Reihe von Aufgaben zentral abgewickelt werden müssen.
Dieses Problem tritt hauptsächlich beim Aufbau eines Datenfernverarbeitungsnetzes auf. Die in diesem Zusammenhang mit anfallenden organisatorischen Probleme sind kennzeichnend für die Änderungen in Struktur und
Organisation eines Rechenzentrums bei Einbeziehung von Datenfernverarbeitung und Rechnerverbund. Hier sollte das Rechenzentrum mehr eine ko-
ordinierende als eine diktierende Funktion ausüben. Die Benutzer an den
Terminals oder an den angekoppelten Anlagen sind gleichberechtigte Part-
ner, die sich zwar an die Möglichkeiten des Rechenzentrums anzupassen
haben; das Rechenzentrum hat aber auch in Erfüllung seiner Service-Auf-
gaben zu versuchen, den Belangen der Benutzer entgegenzukommen.

Schließlich sind die qualitativen Anforderungen an die Arbeitsvorbereitung zu erwähnen, die durch einen Anschluß der eigenen EDV-Anlage an
die eines Nachbarrechenzentrums vergrößert werden. Mitunter wird sogar
die Kenntnis verschiedener Betriebssprachen erforderlich sein. Auch
hier wird man mehr miteinander als nebeneinander zu arbeiten haben. Die
hier auftretenden Kompatibilitätsprobleme stellen ein eigenes sehr wei-
tes Aufgabenfeld dar { 15 }.

Vergleicht man den Betrieb einer Stapelanlage mit dem einer Realzeit-
Anlage, so fällt der stark veränderte Personalbedarf im Rechenzentrum
auf. Der Betrieb der Realzeit-Anlage erfordert im Verhältnis zu Anla-
gengröße und abzuarbeitendem Arbeitsvolumen einen wesentlich geringer-
en aber qualifizierteren Personalstab. Daraus sollte man folgern, daß
eine Anlage, die z. B. zur Hälfte mit lokalem Stapelbetrieb, zur anderen Hälfte aber mit transportablen Remote-Aufgaben ausgelastet ist,
weniger Bedienungspersonal benötigt, als wenn die Anlage nur im lokalen Stapelbetrieb ausgelastet wäre. Ein solcher Schluß ist jedoch in
der Allgemeinheit nicht möglich. Die Art des peripheren Anschlusses und
die Art der Aufgaben nehmen hier doch wesentlichen Einfluß.

Die Personaleinsparung im Rechenzentrum ist im allgemeinen schon merk-
bar, wenn Test- und Umwandlungsarbeiten über Terminal abgewickelt wer-

den. Ist dieses Terminal eine Stapelfernstation, die unter der Verantwortung des Rechenzentrums läuft, so gilt das natürlich nicht. Werden
aber große Teile der Arbeit über Bildschirme oder angeschlossene Fremd-
rechner abgewickelt, so trifft die Aussage zu. Ferner ändert sich dann
die Struktur des Rechenzentrums auch dadurch, daß die zentrale Datenerfassung als Aufgabengebiet entfällt { 7 }.

Zwischenstufen der Datenfernverarbeitung, z. B. die Datenübertragung -
off - line, erfordern jedoch meist separates Bedienungspersonal.

Allgemein kann man jedoch sagen, daß durch Datenfernverarbeitung und
Rechnerverbund in den Rechenzentren im Verhältnis zum Aufgabenumfang
weniger, dafür aber qualifizierteres Personal benötigt wird, dessen Aufgabenfeld sich auch der neuen Situation anzupassen haben wird. Man darf
dabei jedoch nicht vergessen, daß die Fachabteilungen wesentlich stär-
ker mit der EDV involviert sind und in dem einen oder anderen Fall der
dezentralen Datenerfassung einen etwas größeren Personalbedarf haben
können. Diese technisch bedingten Arbeitsverlagerungen im Rechenzentrum
werden durch die veränderten Betriebsweisen der EDV-Anlagen verursacht
und gefördert, und es ist die Frage, ob man Datenfernverarbeitung und
Rechnerverbund nicht auch unter diesem Gesichtspunkt eines rationellen
Rechenzentrums sehen sollte.

Ein zweiter Punkt ist schließlich noch in diesem Zusammenhang zu erwähnen: Die Rolle der Systemsoftware als programmierte Teile der Organisation eines Rechenzentrums gewinnt weiter an Bedeutung. Man muß sich
immer mehr darüber im klaren sein, daß funktions- und aufgabenmäßig die
Betreuung der Systemsoftware Aufgabe des Rechenzentrums und nicht der
Programmierung ist.

<u>Literatur:</u>

1   Mieniec, H. "Anschluß von Datennetzen an Datenverarbei-
           tungsanlagen" Siemens-Zeitschrift 43 (1969),
           Beiheft "Datenfernverarbeitung", S. 130 - 136

2   Martin, J. "Future Developments in Telecommunications"
           Prentice Hall, 1971

3   Lias, E. J. "Online vs. Batch Costs", Datamation,
           Dec. 1974, S. 69

4   Pforr, W. "Über die Wirtschaftlichkeit von Datenstationen
           am Schalter einer Stadt- u. Kreissparkasse", INA 218,
           S. 861 - 864

5   Stefferud, E. "Management's Role in Networking",
     Datamation, April 1972, S. 40 - 42

6   Blackman, M. : The Design of Real-time-applications.
     John Wiley & Sons, 1975, S. 231 ff. "Real Time introduces
     new Operators"

7   Graef, M. ; Greiller, R. "Organisation und Betrieb eines
     Rechenzentrums" Forkel 1975

8   Graef, M.; Greiller, R., Hecht, G. "Datenverarbeitung
     im Realzeitbetrieb" Oldenbourg, 2. Auflage 1972

9   Anke, K.; Kaltenecker, H.; Oetker, R. "Prozeßrechner",
     Oldenbourg 1970

10   Fischer, U. E. (Hrg.) "Zum Mehrprozessorbetrieb des
     IBM Systems / 370"   IBM-Form F 12-1605·3.75

11   Infotech, State of the Art Report Nr. 6 "Computer
     Networks", Berkshire 1971

12   Braungardt "Abrechnung von EDV-Leistungen unter be-
     sonderer Berücksichtigung des Multiprogramming",
     Integrata, Tübingen, 4. Auflage 1973

13   Scholz, E. "Arbeits- Checkliste für mixed Hardware",
     PRS-Verlag 1973

14   Helfors, S. "Zusammenarbeit mit Service-Rechenzentren"
     Rudolf Haufe-Verlag 1971

15   Schönauer, W. "Ein Lastverbundnetz für die Hochschulen
     von Baden-Württemberg" Symposium über Computer-Netze,
     Birlinghoven 1972, S. 237 - 262.

Interaktive Datenverarbeitung
im Bereich Entwicklung und Forschung

Hermann J. Siebert - IBM Deutschland GmbH, Böblingen

Einleitung

Die Entwicklung der Datenverarbeitung vollzieht sich in Zyklen: Die ersten elektronischen Rechanlagen wurden gebaut, um mit ihrer Hilfe kom-
plizierte, technisch-wissenschaftliche Aufgaben lösen zu können. Große Verbreitung fanden die Anlagen jedoch erst durch ihren Einsatz auf
dem kommerziellen Gebiet. Die Stapelverarbeitung erwies sich als wirt-
schaftlichste Organisationsform.

Erst mit der Entwicklung von Time-Sharing und Dialog-Systemen eroberte
die Datenverarbeitung sich neue Anwendungen in Entwicklung und Forschung. Die Dialog-Systeme überbrückten die für den Entwickler hinder-
lichen Wartezeiten, die in stapelverarbeitungsorientierten Rechenzentren unvermeidlich sind.

Nach den bisher positiven Erfahrungen der Dialog-Systeme im Entwick-
lungsbereich wird bereits der Trend sichtbar, daß bislang stapelorien-
tierte Anwendungen sich die Vorteile der interaktiven Verarbeitung zu
Nutze machen. Datenbank-Systeme mit "On-Line-Update" sind ein Beispiel
hierfür.

Einsatz von Dialogsystemen
im Bereich Entwicklung und Forschung

Abbildung 1 zeigt die wichtigsten Stufen in der Rechnerentwicklung, wie
sie in den Laboratorien der IBM DEUTSCHLAND betrieben wird. Solche Aufgaben, die interaktiv mit dem zentralen Rechenzentrum gelöst werden,
sind durch fette Balken rechts und links der Kästchen gekennzeichnet.
Wie die Abbildung zeigt, werden die meisten Aufgaben mit interaktiver
Datenverarbeitung gelöst. Die Arbeit in diesen Abteilungen ist ohne
die Hilfe von interaktiven Systemen nicht mehr denkbar. In allen ge-
kennzeichneten Bereichen hat die interaktive Verarbeitung die Überle-
genheit gegenüber der Stapelverarbeitung bewiesen.

Die Produktivität des einzelnen Mitarbeiters konnte wesentlich gesteigert werden, d.h. das Arbeitsziel des einzelnen Mitarbeiters wird mit

Hilfe der interaktiven Datenverarbeitung schneller und sicherer erreicht.

Wert der Datenverarbeitung

Bei der interaktiven Datenverarbeitung muß das Rechenzentrum sich der
Zielsetzung unterwerfen, daß der Benutzer des Dialog-Systems seine
Aufgabe in optimaler Zeit und Güte lösen muß. Das bedeutet, daß es im
Gegensatz zur Stapelverarbeitung darauf ankommt, die Systemkapazität
so auszulegen, daß der Benutzer optimale Arbeitsbedingungen vorfindet.
Die Anforderungen des Benutzers an das System müssen in vernünftigem
Rahmen berücksichtigt werden.

Der Benutzer erwartet, daß das System während seiner Arbeitszeit ständig verfügbar ist, daß es seine Anfragen in wenigen Sekunden beantwortet und daß es stets genügend Kapazität frei hat, um seine Aufgaben zu
lösen. Längere unkalkulierbare Wartezeiten verzögern seinen Arbeitsrhythmus und verringern damit den relativen Wert der Datenverarbeitung.
Ein träge reagierendes System wird ihn auch davon abhalten, Alternativen auszuprobieren, um die beste Lösung zu erhalten. Umgekehrt bietet ein überdimensioniertes System zwar für den Benutzer ideale Arbeitsbedingungen, jedoch belasten die höheren Kosten dieses Systems
letzlich das Ergebnis seiner Arbeit, d.h. Überdimensionierung schmälert den relativen Wert der Datenverarbeitung.

D.N. Streeter hat in seinem Buch "The Scientific Process and the Computer" den relativen Wert der Datenverarbeitung dargestellt (Abb.2). Der
relative Wert für die Dialogverarbeitung geht gegen null, wenn das System voll ausgelastet ist. Dann nämlich ist das System nicht mehr in
der Lage, auf die Anfragen eines Benutzers in vernünftiger Zeit zu antworten. Er kann sein Arbeitsziel nicht erreichen. Der relative Wert
wird ebenfalls sehr klein, wenn ein völlig unterbelastetes System zur
Verfügung steht. In diesem Fall findet der Benutzer ideale Systembedingungen, seine Arbeit wird jedoch mit extrem hohen Systemkosten belastet. --- Dazwischen liegt ein Maximum. Abbildung 2 zeigt das Maximum bei reiner Dialogverarbeitung - d.h. Notwendigkeit kurzer Antwortzeit bei allen Aufgaben - bei ca. 50 % Systemauslastung. Bei Stapelverarbeitung - d.h. Antwortzeit ist unkritisch - liegt das Maximum nahe
bei 100 %. Bei gemischtem Betrieb erreicht man das Maximum bei ca. 70%.

Wie man sieht, läßt sich das Maximum beeinflußen, wenn es gelingt, auf
einem System Dialog- und Stapelverarbeitung gemeinsam zu fahren, wobei
dem Dialog naturgemäß höhere Priorität eingeräumt werden muß (Abb. 3).
Mit dieser Betriebsweise kommt man zu höherer Systemauslastung, ohne
den Dialog-Benutzer wesentlich zu benachteiligen. Der optimale Ar-
beitsbereich muß für jede Installation jedoch eigens ermittelt werden.
Es ist nicht ungewöhnlich, daß sich die Charakteristik aller Dialog-
Benutzer im Laufe der Zeit ändert. Eine veränderte Aufgabensituation
und unterschiedliche Tätigkeit der Benutzer im Umgang mit dem System
führen schnell eine Änderung herbei. Es empfiehlt sich, die Anschaltung der Terminals über den Tagesverlauf (Abb. 4) von Zeit zu Zeit zu
kontrollieren und die Antwortzeit zu messen. Die Darstellung (Abb. 5)
zeigt, ob das System sich noch im spezifizierten, optimalen Arbeitsbe-
reich befindet.

Das Response-Zeit-Verhalten wurde ermittelt, indem jeweils über eine
Stunde sämtliche von den angeschalteten Terminals ausgelösten Transak-
tionen erfaßt wurden. Danach wurde der prozentuale Anteil derjenigen
Transaktionen ermittelt, die weniger als 3 Sekunden benötigten. Die
Dauer einer Transaktion wird gemessen von der Eingabe am Terminal (en-
ter) bis zum Ende der Ausführung.

Man kann nun ein Band definieren, z.B. 80 % ... 100 %, in dem die Kurve liegen darf. Verläßt die Kurve das Band, so liegt eine Überbela-
stung des Systems vor. Man muß dann geeignete Maßnahmen ergreifen, um
das vom Benutzer erwartete Systemverhalten wieder herzustellen.

Güte der Datenverarbeitung

Im Vorangegangenen haben wir stillschweigend angenommen, daß das System stets fehlerfrei arbeitet. Das ist natürlich nicht der Fall. Jedem Fachmann sind Ausfälle aus den unterschiedlichsten Gründen bekannt.
Bei einem Dialog-System wirken sich die Ausfälle unmittelbar auf den
Benutzer aus.

Die Verfügbarkeit (Abb. 6) sollte deshalb ständig überwacht werden.
Das Verfügbarkeitsdiagramm erlaubt eine Beurteilung der Güte der Datenverarbeitung. Besondere Bedeutung kommt dabei dem Messwert "Laufzeit zwischen Fehlern" zu. Die Laufzeit zwischen Fehlern bezeichnet
die Sicherheit des Systems. Eine zu kleine Laufzeit zwischen Fehlern
wirkt sich besonders störend auf den Benutzer aus. Er wird verunsi-

chert. Diesem Faktor muß vom Computer-Management besondere Aufmerksamkeit geschenkt werden. Die Messgrößen in Abbildung 7 und Abbildung 8
erlauben dem Computer-Management eine Beurteilung des Systems. Ihre
Kenntnis ist Voraussetzung für die Adjustierung von Systemkomponenten.

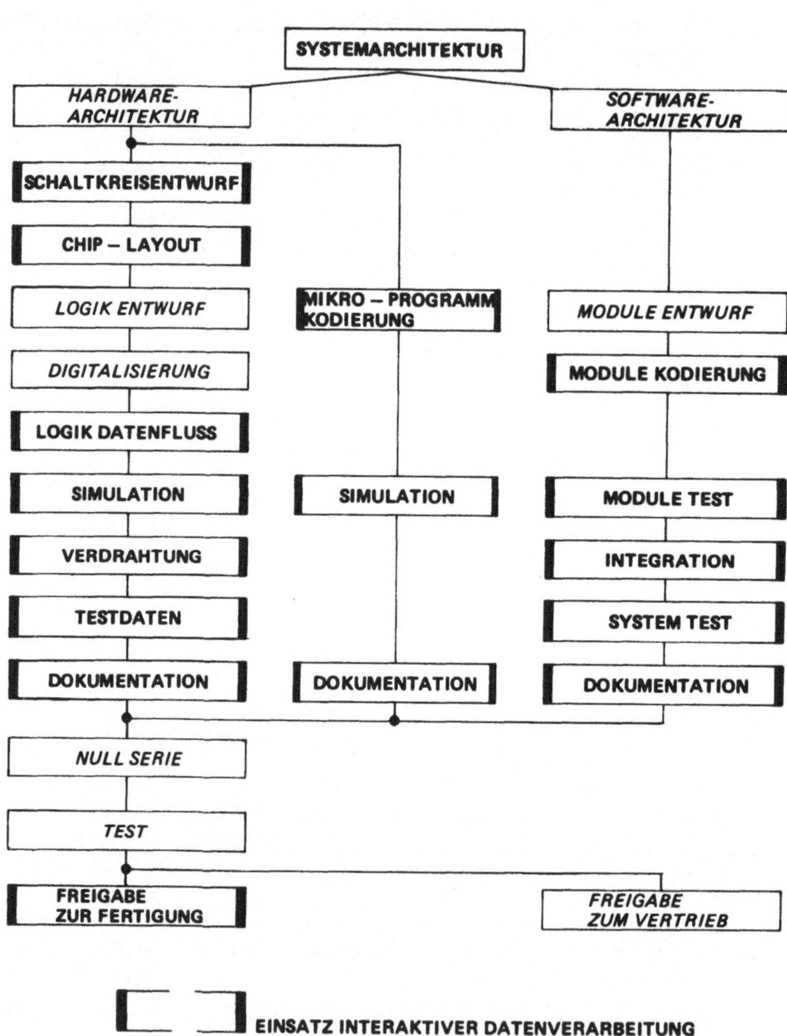

Abb. 1 **ENTWICKLUNGSSTUFEN**

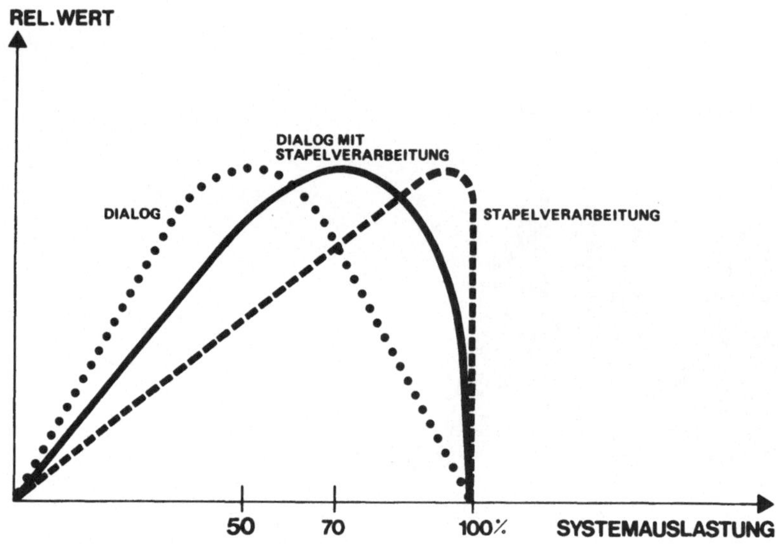

WERT DER DATENVERARBEITUNG

Abb. 2

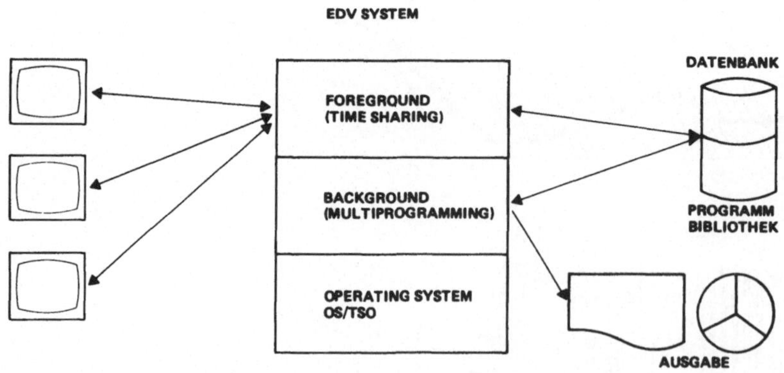

TYPISCHES DIALOGSYSTEM MIT STAPELVERARBEITUNG IM BACKGROUND

Abb. 3

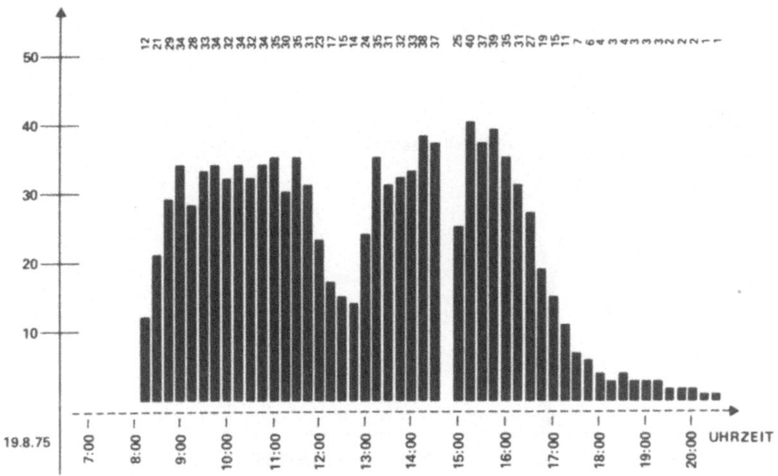

TERMINAL ANSCHALTUNG

Abb. 4

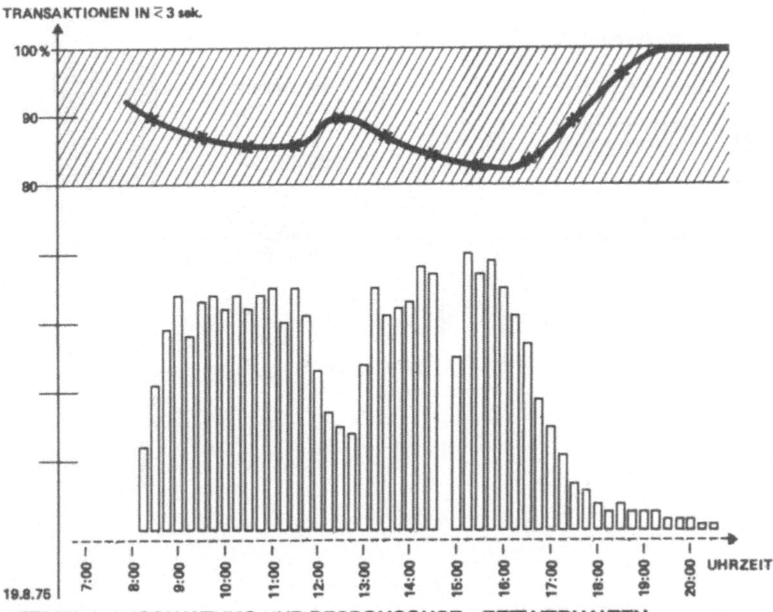

Abb. 5

VERFÜGBARKEITSDIAGRAMM

Abb. 6

MITTLERE VERFÜGBARKEIT
(AVAILABILITY)

$$= \frac{\text{WOCHENSTUNDEN} - \text{AUSFALLZEIT}}{\text{WOCHENSTUNDEN}}$$

MITTLERE LAUFZEIT
ZWISCHEN AUSFÄLLEN
(MEANTIME TO FAILURE)

$$= \frac{\text{LAUFZEIT/WOCHE}}{\text{ANZAHL DER AUSFÄLLE}}$$

MITTLERE ANTWORTZEIT
(RESPONSE TIME)

$$= \text{ANZAHL TRANSAKTIONEN IN} \lesssim n \text{ sek.}$$

MESSGRÖSSEN ZUR BEWERTUNG DES DIALOGBETRIEBES

Abb. 7

$$\text{MITTLERE DURCHLAUFZEIT (TAGSCHICHT), (NACHTSCHICHT)} = \frac{\text{LAUFZEIT}}{\text{ANZAHL DER JOBS}}$$

$$\text{JOB CHARAKTERISTIK} = \frac{\text{CPU ZEIT}}{\text{ANZAHL DER JOBS}} \quad \frac{\text{ANZAHL DER EXCPs}}{\text{ANZAHL DER JOBS}}$$

$$\text{CPU AUSLASTUNG} = \frac{\text{CPU ZEIT}}{\text{LAUFZEIT}}$$

$$\text{CPU VERHÄLTNIS} = \frac{\text{PROBLEM PROGRAMM CPU ZEIT}}{\text{CPU ZEIT}}$$

$$\text{E/A VERHÄLTNIS} = \frac{\text{ANZAHL DER EXCPs}}{\text{LAUFZEIT}}$$

$$\text{KANALBELASTUNG} = \frac{\text{KANALBETRIEBSZEIT}}{\text{LAUFZEIT}}$$

MESSGRÖSSEN ZUR BEWERTUNG DER STAPELVERARBEITUNG

Abb. 8

<u>Der Betriebsablauf in einem Konzern-Rechenzentrum</u>
Dr. R. Rackles, BASF Aktiengesellschaft

1.   Vorbemerkungen

Das Ziel dieses Hauptreferates ist es, einmal Ansatzpunkte zur Akti-
vierung der Diskussion im Workshop, wie aber auch Anregungen zur Ab-
laufgestaltung innerhalb eines Rechenzentrums zu geben. Zu diesem
Zweck werden im folgenden ausgewählte Beispiele von Techniken und
Methoden dargestellt, wie sie zur Zeit im Rechenzentrum der BASF AG,
Ludwigshafen angewandt werden. Darüber hinaus wird auch auf in Arbeit
bzw. in der gedanklichen Entwicklung befindliche Konzeptionen und
Planungen hingewiesen.

Die Erfahrungsbasis ist der Betrieb von fünf an einem Ort zusammenge-
fassten EDV-Systemen. Angeschlossen sind 71 Bandeinheiten, 128 Plat-
tenspindeln, 22 Schnelldrucker und 11 Kartenleser/-stanzer. Die Einheiten werden von Montag 6.00 Uhr bis Samstag 6.00 Uhr im 3-Schicht-
betrieb genutzt und sind überwiegend gemietet.

Dem Begriff Rechenzentrum (RZ) sind folgende Bereiche zugeordnet:
Datenerfassung, EDV-Betrieb, Systemplanung und Systemprogrammierung,
wobei die Ausführungen im wesentlichen die Techniken und Methoden
des EDV-Betriebes betreffen.

Die durchgeführten wie die noch zu realisierenden Massnahmen orientie-
ren sich an der für ein Rechenzentrum gegebenen Aufgabenstellung, die
in Kürze wie folgt zusammengefasst werden kann :

   Sachgemässe Erfassung, Bearbeitung und Auswertung der betrieblichen Daten durch effizienten und wirtschaftlichen
   Einsatz von Datenverarbeitungspersonal und entsprechender
   maschineller Einrichtungen.

Ausgehend von dieser Zielsetzung sollen daher den eigentlichen Ablauf-
techniken einige Anmerkungen zur Gestaltung der personellen und maschinellen Ressourcen vorangestellt werden.

2.1 Die personelle Organisation

Der Betriebsablauf im Rechenzentrum wird wesentlich beeinflusst vom
Funktionieren der externen und internen Kommunikation. Zur Erleichterung
der fachlichen Kontaktaufnahme müssen die Aufgabenstellungen des Rechen-

zentrums und seine organisatorische Gliederung für die externen Benutzer klar erkennbar sein. Aber auch für den inneren reibungslosen Informationsfluss ist es notwendig, dass die Verantwortungen eindeutig festliegen und bekannt sind.

Als Voraussetzung eines guten Betriebsablaufs müssen daher vorhanden sein:

1   Organisationsplan

2   Stellenbeschreibungen (Jobdescription)
je Arbeitsplatz.

Auf die ausführliche Darstellung des Organisationsplanes wird verzichtet, da einerseits seine Struktur im allgemeinen durch die Funktionen Datenerfassung, EDV-Betrieb und Systemplanung und -programmierung vorgegeben ist und da anderseits eine Vielzahl von betrieblichen Gegebenheiten (Personal) und Entwicklungen bei seiner Erarbeitung berücksichtigt werden müssen.

Wichtiger erscheint mir in diesem Zusammenhang die Beschreibung der Tätigkeiten im Rechenzentrum und die Zuordnung der Verantwortlichkeiten.

2.1.1 Beschreibung der Tätigkeiten

In Anlage 1 sind die einzelnen Funktionsgruppen eines Rechenzentrums mit ihren wesentlichen Tätigkeitsmerkmalen zusammengefasst. Die Grösse eines Rechenzentrums entscheidet darüber, in wie weit eine organisatorische Aufsplittung notwendig ist. Zum Verständnis der weiteren Ausführungen möchte ich hier nur auf zwei Aufgaben näher eingehen, nämlich die Arbeitsplanung und die Arbeitsvorbereitung. Ein Rechenzentrum ist einem Produktionsbetrieb der industriellen Fertigung vergleichbar. Die Produktion der EDV-Auswertungen geschieht mit Hilfe der EDV-Anlagen, die einen verhältnismässig hohen Mietwert haben. Um diese Anlagen rationell und damit wirtschaftlich zu nutzen, müssen sie im Mehrschichtbetrieb und unter Vermeidung unnötiger Rüstzeiten eingesetzt werden. Wie bei der technischen Fertigung sind daher zur Vorbereitung und Steuerung wie Kontrolle des Datenflusses eine Arbeitsplanung (AP) und eine Arbeitsvorbereitung (AV) erforderlich, die nach einheitlichen Regeln (Normen) arbeiten.

Die <u>Arbeitsplanung</u> übernimmt von der Systemanalyse und Programmierung die Unterlagen für die Routinearbeitsabläufe und erstellt und pflegt Datenflusspläne mit genormten Symbolen zur Steuerung des Datenflusses.

Die <u>Arbeitsvorbereitung</u> steuert und veranlasst die Verarbeitung der Daten unter Einsatz der Datenflusspläne und der EDV-Anlagen. Ausserdem überwacht sie die Richtigkeit der Verarbeitung in den einzelnen Produktionsstufen.

2.1.2 Zuordnung der Verantwortlichkeiten

Mit der Stellenbeschreibung (<u>Anlage 2</u>) erfolgt die Zuordnung der Verantwortlichkeiten. Aus der Beschreibung muss hervorgehen, um welche Stelle es sich handelt und wo sie sich innerhalb der Organisationsstruktur eines Unternehmens befindet, ausserdem sollte sie durch die Unterschrift von mindestens einem Vorgesetzten bestätigt werden.

Im einzelnen sind in einer <u>Stellenbeschreibung</u> folgende Punkte aufzunehmen:

(1) Zweck und Ziel der Stelle
(2) Organisatorische Bezeichnungen mit unmittelbarer Unter- und Überstellung
(3) Aufgaben, Befugnisse und Verantwortlichkeiten getrennt nach "Planung", "Kontrolle und operative Tätigkeiten", "Verwaltung der Ressourcen" sowie "Richtlinien".

2.2 Die Systemkonfiguration

2.2.1 Funktionale Aufgabenzuordnung

Bis zum Beginn der 70er Jahre versuchte das RZ der BASF AG durch die weitgehende Zentralisierung der gesamten Datenverarbeitungsleistung auf einem System möglichst wirtschaftlich zu arbeiten und mit möglichst wenig Maschinenpersonal auszukommen. Durch die Konzentration auf eine Multiprocessor (MP)-Anlage IBM 360/65 gekoppelt mit einem Vermittlungsrechner IBM 360/50 versuchte man das zweifellos bessere

Preis/Leistungverhältnis von Grossanlagen auszunutzen. Man war jedoch damit zwischenzeitlich in eine Systemgrösse hineingewachsen, die gelegentlich weder für den Techniker noch für den Operator beherrschbar war. Sämtliche Arbeiten, sowohl Test- als auch Routineläufe aus den kaufmännischen, naturwissenschaftlichen und technischen Bereichen, liefen über das eine System und dies nicht nur in Form der Stapelverarbeitung sondern auch als Stapelfernverarbeitung und in einem gewissen Grad auch im Timesharing-Mode. Bedingt durch viele Einflussgrössen, im wesentlichen jedoch durch die seinerzeit wohl noch nicht voll ausgereifte MP-Hard- und Software, liess die Systemverfügbarkeit sehr zu wünschen übrig. Dies führte zu aufwendigen Wiederholungsläufen, die in Abschlussperioden meistens zu Lasten der Naturwissenschaft und der Technik gingen.

Aus dieser Situation heraus wurden zwei Ziele postuliert:

1   Verteilung der diversen Arbeiten nach Funktion
auf mehrere Rechner um möglichst flexibel zu sein.
Als Fernziel wurden drei gleichartige Rechnertypen angestrebt, auf denen die Arbeiten austauschbar
abgewickelt werden können.

2   Zur Vermeidung der Benachteiligung von Technik
und Naturwissenschaf sollte für diese Gebiete
ein möglichst nicht mit den kaufmännischen Rechnern kompatibler Computer eingesetzt werden.

Das Ergebnis dieser Überlegungen ist in Anlage 3 zusammengefasst.

Die Gesichtspunkte Leistung und Sicherheit haben dazu geführt, dass am Standort des Rechenzentrums mehr als ein Rechnersystem installiert wurde, nämlich insgesamt fünf Systeme. Die obere Hälfte des Schaubildes enthält die Systeme für kaufmännische Abläufe:

Die Arbeitslast auf den beiden Grossanlagen IBM 370/168 besteht einerseits aus Routine- und Test-Batch-Arbeiten, zum anderen aus mehreren Online-Grossanwendungen, mit z.Z. rund 150 Terminals, die in Spitzenzeiten eine 168 bereits erheblich belasten. Die Erfahrungen mit der im Normalfall durchgeführten Trennung von Stapel-(Batch-) und IMS-Verarbeitung sind sehr gut.

Für Back-Up-, Test- und Sonderfälle steht die IBM 370/158 zur Verfügung, die bei Maschinenstörungen der anderen Systeme einen Notbetrieb - besonders im IMS-Bereich - aufrecht erhält und auf der Tests aller Art abgewickelt werden, so dass wir auf unseren Produktionsanlagen praktisch kaum Experimente durchführen müssen und so eine entsprechende Sicherheit erhalten.

Zur Erfüllung ihrer Aufgaben sind die bisher genannten drei Systeme durch 2-Kanal-Verbindungen miteinander verbunden (Shared-File-Verbindung).

Für Sonderaufgaben steht schliesslich noch eine IBM 370/135 zur Verfügung. Auf dieser Anlage werden u.a. DOS-Programme für Anlagen bei Tochter- und Beteiligungsfirmen entwickelt, es ist ein Klarschriftbelegleser IBM 1288 sowie ein Plotter für graphische Ausgaben angeschlossen. Ausserdem werden hier diverse spezifische Aufgaben durchgeführt: Aufnahme grösserer Datenmengen von Karte auf Band, Erstellen von einer Vielzahl kleiner Listen und das Beschriften von Belegen mit OCRA-Schrift sowie Scheckschreibung.

In der unteren Hälfte des Schaubildes sehen Sie schliesslich die Anlage für die technisch/wissenschaftlichen Anwendungen. Diese Honeywell-Bull-Anlage 6050 mit zwei Datanet 355 dient der lokalen und der Remote-Stapelverarbeitung, ausserdem wird mit ihr ein Time-Sharing-Service mit z.Z. ca. 30 Terminals angeboten.

2.2.2 Innerbetriebliche Standortfragen

Durch die Verteilung der Arbeiten auf mehrere Rechner und durch die örtlichen Gegebenheiten von zwei übereinander liegender Maschinensälen, die zusätzlich durch ein Zwischengeschoss voneinander getrennt sind, ergaben sich weitergehende Überlegungen. Zwecks Verbesserung der Kommunikation zwischen den drei Grossanlagen IBM 370 und zwecks Minimierung der Transportwege (Magnetband-, Papiertransport etc.) wurde für die räumliche Aufstellung der einzelnen Systemkomponenten folgende Konzeption gewählt:

1   Trennung der bedienungsintensiven Einheiten von
     den nicht oder kaum zu bedienenden Aggregaten,

2   Zusammenfassung gleichartiger bedienungsinten-
siver Einheiten in sogenannten 'Pools',

3   Umschaltbarkeit eines Teiles der im Pool stehenden Aggregate auf verschiedene Rechner.

Als Resultat dieser Massnahmen ergaben sich dann für die Aufstellung
der drei IBM-Grossanlagen folgende Standorte:

Im oberen Maschinensaal befinden sich die Zentraleinheiten mit den zugehörigen Kanaleinheiten, die (unbesetzten) Hauptkonsolen, Festkopf-
plattenspeicher und Platteneinheiten ohne Notwendigkeit des Platten-
wechsels. Für diese Aggregate ist normalerweise eine personelle Besetzung nicht vorgesehen (Ausnahme: IPL).

Im unteren Maschinenraum, an den auch das Datenträgerarchiv angrenzt,
befinden sich die Ein- und Ausgabegeräte sowie die Platteneinheiten
mit Wechselplatten, wobei gleichartige Geräte in Pools zusammengefasst sind. Die Steuerung des Systems und des Band- und Druckerpools
erfolgt mittels umschaltbareren Bildschirmenkonsolen. Bedingt durch
die hier installierten bedienungsintensiven Geräte liegt der Schwerpunkt des Operatoreinsatzes im unteren Maschinensaal.

Neben den angestrebten organisatorischen Vorteilen - wie Sicherheit,
Wirtschaftlichkeit und Flexibilität - ist diese Art der Raumaufteilung
auch einen grossen Vorteil für die Kontinuität des Betriebsgeschehens
im Falle von Systemänderungen. Im oberen Maschinensaal wird stets der
Raum für eine Neu-Installation vorgehalten. Das neue System wird hier
installiert und mit einer Minimalkonfiguration ausgetestet. Nach diesem Schritt wird über ein Wochenende die Peripherie umgehängt und das
Gesamtsystem mit parallelen Produktionsarbeiten ausgetestet. Treten
bis Sonntag früh keine wesentlichen Fehler auf, wird am Montag mit der
Normalproduktion weitergefahren, und das alte System wird relativ
bald (nach ca. 8 Tagen) an den Hersteller zurückgegeben. Auf diese
Weise werden der laufende Betrieb im unteren Maschinensaal kaum gestört
und unnötige Parallelarbeiten (und damit zusätzliche Kosten) vermieden.

2.2.3 Zukünftige Systemkonfiguration

Seit Ende des letzten Jahres ist voraussehbar, dass die Kapazität der
z.Z. installierten Anlagen im Laufe des Jahres 1976 erschöpft sein wird.

Daher sind für das kommende Jahr die folgenden in <u>Anlage 4</u> gezeigten Änderungen geplant:

Integrierung der DE-Anlage als DE-Pool in die hauptspeichermässig erweiterte BATCH-Anlage. Dies folgt der zusätzlichen Konzeption

4   Zusammenfassung von <u>unterschiedlichen</u> Aggregaten
zur Durchführung spezieller Aufgaben.

Die IMS-Aufgaben werden mit der Back-Up-Funktion auf eine Multiprocessor-Anlage IBM 370/168 gelegt. U.a. ergibt sich dies aus dem speziellen IMS-Problem, dass zwischen mehreren CPU's gemeinsam genutzte Datenbanken nur bei einer MP-Konfiguration möglich sind. Die bisherige IBM 370/158-BBU-Anlage wird damit abgelöst.

Auch der technisch/wissenschaftliche Rechner unterliegt einer Änderung und wird in ein System 6070 mit 256 KW umgerüstet.

Mit allen diesen Änderungen wird die heutige Konfiguration, die durch

- Maschinenverbund,
- Funktionalisierung der Systeme,
- Shared-File-Verbindungen und
- Poolbildung der I/O-Einheiten

gekennzeichnet ist, erweitert um die Merkmale:

- Multiprocessor Anlage und
- Poolbildung spezieller Aufgaben.

2.3 Die Installationsplanung und -durchführung

Der Übergang von einer bestehenden zu einer neuen Maschinenkonfiguration bringt für den laufenden Betrieb eines Rechenzentrums stets eine zusätzliche Belastung mit sich. Um Störungen und unnötige Maschinenausfälle zu vermeiden, ist eine rechtzeitige und am Umfang der Änderung orientierte Installationsplanung und -durchführung notwendig.

Bei Konfigurationsänderungen im BASF-Rechenzentrum wird dazu ein Projektteam gebildet, das für die ordnungsmässige Durchführung und Abwick-

lung aller Massnahmen verantwortlich ist. Je nach Umfang und Auswirkung der beabsichtigten Änderung ergibt sich die Zusammensetzung des
Personenkreises. Neben den Mitarbeitern von EDV-Betrieb sind in der
Regel beteiligt: Systemplanung, Systemprogrammierung, Techniker und
Softwarespezialisten der Hersteller (evtl. von verschiedenen Herstellern, wenn Mixed Hardware-Einsatz), Anwendungsprogrammierung/Analyse
und ggf. auch Anwender selbst, insbesondere wenn umfangreiche Anfahr -
test erforderlich sind.

Die Leitung der Gruppe liegt bei einem Projektleiter, der u.a. nach
dem Gesichtspunkt ausgewählt wird, im Laufe der Zeit möglichst vielen
Mitarbeitern die Gelegenheit zu geben, sich neben ihren routinemässigen Aufgaben mit den Problemen eines Projektmanagements auseinanderzu-
setzen und zu bewähren. Während der Laufzeit eines in sich abgeschlossenen Projektes wird die Projektleitung jedoch nicht gewechselt, es
sei denn, dass besondere Gründe vorliegen.

Wesentliche Mittel der Installationsplanung ist der Konfigurationsplan
(Anlage 5). Durch standardisierte Symbole werden die Konfiguration
und die Verbindungen der einzelnen Teile dargestellt. Zwecks besserer
Übersicht sind die verschiedenen Systeme farblich von einander abgeho-
ben und umschaltbare oder gemeinsam genutzte Peripherie entsprechend
gekennzeichnet. Weitere Angaben, die aus dem Plan entnommen werden
können, sind Kanalanschlüsse, Einheiten-Identifikationen und Generie-
rungsadressen, Länge der Kabelverbindungen etc.

Die Verantwortung für den Konfigurationsplan liegt beim Projektleiter,
der ihn auch während der Umbauphase verwaltet. Ohne seine Zustimmung
erfolgt keine Änderung. Andererseits ist er verpflichtet, alle Team-
mitglieder von durchgeführten Änderungen zu unterrichten. In Perioden
ohne projektauslösende Änderungen liegt der Konfigurationsplan bei der
Arbeitsplanung, wo die zeichnerische Betreuung erfolgt.

Aufgrund der gemachten Erfahrungen haben sich für die Durchführung von
Installationsänderungen neben dem

    1   Projektteam

folgende weitere Grundsätze herausgebildet:

    2   Keine grösseren Umstellungen bei Quartals-
           und Jahresabschlussarbeiten,

3   Auseinanderziehen von
        Hard- und Softwareumstellungen,
4   Vorsicht bei Erstinstallationen eines
        neuen Produktes (Erfahrungen anderer
        Installationen berücksichtigen).

2.4   Die Systemsoftware

Neben den eigentlichen Betriebssteuerungssystemen der Hardwareher-
steller wird zusätzlich die für den laufenden Betrieb geeignete Betriebssoftware eingesetzt. Diese kann aus den verschiedensten Quellen entstammen:

- Ergänzende Betriebssoftware der Hersteller (meist kostenpflichtige
  Lizenzprogramme),

- Betriebssoftware von anderen externen Stellen (als Beispiele seien
  hier genant die Programmprodukte "SMS/PPE" und "Bibrarian" von CAP
  Deutschland, Düsseldorf und "Fast Dump/Restore" von Westinghouse,
  Düsseldorf),

- Eigene, d.h. im BASF-RZ selbst entwickelte Software.

Aus der letztgenannten Gruppe möchte ich zwei Softwareprodukte vorstellen: "BASFGEN" und die "X-Commands".

BASFGEN

Dieses Programm kann eine Eingabedatei (sequentiell, indexsequentiell
oder Datenbank) lesen und die Eingabesätze gemäss den angegebenen For-
matanweisungen verarbeiten. Dabei kann mit spezifizierten Stellen der
Eingabesätze gerechnet werden, so dass sich das Programm für folgende
Anwendungen eignet:

        . Kopieren von Dateien
        . Verändern von Dateien
        . Trennen von Dateien
        . Ausfiltern spezifischer Sätze
        . Erstellen von Reportlisten
        . Abstimmen von Summen

Auch Dateien mit variabler Satzlänge können verarbeitet werden.

X-Commands

X-Commands sind vom Benutzer geschriebene Operator-Kommandos für OS-
und VS-Betriebssysteme. Sie laufen unter der Steuerung der System-
Task XCNTRL ab.

In der Zeit um 1969/70 wurden bei BASF AG in Ludwigshafen in Zusammenarbeit mit IBM-TA-Software verschiedene Debugging-Hilfen für OS/MVT
in der Form von Operator-Kommandos geschrieben. In der Folge entwik-
kelte BASF eine neue Implementierungstechnik sowie eine grosse Anzahl
von X-Commands (z.Z. ca. 50), deren ursprüngliche Zielsetzung sich
langsam veränderte in ein Hilfsmittel zur Betriebssteuerung für den
Operator und den Arbeitsvorbereiter. Auch eine Art "Betriebsmittel-
Steuerung" (PRTY-Smoothing) wurde implementiert. In letzter Zeit wurden zahlreiche Neuentwicklungen und Anpassungen an MVS von der Firma
BAYER AG, Leverkusen, vorgenommen. Die wichtigsten Commands sind in
Anlage 6 zusammengestellt.

Beide BASF-Entwicklungen befinden sich in der Programmbibliothek des
OS-Arbeitskreises von GUIDE- Diese bei BASF AG verwaltete Bibliothek
steht jeder GUIDE-Installation zur Verfügung, die ihrerseits einen
angemessenen Beitrag zum Programmaustausch leistet.

2.5 Der Datenflussplan

2.5.1 Zielsetzung und Ursprung

Für die Steuerung des Arbeitsablaufes in einem Rechenzentrum können
unterschiedliche Methoden und Techniken verwendet werden. Im BASF-
Rechenzentrum ist für den Arbeitsvorbereiter bzw. für den Operator der
Datenflussplan das Hilfsmittel zur Steuerung und Kontrolle. In übersichtlicher Form, durch sprechende und genormte Symbole und klar ver-
folgbare Verbindungslinien zweidimensional dargestellt, ermöglicht der
Datenflussplan ein schnelles Erkennen der Zusammenhänge und eine entsprechende Disposition. Der Vorteil gegenüber dem Text liegt in dem
schnellen bildhaften Erfassen einer zu vermittelnden Information und
in der grossen Nachrichtendichte. Ausserdem können so Abläufe über
Sprachgrenzen hinweg bei ausländischen Tochtergesellschaften gut eingesetzt werden.

Der Datenflussplan selbst ist bereits von der Lochkartentechnik, der
Vorläuferin der EDV, bekannt. Die Herstellerfirmen von Lochkarten-
maschinen entwickelten hierzu eigene Zeichenschablonen. Die Datenverarbeitung der BASF AG hat im Jahr 1954 den Datenflussplan für die Lochkartentechnik eingeführt. Mit Beginn der Umstellung der Datenverarbeitung auf die EDV - etwa im Jahr 1960 - wurden die vorhandenen Symbole der Lochkartentechnik der neuen Technik angepasst. Im Jahr 1964
wurde bei der Abteilung Datenverarbeitung der BASF AG ein Standardver-
zeichnis der EDV-Symbole mit festgelegten Texten für den Datenflussplan eingeführt und seitdem angewendet. Dieses Verzeichnis wurde aufgrund der praktischen Erfahrungen der Jahre laufend ergänzt und ist
heute als Standard-Merkblattsammlung beim Sachbearbeiter, beim System-
analytiker, beim Programmierer und beim Operator eine wichtige Arbeitsunterlage. Das BASF-Rechenzentrum besitzt z.Z. ca. 3300 Datenflusspläne (DIN A3), die streng nach einheitlichen Richtlinien erstellt sind
und ca. 14000 Programmeinsätze beinhalten.

Der Einsatz der Datenflusspläne liegt überwiegend auf dem
kaufmännischen Sektor. Bei mathematisch/technischen Anwendungen sind
die Dateneingabe sowie die Programmfolgen vergleichsweise sehr gering
bzw. die Programme erreichen selten den Status für eine Routinebearbeitung, so dass sich der Datenflussplan hier nicht oder nur in Sonderfällen als Steuerungsmittel anbietet.

2.5.2 Symbole

Die Einführung des Mehrschichtbetriebes im Rechenzentrum und die Trennung von Programmierung und Operating, sowie der Einsatz von Maschinen-
bedienern aus den verschiedensten Berufsgruppen mit unterschiedlicher
Ausbildung erforderten eine allgemeinverständliche Standardisierung.

Im Jahr 1963 hat der "Fachnormenausschuss Informationsverarbeitung"
(FNI) im "Deutschen Normenausschuss" (DNA) Sinnbilder (Symbole) für Da-
tenfluss- und Programmablaufpläne festgelegt und unter DIN 66001 ver-
öffentlicht. Hierbei wurden Empfehlungen der ISO (International Orga-
nization for Standardization) übernommen, die bereits die Normung der
Datenflusssymbole durchgeführt hatte.

Die DIN-Norm empfiehlt die Anzahl der Symbole möglichst klein zu halten. Im Rechenzentrum der BASF AG dagegen sind bestimmte EDV-Symbole

in mehreren Versionen aufgelegt worden, so dass sich die Gesamtzahl wesentlich erhöht hat. Durch die erweiterte Symbolik sollen weitgehend Texte für Erklärungen eingespart werden. Ausserdem gestaltet sich der Datenflussplan dadurch übersichtlicher und ist für Geübte schneller zu lesen. Die Betextung der Pläne muss so ausführlich sein, dass zur selbständigen Produktionssteuerung durch den Operator keine weiteren Unterlagen erforderlich sind.

In Anlage 7 ist das modifizierte Magnetbandsymbol mit seinen Erweiterungen als Beispiel dargestellt. In ähnlicher Weise sind die übrigen Zeichen abgeändert.

Da die Symbolgrösse der DIN-Schablone nicht den praktischen Anforderungen entsprach, mussten bis vor kurzem mehrere Schablonen mit unterschiedlichem Maßstab zum Zeichnen verwendet werden. Hier wurde Abhilfe durch eine eigene BASF-Zeichenschablone geschaffen, bei der die DIN-Symbole in der Form beibehalten, in der Grösse aber den BASF-spezifischen Erfordernissen angepasst wurden. Anlage 8 zeigt den Aufbau dieser Schablone.

2.5.3 Erstellung und Einsatz

Verantwortlich für die Erstellung und Pflege ist die Arbeitsvorbereitung. Sie erhält bei der Übernahme eines neuen oder eines überarbeiteten Arbeitsgebietes für die Routinebearbeitung von der Analyse bzw. Programmierung einen Rohentwurf des Datenflusses. Auf dieser Grundlage und anhand des Übernahmegespräches werden dann von der Arbeitsvorbereitung nach festgelegten Richtlinien und Normen die neuen Datenflusspläne entwickelt und die u.U. bestehenden Verbindungen zu bereits existierenden Plänen überarbeitet. Das Original des Datenflussplanes verbleibt in der Arbeitsplanung und dient dazu, entsprechend der Terminvorgabe, Arbeitsduplikate für das Operating herzustellen.

Um die konsequente Pflege der Pläne zu gewährleisten, sind jedem Arbeitsplaner bestimmte Sachgebiete verantwortlich zugeteilt. Können Operator oder Arbeitsvorbereiter keine Schichtarbeit mehr leisten, dann werden sie in der Regel in der Arbeitsplanung eingesetzt. Damit können sie ihre jahrelange praktische Erfahrung zum Nutzen des Rechenzentrums als Arbeitsplaner in Normalschicht verwerten. Dem Rechenzentrum bleibt hierdurch eine langfristig ausgebildete Fachkraft erhalten, dem Operator wird der Wechsel in eine neue, ungewohnte Tätigkeit erspart.

Die _Arbeitsvorbereitung_ arbeitet mit den Kopien der Datenflusspläne, sie steuert und kontrolliert damit den Datenfluss. Sie erhält vom zuständigen Arbeitsplaner termingerecht die zu bearbeitenden Datenflusspläne für den jeweiligen Berichtszeitraum. Mit roter Tusche ist je Plan auffällig die Berichtszeit eingestempelt. Die Datenflusspläne werden abgearbeitet, mit Notizen versehen und die erledigten Programm- und Datenträgersymbole mit gelbem Farbstift ausgemalt. Damit ist der laufende Produktionsstand ersichtlich, was die Schichtübergabe erleichtert. Programme, die zum Lauf vorbereitet sind, werden im Plan mit einem gelben Diagonalstrich gekennzeichnet. Wird ein Fehler im Datenflussplan festgestellt oder wird der Arbeitsablauf durch Umprogrammierung geändert, dann ist dies mit Rotstift einzutragen. Diese auffällige Änderung (Roteintragungen im Datenflussplan dürfen nur in diesem Fall getätigt werden) wird beim Rücklauf in die Arbeitsplanung vom Arbeitsplaner erkannt und ins Original übertragen, so dass die Änderung bereits in der nächsten Auflage des Datenflussplanes enthalten ist. Auf diese Art werden die Datenflusspläne immer auf dem neuesten Stand gehalten. _Anlage 9_ zeigt ein Beispiel für einen Datenflussplan. Die Datenflusspläne sind so ausgearbeitet, dass jeder Arbeitsvorbereiter, dem ein Sachgebiet noch nicht vertraut ist, dieses sofort und ohne Rückfragen bearbeiten kann. Aufgrund dieser allgemeinverständlichen Form des Datenflussplanes sind keine Spezialisten für bestimmte Sachgebiete in der Arbeitsvorbereitung erforderlich, was die Personaldisposition erleichtert und Personal einspart. So kann der Arbeitsvorbereiter entsprechend des Terminplanes jeden Tag andere Sachgebiete bearbeiten.

Abgearbeitete Datenflusspläne werden in der Arbeitsvorbereitung mehrere Jahre als Arbeitsnachweis aufbewahrt.

Zur Sicherheit werden alle Original-Datenflusspläne vierteljährlich auf Mikrofilm kopiert und ausgelagert. Bei dieser Gelegenheit erhält die Abteilung Analyse und Programmierung zusätzlich zwei Sätze der vorliegenden Pläne, handlich auf DIN A4 verkleinert. Ein Satz davon wird zentral abgelegt, der andere wird an die zuständigen Analytiker und Programmierer verteilt, damit sie eine aktuelle Arbeitsunterlage besitzen. Ausserdem erhalten die Fachabteilungen "ihre" Datenflusspläne

im gleichen Turnus, um ihren EDV-Verbindungsleuten den Dialog mit dem
Rechenzentrum zu erleichtern.

2.5.4 Weiterentwicklungen des Datenflussplanes

Zur besseren Übersicht über die weitverzweigenden Datenflusspläne im
kaufmännischen EDV-Bereich musste eine Verdichtung erreicht werden,
die zur Erleichterung der Disposition beiträgt.

Im "Deckblatt zum Datenflussplan" werden mehrere Datenflusspläne zusammengefasst. Auf dem Deckblatt ist nur noch der Job (mehrere Steps)
als einzelnes Element des Planes aufgeführt. Als Brücke zum Detail-
Datenflussplan ist dessen Blatt Nr. beim Job angegeben. Bei parallelen Bearbeitungsmöglichkeiten ist durch eine Nummer die gewünschte
Reihenfolge vorgegeben. Die Deckblätter werden vom Arbeitsvorbereiter
ausgefüllt und überwacht.

Der sogenannte "Dispositionsplan zum Datenflussplan" ist eine weitere
Verdichtung des Datenflussplanes. Er wird für einzelne grössere oder
mehrere zusammenhängende Sachgebiete als Übersichtsplan erstellt. Das
Element des Dispositionsplanes ist der Block, der ein Teilsachgebiet
- aus mehreren Jobs bestehend - darstellt. Der Block enthält die Bezeichnung des Teilsachgebietes und die erste und letzte Seiten-Nr. des
zugehörigen Datenflussplanes. Damit ist die Möglichkeit der Nachprü-
fung auf Erledigung durch den EDV-Schichtleiter gegeben.

Der "Tägliche Dispositionsplan" dient der Überwachung der täglich anfallenden EDV-Arbeiten. Dieser Dispositionsplan kann an allen Tagen
des Jahres verwendet werden, da eingebaute Abfragen - für bestimmte
Tage des Monats oder des Jahres - den Plan flexibel gestalten. Der
tägliche Dispositionsplan muss im Normalfalle beim Schichtwechsel von
der Nacht- zur Frühschicht abgearbeitet sein.

2.5.5 Maschinelle Erstellung

Zur Zeit werden Überlegungen angestellt, die Erstellung und Pflege der
Datenflusspläne zu mechanisieren. Hier bieten sich das CAD (Computer
aided design) -Verfahren der Firma ADAGE, Frankfurt /Main oder die COM
(Computer-Output on Microfilm) -Technik an. Wahrscheinlich fällt die

Entscheidung für das letztgenannte System aus. Das bedeutet den Verzicht auf direkte graphische Eingaben und auf Kauf spezieller Hard- und Software. Andererseits können jedoch zum Preise der eigenen Softwareentwicklung vorhandene EDV-Systeme verwendet werden, und die dann gezielt entwickelte Datenbank mit den gespeicherten detaillierten Datenflussangaben kann ausserdem genutzt werden für Jobablaufsteuerung, Terminplanung, Terminüberwachung, Programmdokumentation etc.

2.6   Die automatische Abstimmung

Neben der Steuerung des Datenflusses ist auch sein Abstimmen eine Aufgabe der Arbeitsvorbereitung. Der Arbeitsvorbereiter ist dafür verantwortlich, dass die einmal eingegebenen Daten von einer zur anderen Phase des Datenflusses richtig weitergegeben und verarbeitet wurden. Dies erfolgte in der Vergangenheit ausschliesslich mit Hilfe von Abstimmblättern, die nach jedem Programmlauf durch Ansprechen einer standardisierten Unterroutine erzeugt und die dann manuell geprüft und bearbeitet wurden.

Seit Beginn des Jahres wurde dazu übergegangen, die vorhandenen Abstimmzahlen in Plattendateien zwischenzuspeichern und damit die Abstimmung per Programm durchzuführen. Insgesamt sind bis jetzt ca. 1000 Programme auf die automatische Abstimmung umgestellt worden.

Durch die Einführung der automatischen Abstimmung wird folgendes erwartet bzw. ist zum Teil bereits realisiert:

- Entlastung der Arbeitsvorbereitung durch Wegfall der manuellen Abstimmarbeiten bei Normal-Routineläufen (= Abbau der AV-Rüstzeiten um ca. 20-40 %),

- Manuelle Abstimmarbeiten nur noch bei Sonderarbeiten und komplizierten Wiederholungen,

- Beschleunigung des Jobdurchsatzes,

- Erhöhung der allgemeinen Verarbeitungssicherheit
  (u.a. Reduzierung von manuellen Abstimmfehlern),

- Voraussetzung zur automatischen Jobablaufsteuerung bzw. zur Bildung und kontinuierlichen Abarbeitung von Jobketten und -netzen,

- Bei wachsender Arbeitslast Beibehaltung des derzeitigen Arbeitsvorbe-
  reiter-Personalbestandes bzw. Erhöhung des Personalbestandes erst zu
  einem späteren Zeitpunkt.

Aus Sicherheitsgründen wird das Abstimmblatt zunächst beibehalten. Bei
Richtigkeit der Abstimmdaten erscheint der Aufdruck 'ABSTIMMUNG RICHTIG'.
Anlage 10 zeigt das Muster eines Abstimmblattes.

2.7 Die Operatorausbildung

Für die externe Operatorausbildung werden von den EDV-Hardwareherstel-
lern relativ wenig maschinenbedienungsbezogene Kurse angeboten. Aus
diesem und anderen Gründen wird die Operatorausbildung bei BASF AG
seit Mitte 1974 u.a. mit interaktiven COURSEWRITER-Programmen durchgeführt.

Coursewriter ist ein Teilnehmersystem der IBM, bei dem - von Datenstationen aus - Autoren Programme eingeben und testen sowie Lernende Programme durcharbeiten können. Das System beinhaltet auch eine einfache
Autorensprache zur Entwicklung neuer Lehrprogramme. Daneben werden Ver-
waltungsdaten über die Benutzung des Systems und Kontrolldaten über
die Reaktionen und Antwortzeiten der Lernenden festgehalten. Coursewriter benötigt unter OS für 15 Datenstationen 59K Hauptspeicher.

Das Operatortraining bei BASF AG wird mittels des Coursewriters und
unter Einsatz vorhandener Bildschirme durchgeführt. Dabei werden einmal von der IBM zur Verfügung gestellte, wie aber auch im eigenen
Hause entwickelte Trainingsprogramme eingesetzt:

IBM-Programme:

- IMS-Operator-Training
- MVS-Operator-Training

BASF-entwickelte Programme:

- OS-MVT-Operator-Training
- X-Command-Training
- Master-Consol-Operator-Training

Die Eigenentwicklung eines Kurses erfordert etwa 50 Stunden. Die Vorteile liegen vor allem darin, dass das Training so aufgebaut werden kann, wie es die Praxis erfordert, dass auf den gleichen Geräten trainiert wird, die auch in der Praxis für die Arbeit benötigt werden, dass die Trainingsläufe die laufenden Arbeiten nicht stören und dass es nicht mehr notwendig ist, die Mitarbeiter zu einem bestimmten Zeitpunkt zum Unterricht gemeinsam zu versammeln, da das Training individuell angesetzt werden kann.

Eine andere Möglichkeit, zur Ausbildung von Mitarbeitern bietet die VAI (Video Assisted Instruction) -Lehrmethode der Fa. Education Science Limited, Düsseldorf. Hier werden mit Hilfe von Video- und Audio-Kassetten sowie den entsprechenden Unterlagen Kenntnisse vermittelt.

Die Mitarbeiter der Arbeitsvorbereitung wurden in einem Kurs "OS-DUMP-Debugging" im Dump-Lesen unterrichtet und in einem Kurs "VS 2 Job Control" mit VS-Besonderheiten vertraut gemacht. Das Ergebnis war so positiv, dass diese Kurse in Zukunft für neue Arbeitsvorbereiter routinemässig vorgesehen, weitere Kurse aus dem VAI-Programm ausgesucht und nacheinander eingesetzt werden.

2.8 Die automatisierte Magnetbandverwaltung

2.8.1 Tape Management System

Eine weitere Ablaufverbesserung im Rechenzentrum wird durch die Ablösung der z.Z. noch manuell geführten Magnetbandkartei durch das Bandverwaltungssystem TMS (Tape Management System) der IBM erwartet. Neben dem Wegfall manueller Tätigkeiten wird auch eine grössere Anonymität des Bandinhaltes angestrebt. Auch nach der Automatisierung können jedoch manuelle Eingriffe über Terminal vorgenommen werden.

Die zu implementierende Software arbeitet zusammen mit dem Systemkatalog des OS-Betriebssystems. Zur eigentlichen Inbetriebnahme - voraussichtlich Jahresende 1975 - sind eine Reihe von Vorarbeiten, die Auflösung fester Bandnummernkreise, Ergänzung der Archivierungszeiten, Bildung von "Generation Data Groups", Umstellungen von DOS-Dateien, Bereinigung von Sonderfällen etc. notwendig. Danach erfolgt durch ein Umsetzungsprogramm die Übernahme des gesamten Datenbestandes in das Tape Management System. Die folgenden Neuzugänge werden dann über

JCL-Karten gesteuert. (Automatische Erfassung und Archivierung der Band-Neubelegung).

Durch die Einführung der automatischen Bandverwaltung wird ausserdem folgendes erwartet bzw. angestrebt:

- Wegfall der manuellen und maschinellen Bandschild-Schreibung und des damit verbundenen manuellen Handlings (Aufstecken auf Band, Einsortieren in Ablaufmappen, manuelles Ergänzen),

- Automatische Leerbandzuordnung,

- Automatische Zuordnung von Eingabebändern mit Hilfe des Katalogs bzw. Generation Data Groups,

- Durch Wegfall der manuellen Bandnummern-Vorgabe Reduzierung von Bandnummern-Vorgabefehlern (Zahlendreher),

- Weniger manuelle Änderungen in den JCL-Karten und damit Reduzierung der Fehlermöglichkeiten (Entlastung der Arbeitsvorbereiter vom manuellen Bandhandling und damit weitere Reduzierung der Rüstzeiten um ca. 20 %),

- Optimierter Banddurchsatz durch flexiblere und optimale Archivierungszeiten,

- Durch Wegfall aller Sonder-Bandnummernkreise bessere Lagerhaltung,

- Automatische Archivierungs- und Freigabeverwaltung,

- Freiwerden von Bandarchiv-Personal,

- Aussagefähigere Auflistung und damit bessere Überwachung der Bandbelegung,

- Generell mehr Sicherheit (Überschreibungsschutz).

2.8.2 Massenspeichersystem IBM 3850

Die logische Weiterentwicklung des TMS ist die Automatisierung des Datenträger-Handlings durch Einsatz des Massenspeichersystems IBM 3850, bei dem die Daten mit Hilfe von Kassetten gespeichert und über Zwischen-Magnetplatten direkt be- oder verarbeitet werden. Neben dem ver-

ringerten Personalbedarf ergeben sich auch räumliche Vorteile durch
weniger Bandlaufwerke und kleinere Archivfläche. Ausserdem erhöht
sich die Verarbeitungssicherheit, da weniger Bedienungsfehler vorkom-
men können.

Die Installation eines solchen Systems mit einer Speicherkapazität von
236 Mrd. Bytes ist für Mitte 1977 vorgesehen.

2.9 Die automatische Jobablaufsteuerung

Auf der Basis der automatischen Abstimmung und der automatisierten Dateiverwaltung ist dann geplant, auch die Jobablaufsteuerung zu automatisieren, und damit die Verarbeitungssicherheit weiter zu erhöhen.

Durch das Abspeichern von rd. 400 000 JCL-Karten auf Magnetplatte soll
auch auf diesem Gebiet die manuelle Tätigkeit der Arbeitsvorbereitung
wesentlich reduziert werden. Der Aufruf der einzelnen Jobs bzw. die
Pflege der JCL-Angaben erfolgt via Timesharing-Terminal. Um Job-Ket-
ten oder Job-Netze geschlossen verarbeiten zu können, ist die Systemsoftware JES 3 Voraussetzung, wie auch die programmierte Condition-
Code-Steuerung, damit bei Fehlerbedingungen entsprechende Hinweise für
das Operating angegeben werden können. Ausserdem muss auf eine weitgehende Standardisierung der Parameter- und Berichtszeitangaben und auf
einen möglichst wartungs- und änderungsfreien Aufbau der JCL-Prozedu-
ren geachtet werden.

Die Realisierung der automatischen Jobablaufsteuerung ist an die Verfügbarkeit von JES 3 in der BASF gebunden, mit der etwa Ende 1976 gerechnet wird.

Neben der grösseren Sicherheit, dem Vermeiden von Wiederholungen und
der Beschleunigung des gesamten Jobdurchsatzes werden als weitere posi-
tive Möglichkeiten angesehen:

- Aufbau der Jobketten und -netze mit automatischer Terminierung (bei
  JES 3 = sog. "deadline-scheduling"), d.h. automatische termingerechte
  Freigabe (u.a. Überstellung in die Verarbeitungsqueue) von ganzen
  Jobnetzen zur Verarbeitung,

- Erstellung und Überwachung von Terminplänen, die nach Bedarf aus den
  abgespeicherten, terminierten JCL-Prozuduren zu gewinnen sind,

- Verquickung einer automatisierten Datenflussplan-Erstellung mit der
automatischen Jobablaufsteuerung in bezug auf Terminierung, Änderungs-
dienst, Verwendung gemeinsamer Dateien etc.

3   Schlussbemerkungen

Mit den Ausführungen wurde der Versuch unternommen, anhand von Beispielen aus der Praxis einige Techniken und Methoden zur Gestaltung des Betriebsablaufes in einem Rechenzentrum aufzuzeigen. Ausser den genannten Punkten sind eine Vielzahl von weiteren Massnahmen möglich, um den
Betriebsablauf rationeller und effektiver zu gestalten:

- . Durch die statistische Überwachung der System/
  Betriebsausfälle mit regelmässiger Fehleranalyse
  kann die Effektivität gesteigert,
- . durch den Einsatz von COM kann u.U. die Papier-
  flut etwas eingedämmt,
- . durch Mixed Hardware kann die Kostensituation ver-
  bessert und
- . durch externen wie internen Erfahrungsaustausch
  (Benutzerarbeitskreise) können gegebenenfalls
  bestehende Schwierigkeiten leichter gelöst werden.

Im Rechenzentrum der BASF AG wurde durch gezielte Anwendung aller Verfahren in der Zeit von 1970 bis 1974 - trotz Verdopplung der Leistungsabgabe (gemessen an den monatlichen Programm- und Platteneinsätzen, den
Datenflussplänen und dem Magnetbandbestand) und bei mindestens gleicher,
in vielen Fällen verbesserten Terminsituation - erreicht, dass sich der
Personalstand (ohne die reduzierte Datenerfassung) und die Hardware-
Kosten jeweils nur um ca. 25 % erhöhten. Daraus lässt sich ablesen,
was durch eine geeignete Gestaltung des Betriebsablaufes in bezug auf
Wirtschaftlichkeit und Effektivität für ein Rechenzentrum möglich ist.

Allgemeine Verwaltung	• Ausüben der Führungs- und Verwaltungsaufgaben (u.a. Kostenerfassung und -verrechnung)
Systemplanung	• EDV-Marktbeobachtung und -analysen
	• Konfigurationsplanung
	• Terminalplanung
Systemprogrammierung	• Untersuchung bzw. Erstellung von Systemsoftware
	• Einsatz und Wartung von Betriebssystemen
	• Bereitstellung von Daten für Leistungsanalysen und Kostennachweis
Abstimmung und Terminkontrolle	• Kontrolle der Eingangsdaten
	• Weiterleiten der Daten zur Datenerfassung
	• Kontrolle der Daten von der Datenerfassung
	• Zusammenstellen und Weiterleiten der Daten zur Datenverarbeitung
	• Überwachen der Anlieferungstermine
Datenerfassung	• Manuelles Erstellen und Prüfen von maschinell lesbaren Belegen (Lochkarten, Magnetbänder, Magnetplatten) durch Locherinnen und Prüferinnen (Datentypistinnen)
Arbeitsplanung	• Übernahme der Routineunterlagen von Systemanalyse und Programmierung
	• Erstellen und Pflegen der Datenflußpläne mit genormten Symbolen zur Steuerung des Datenflusses
Arbeitsvorbereitung	• Steuern und Verarbeiten der Daten unter Einsatz der Datenfluß- pläne und der EDV-Anlagen
	• Abstimmen der verarbeiteten Daten
Maschinenbedienung	• Bedienen und Steuern der EDV-Anlagen
	• Bedienen der Periphereinheiten
Datenverwaltung	• Bereitstellen und Archivieren von Magnetbändern
	• Optimieren des Handarchivs durch Auslagern langfristig archivierter Datenbestände
	• Sicherheitsauslagerung von wesentlichen Daten und Programmen
Papierbearbeitung	• Separieren und Schneiden von Endlosformularen
	• Bereitstellen der fertigen Listen zum Transport
Ausgangskontrolle	• Überprüfen der Termineinhaltung
	• Überprüfen des Listenausgangs auf Richtigkeit und Druckqualität

BASF	FUNKTIONEN UND TÄTIGKEITSMERK- MALE EINES RECHENZENTRUMS	FOD/O August 1975

FIRMA   DATUM

STELLENBESCHREIBUNG: _______________________________________

RESSORT: ______________________   SPARTE/BEREICH: ______________

1 ZWECK UND ZIEL DER STELLE:

2 ORGANISATORISCHE BEZIEHUNGEN

   Unterstellung:

   Überstellung:

3 AUFGABEN, BEFUGNISSE UND VERANTWORTLICHKEITEN

   3.1   Planung

   3.2   Kontrolle und operative Tätigkeiten

   3.3   Verwaltung der Ressourcen

   3.4   Richtlinien

                                        (Unterschrift)

BASF	GLIEDERUNG EINER STELLENBESCHREIBUNG	FOD/O August 1975

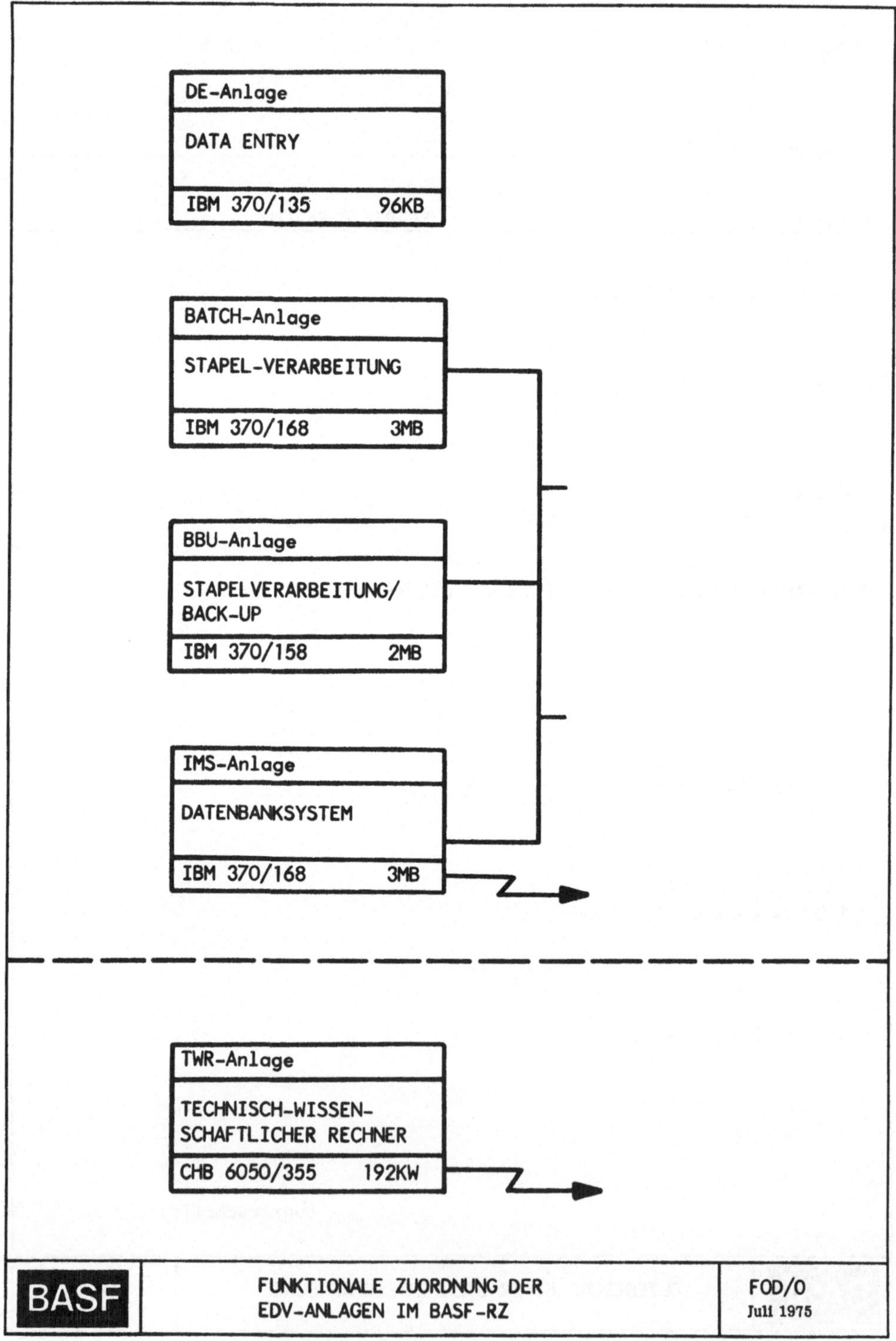
DE-Anlage
DATA ENTRY
IBM 370/135   96KB
BATCH-Anlage
STAPEL-VERARBEITUNG
IBM 370/168   3MB
BBU-Anlage
STAPELVERARBEITUNG/
BACK-UP
IBM 370/158   2MB
IMS-Anlage
DATENBANKSYSTEM
IBM 370/168   3MB
TWR-Anlage
TECHNISCH-WISSEN-
SCHAFTLICHER RECHNER
CHB 6050/355   192KW
BASF
FUNKTIONALE ZUORDNUNG DER
EDV-ANLAGEN IM BASF-RZ
FOD/O
Juli 1975

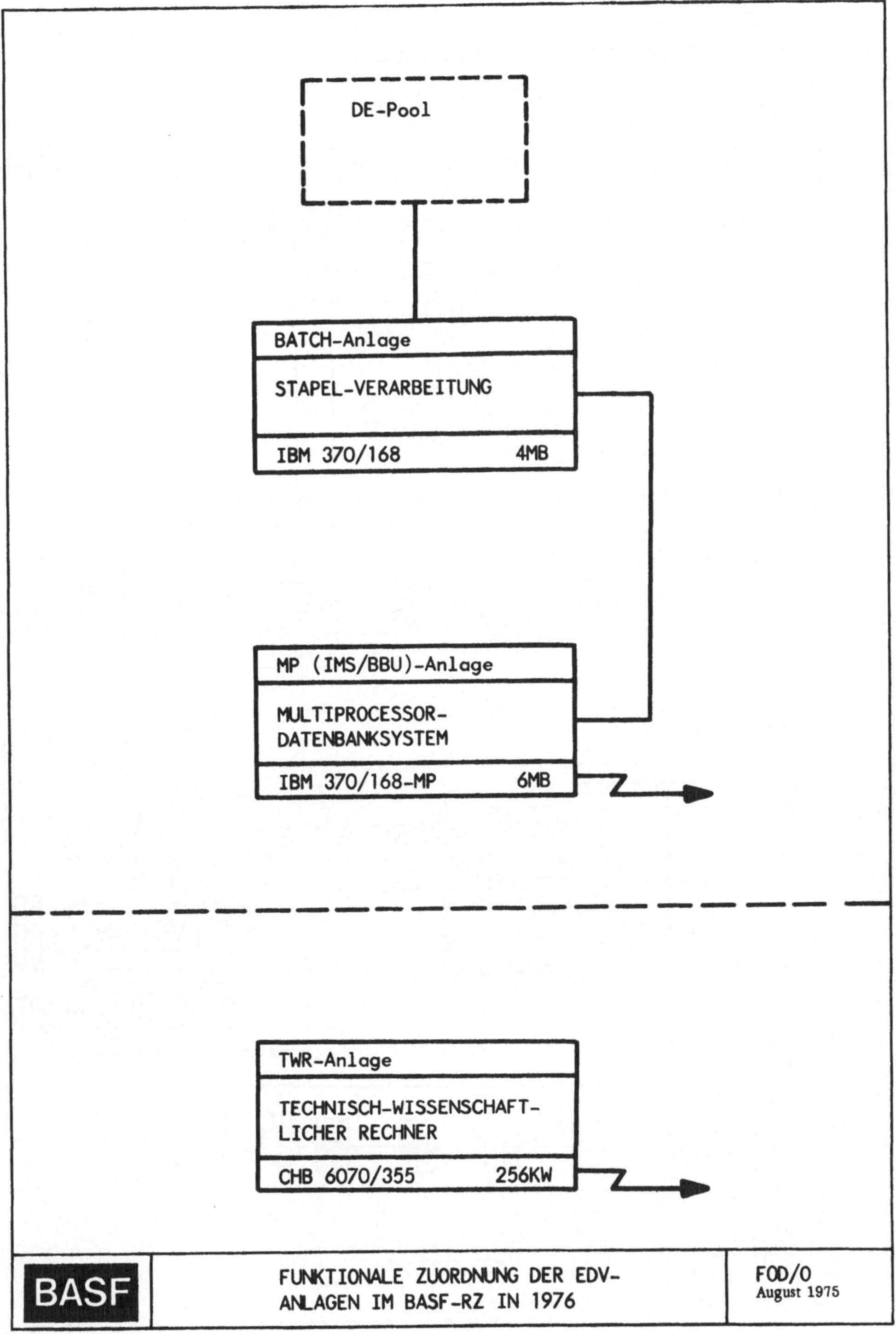

DE-Pool
BATCH-Anlage
STAPEL-VERARBEITUNG
IBM 370/168   4MB
MP (IMS/BBU)-Anlage
MULTIPROCESSOR-
DATENBANKSYSTEM
IBM 370/168-MP   6MB
TWR-Anlage
TECHNISCH-WISSENSCHAFT-
LICHER RECHNER
CHB 6070/355   256KW

BASF
FUNKTIONALE ZUORDNUNG DER EDV-
ANLAGEN IM BASF-RZ IN 1976
FOD/0
August 1975

FOD/OH

Konfiguration 370/168 BATCH-370/158 BBU-370/168 IMS

Techn. Stand: 20.1.1975
Erst-/And-Datum: 22 1 75
Seite/Version: 114

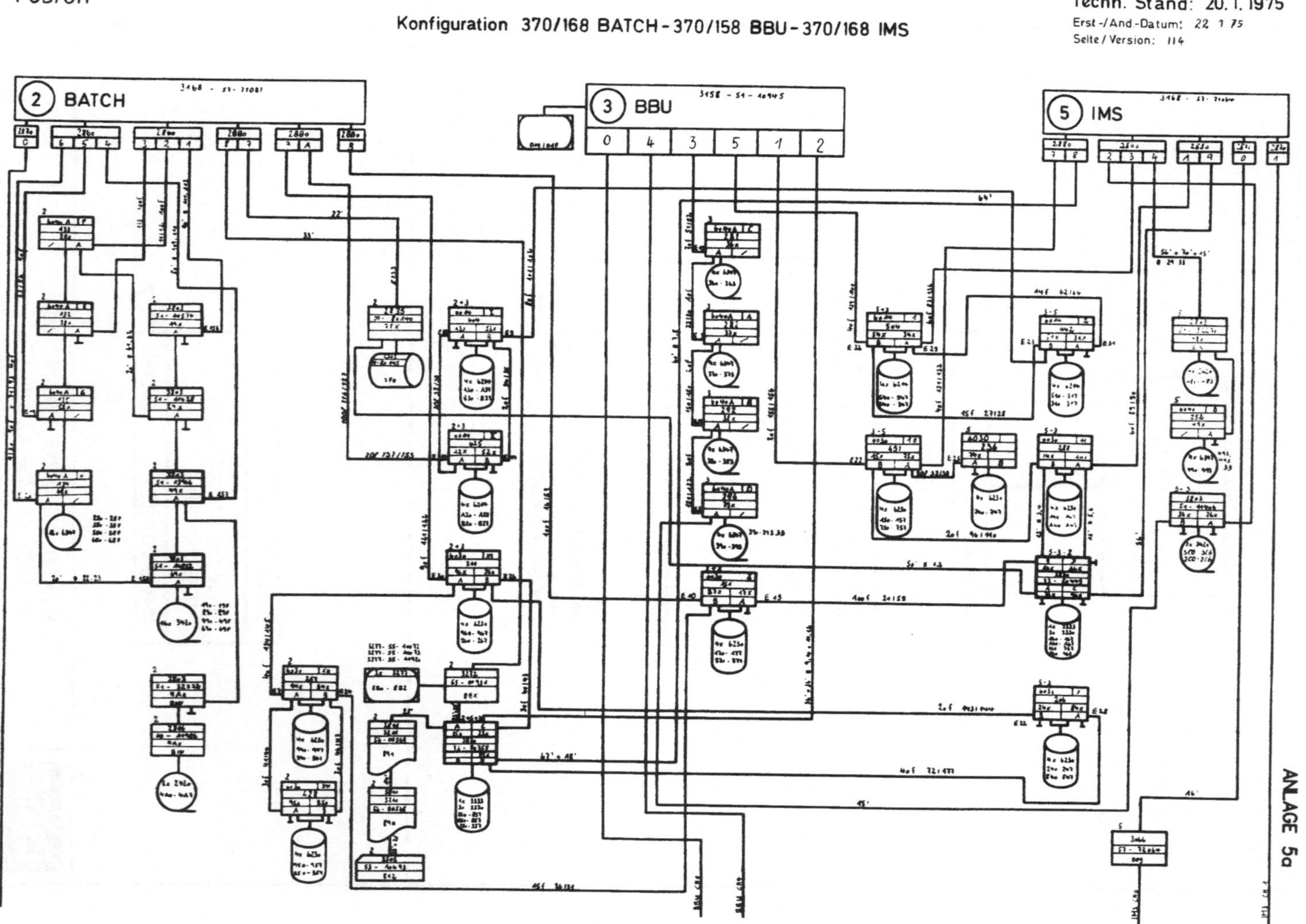

99

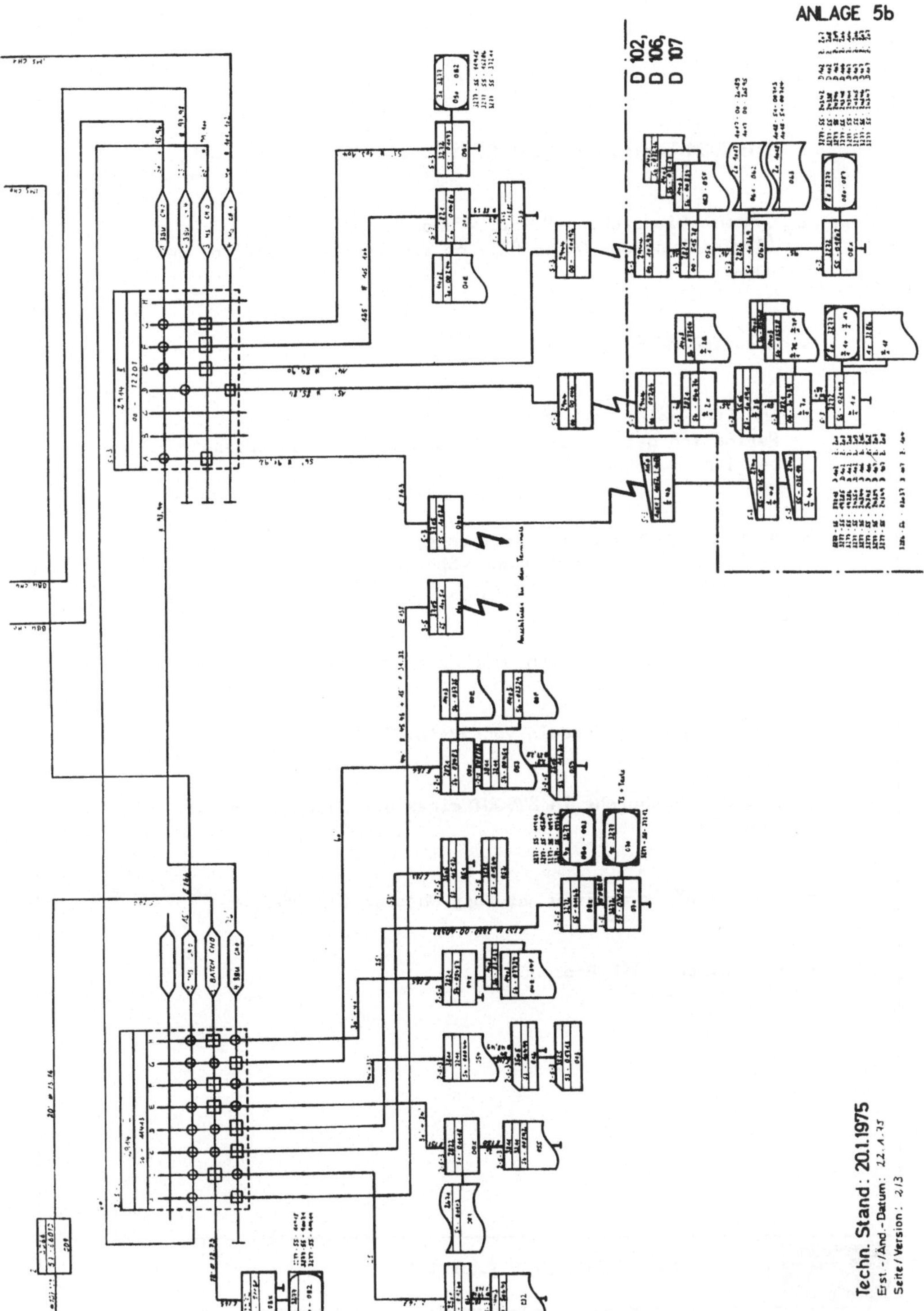

- IEHPROGM-Funktionen (CATLG, UNCATLG, CONNECT, RELEASE).

- Dynamic-Dispatching-Priority Smoothing
  (Angleichung der Disp. PRTY an die CPU/I-O-Aktivität des
  Jobs).

- Alle IDCAMS-Funktionen.

- SMF-Checkpoint (nur MVT).
  Periodisch geschriebene Typ 4 und 5 Sätze, interessant z.B.
  bei langlaufenden Jobs.

- Anzeige von Konflikt-Situationen
  z.B. Core-Fragmentation und -Shortage
      RQE/QCB - Kette anzeigen.

- Ändern und Anzeigen von Hauptspeicher (real und virtuell).

- Bedingungsloses Canceln von System-Tasks (nur MVT).

- Operator-Nachricht in SYSOUT eines bestimmten Jobs stellen
  (nur MVT).

- "Blättern" im aktiven Hardcopy-Dataset (nur MVT).

- Vereinfachte IPL-Procedur.

BASF	DIE WICHTIGSTEN X-COMMANDS	FOD/O August 1975

NL ⊖ US.US 032 01 A
Umsatz-Positionen
`# 04715`
50/4000
	VORGABEBAND (Einsatz des gleichen Bandes je Berichtszeit)
	
	DS-Name US . US 032 01 A
	  Indexstufe ——
	  Verknüpfungspunkt ——
	  Programm-Nr. ——
	  Kennung der Datei ——
	
	Bandtext Umsatz-Positionen
	Band-Nr. # 04715
	Labelangaben NL = No Label
	                    SL = Standard-Label
	                    usw.
	
	Satzlänge/Blocklänge 50/4000

⊖	**ARCHIVIERUNGSBAND** (Ausgabe auf Scratchband) Archivierungszeit: Erstellungsdatum bis Monatsende
⊖	**ARCHIVIERUNGSBAND** (Eingabe) bei Einsatz außerhalb des Erstellungsblattes
⊖ 02	**ARCHIVIERUNGSBAND** (Ausgabe auf Scratchband) Archivierungszeit: 02 = 2 Monate nach Erstellung
⊖	**ARCHIVIERUNGSBAND** (Eingabe) (Archivierung ab einem Monat, ohne Zeitangabe) bei Einsatz außerhalb des Erstellungsblattes
⊖	**DATENSICHERUNGSBAND** zur Sicherheitsauslagerung
⊗	**HILFSBAND** zum Zwischenspeichern von temporären Dateien

BASF	DAS MAGNETBAND-SYMBOL IM BASF-DATENFLUSSPLAN	FOD/0 August 1975

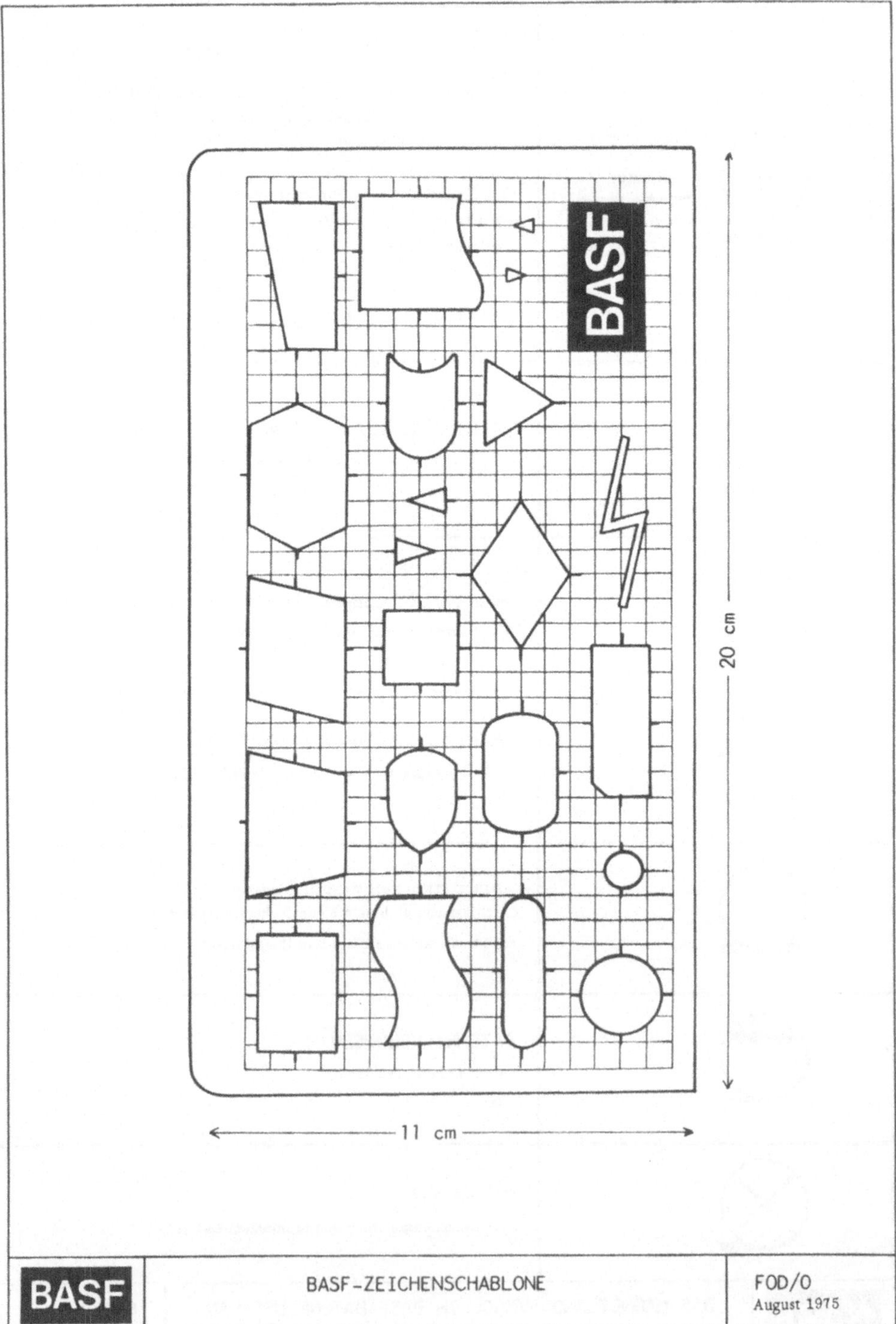

BASF

BASF–ZEICHENSCHABLONE

FOD/O
August 1975

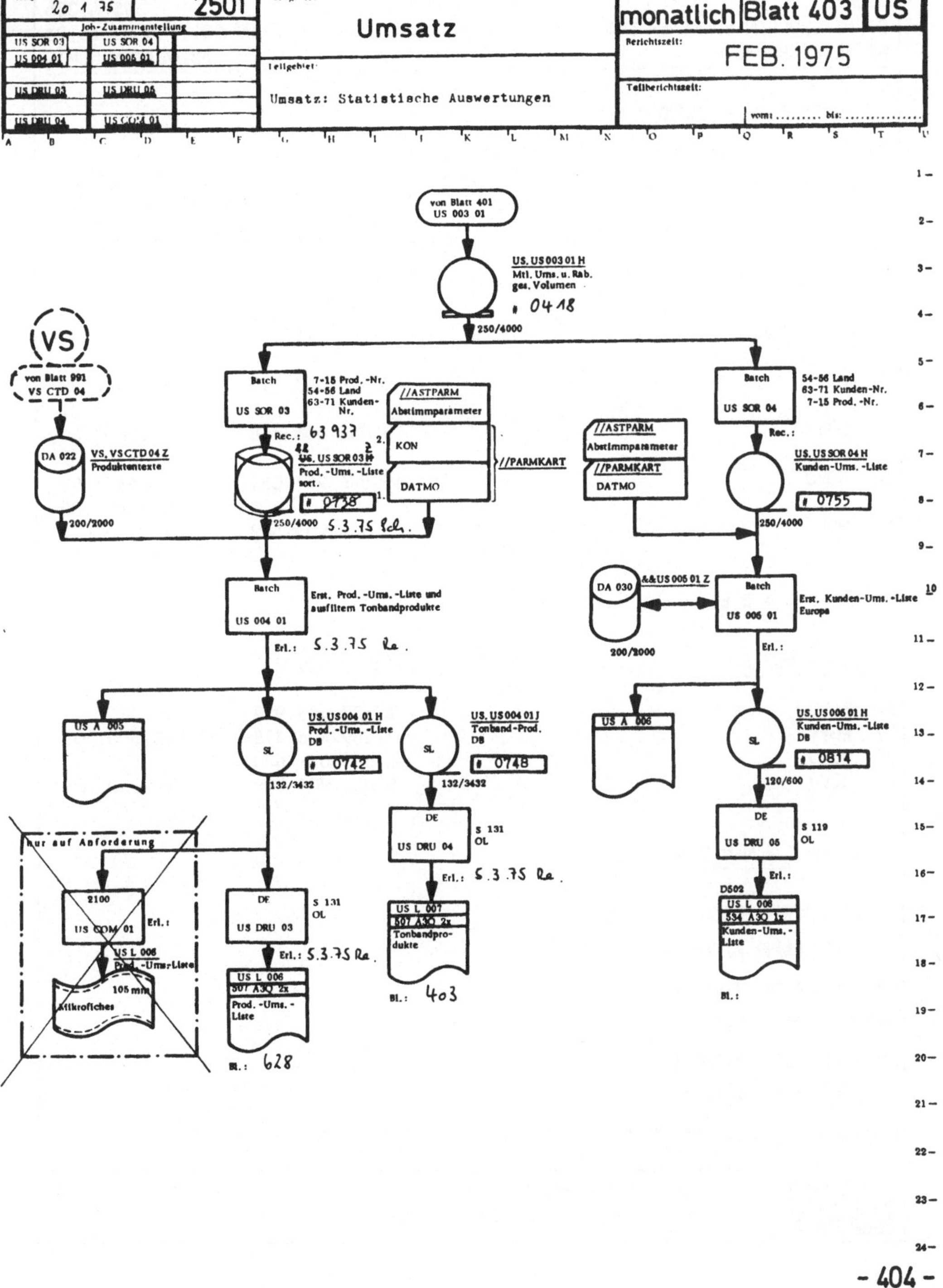
BASF FOD/OH
Stand: 20 1 75
Arbeits-Nr.: 2501
Sachgebiet: Umsatz
Job-Zusammenstellung
US SOR 03   US SOR 04
US 004 01   US 005 01
US DRU 03   US DRU 05
US DRU 04   US COM 01
Teilgebiet: Umsatz: Statistische Auswertungen
Bearbeitung: monatlich   Blatt 403   US
Berichtszeit: FEB. 1975
Teilberichtszeit:
vom: .... bis: ....
A B C D E F G H I J K L M N O P Q R S T U
von Blatt 401
US 003 01
US. US 003 01 H
Mtl. Ums. u. Rab.
ges. Volumen
0418
250/4000
VS
von Blatt 991
VS CTD 04
DA 022   VS. VS CTD 04 Z
Produkttexte
200/2000
Batch
US SOR 03
7-15 Prod.-Nr.
54-56 Land
63-71 Kunden-Nr.
//ASTPARM
Abstimmparameter
KON
DATMO
//PARMKART
Rec.: 63 937
US. US SOR 03 H
Prod.-Ums.-Liste
sort.
0738
250/4000   5.3.75 Sch.
Batch
US SOR 04
54-56 Land
63-71 Kunden-Nr.
7-15 Prod.-Nr.
//ASTPARM
Abstimmparameter
//PARMKART
DATMO
Rec.:
US. US SOR 04 H
Kunden-Ums.-Liste
0755
250/4000
Batch
US 004 01
Erst. Prod.-Ums.-Liste und
ausfiltern Tonbandprodukte
Erl.: 5.3.75 Re.
DA 030   &&US 005 01 Z
200/2000
Batch
US 005 01
Erst. Kunden-Ums.-Liste
Europa
Erl.:
US A 005
SL
US. US 004 01 H
Prod.-Ums.-Liste
DB
0742
132/3432
SL
US. US 004 01 J
Tonband-Prod.
DB
0748
132/3432
US A 006
SL
US. US 005 01 H
Kunden-Ums.-Liste
DB
0814
120/600
nur auf Anforderung
2100
US COM 01   Erl.:
US L 006
Prod.-Ums.-Liste
105 mm
Mikrofiches
DE
US DRU 03
S 131
OL
Erl.: 5.3.75 Re.
US L 006
507 A3Q 2x
Prod.-Ums.-
Liste
Bl.: 628
DE
US DRU 04
S 131
OL
Erl.: 5.3.75 Re.
US L 007
507 A3Q 2x
Tonbandpro-
dukte
Bl.: 403
DE
US DRU 05
S 119
OL
Erl.:
D502
US L 008
554 A3Q 1x
Kunden-Ums.-
Liste
Bl.:
1 –
2 –
3 –
4 –
5 –
6 –
7 –
8 –
9 –
10
11 –
12 –
13 –
14 –
15–
16 –
17 –
18 –
19 –
20 –
21 –
22 –
23 –
24 –

ANLAGE 10

```
VS 266 01            A B S T I M M B L A T T        SEITE 1    VS26601
                                                                 VS A 325
FIRMENGRUPPEN-SUMMENBÄNDER              JULI  1975   09.08.1975 02,55,34
NR BEZEICHNUNG                            SUMME       ABZUSTIMMEN MIT
----------------------------------------------------------------------

22 INTERNE ABSTIMMUNG

24


                               I N T E R N E   ABSTIMMUNG RICHTIG
                               E X T E R N E   ABSTIMMUNG RICHTIG

** E I N G A B E
   -------------

    VS.VSS0272A            VOL-NR = 13509 11965 11977
    ----------

01  MGVVJ                            4 428 561 097       VS26401 31
                                                        +VS26402 31
02  WGVVJ                            3 359 406 418        VS26401 32
                                                        +VS26402 32
03  MGVJ                            65 536 951 061        VS26401 33
                                                        +VS26402 33
04  WGVJ                             5 033 906 509        VS26401 34
                                                        +VS26402 34


** A U S G A B E
   -------------

    VS.VS26601B            VOL-NR = 13506 13343 03940
    ----------

21  MGVVJ                            4 427 415 919
22  WGVVJ                            3 359 406 418        VS26601 02
23  MGVJ                            65 536 087 680
24  WGVJ                             5 033 906 509        VS26601 04


** A B S T I M M U N G
   -------------------

01 ABSTIMMUNG RICHTIG

02 ABSTIMMUNG RICHTIG

03 ABSTIMMUNG RICHTIG

04 ABSTIMMUNG RICHTIG

22 ABSTIMMUNG RICHTIG

24 ABSTIMMUNG RICHTIG

EINSPEICHERN DURCHGEFÜHRT     VS26601  21, 22, 23, 24
```

BASF	ABSTIMMBLATT (AUTOMATISCHE ABSTIMMUNG)	FOD/0 August 1975

B e t r i e b s a b l a u f

in einem Prozeßrechenzentrum

der Eisen- und Stahlindustrie

Dr. G. Schwiderski
Klöckner-Werke   AG

Prozeßrechner sind heute selbstverständliche Einrichtungen zur Automatisierung industrieller Produktionsprozesse und für die on-line Betriebsdatenerfassung. Das ständig expandierende Einsatzspektrum spiegelt sich nicht zuletzt in der über dreimal höheren Zuwachsrate der Prozeßrechner als der von Universalrechnern wieder.

An einem Beispiel aus der Eisen- und Stahlindustrie sollen Aufgaben der Prozeßrechner und für ihr Betreiben erforderliche Betriebsabläufe dargelegt werden.

Die Klöckner-Werke AG haben in der Hütte Bremen ein neues Warmwalzwerk errichtet und 1973 in Betrieb genommen. Neben der über 800 m langen Warmbreitbandstraße wurden ein 75.000 t fassendes Vormateriallager - das Vorbrammenfertiglager (VbFl) - und für das Fertigmaterial ein Coilaußenlager (CAL) mit einer Kapazität von 25.000 t errichtet. Ein integriertes Automatisierungssystem sorgt für reibungslose und optimale Lenkung der Materialströme und für gleichmäßige Betriebsweise der Warmbreitbandstraße sowie engste Fertigungstoleranzen des Warmbandes.

Bild 1 gibt eine Übersicht über die Anlagen und die Prozeßrechnersysteme.

Aufbau und Organisation der Lager wurden ausgerichtet auf die optimale Eingliederung in den Materialfluß und in den Informationsfluß im Rahmen der Produktionssteuerung.
Die Verwaltung von Vorbrammenfertiglager und Coilaußenlager werden gemeinsam von einem Prozeßrechner-Duplexsystem der Typen Siemens 305 übernommen, das mit Hilfe von Lagermodellen für eine maximale Nutzung der Lagerkapazitäten sorgt. Über Terminal, die an den Kno-

tenpunkten des Materialflusses eingerichtet sind, wird von den Steuerleuten der Dialog mit dem Lagerrechner geführt.

Die Warmbreitbandstraße besteht aus 2 Wärmeöfen, einer 4-gerüstigen Konti-Vorstraße, einer 7-gerüstigen Fertigstraße und 3 Haspeln und verfügt über eine Leistungskapazität von 300.000 Monatstonnen. Der gesamte Produktionsprozeß wird zentral von einem Prozeßrechner Siemens 306 überwacht und gesteuert. Alle Arbeitsgänge sind soweit automatisiert, daß lediglich die Kenndaten des Vormaterials - der Vorbramme - und die Bestelldaten des Kunden für das Warmband eingespeist werden müssen, um die Walzung durchzuführen.

Der Prozeßrechner 306 und das Prozeßrechner-Duplexsystem 305 sind zusammengefaßt in einem Rechenzentrum, das sich zentral im Walzwerk direkt neben der Fertigstraße befindet.
Zum Verständnis des Betriebsablaufes im Prozeßrechenzentrum ist es erforderlich, zuvor die Arbeitsabläufe des Walzwerkes und das Zusammenspiel mit den Prozeßrechnern zu streifen.

Die Produktionsreihenfolge in der Warmbreitbandstraße wird festgelegt durch Walzprogramme, in denen insbesondere abmessungstechnische Restriktionen eine wichtige Rolle spielen.

In stochastischer Reihenfolge treffen im Vorbrammenfertiglager Vorbrammen auf getrennten Wegen aus den vorgelagerten Betriebsanlagen, der Brammenstraße und der Stranggußanlage, ein. Jedes Materialstück ist durch seine Folgenummer im Walzprogramm, der sogen. Warmbandnummer, gekennzeichnet. Für bis zu 20 verschiedene Programme kann gleichzeitig gelagert werden, wobei jeweils maximal 500 Vorbrammen zu einem Programm gehören können.

Aufgabe des Lagerrechners ist es durch Lagerplatzvorgabe dafür zu sorgen, daß die ankommenden Vorbrammen aufgrund ihrer Materialkennzeichen auf Lagerplätze bis zu 3,5 m Höhe derart übereinander gestapelt werden, daß sie ohne weitere Umstapelung für den Einsatz in der Warmbreitbandstraße ausgestapelt werden können.

In jeder der drei Hallen des Vorbrammenfertiglagers, das insgesamt 450 Lagerplätze für 15 m lange Vorbrammen, bzw. doppelt soviele für halbe hat, werden die Platzvorgaben sowie Warmbandnummern über

Großziffernanzeigen an den Wänden den Kranfahrern angezeigt. Das
Ein- oder Ausstapeln wird als Quittiersignal vom Boden oder von den
Kränen aus zum Lagerrechner übertragen. Nach dem Ausstapeln durch
Kräne wird die Vorbramme über einen Rollgang der Warmbreitbandstraße
zugeführt.

Deren Automatisierungssystem beginnt mit dem Wiegen der Vorbrammen
und endet mit dem Verwiegen der fertigen Coils.
Grundlage ist die Materialverfolgung. Über Fotozellen, Signal- und
Meßwertgeber gibt jedes Materialstück Informationen über seine Lage
und seinen Zustand an den Prozeßrechner 306, die dieser zu einem
rechnerinternen Abbild des Produktionsprozesses verarbeitet und aus
dem wichtige Daten in den Steuerbühnen zur Kontrolle angezeigt werden.
Um die Walzgerüste der Vor- und Fertigstraße und die Spritzgruppen
der Kühlstrecke zu steuern, werden vom Prozeßrechner an die unter-
lagerten Automatiken zeitgerecht Sollwerte zur Ausführung übergeben. Diese werden errechnet aus Prozeßmodellen, der theoretischen
Nachbildung des Produktionsvorganges - z.B. Walzen in einem Gerüst
oder Wasserkühlung des glühenden Bandes.

Die Walzwerker in den insgesamt 7 Steuerbühnen führen lediglich
noch beobachtende und kontrollierende Arbeiten aus. Das hierar-
chisch aufgebaute Automatisierungssystem erlaubt ihnen jedoch zu
jeder Zeit, von Hand einzugreifen.
Auch können - z.B. im Störungsfall - Funktionsblöcke aus dem Rech-
nerbetrieb in den Handbetrieb zurückgeschaltet werden. Die Bedie-
nungselemente für den Prozeßrechner sind in den Steuerpulten voll
integriert.

Die Tasten, Schalter und Ziffernanzeigen auf den Steuerbühnen, die
Fotozellen und Wechsellichtschranken an der Straße, die Meßgeräte
sowie Signalgeber aus der Elektrik und konventionellen Elektronik
sind die Prozeßperipherie des Rechners. Dazu gehört auch noch die
spezielle Nahtstellenelektronik des Prozeßrechners selbst, die dezentral in ca. 50 Schränken aufgebaut ist.

Am Ende der Warmbreitbandstraße wird das ausgewalzte Warmband mit
Dicken zwischen 1.8 mm und 20 mm auf den Haspeln zu Coils aufge-
wickelt, dann gewogen und zum Abtransport auf das Coilaußenlager
bereitgestellt.

Der Transport der maximal 45 t schweren Coils erfolgt durch
Dornhubwagen.

Im Coillager, einem Außenlager mit 1.600 numerierten Lager -
plätzen, werden die Coils in Abhängigkeit des Walzfolgetaktes und
ihrer Breite derart abgelegt, daß günstigste Transportwege und
beste Lagernutzung erreicht werden. Die Verwaltung des Coilaußen-
lagers wird vom Prozeßrechner-Duplexsystem durchgeführt. Bereits
am Ende der Warmbreitbandstraße wurde der Lagerrechner vom Prozeßrechner 306 mit der Materialnummer des gerade gewalzten Coils versorgt und hat dort den errechneten Lagerplatz über Großziffernan-
zeige dem Bedienungspersonal zur Beschriftung vorgegeben.

Die Zusammenfassung der Prozeßrechner in einem Rechenzentrum inmit-
ten des Walzwerkes war zwangsläufige Konsequenz angesichts eines
derart komplizierten und integrierten Automatisierungssystems.
Im Prozeßrechenzentrum sind die drei Prozeßrechner und ihre Pro-
zeßelemente sowie Standardperipherie - bestehend aus Lochkarten-
Lesern/Stanzer, Lochstreifen-Lesern/Stanzern, Schnelldruckern und
Blattschreibern - angeordnet. Der Betriebsablauf wird gesichert
durch Operator, von denen jeweils einer je Schicht eingesetzt wird.

Die routinemäßigen Aufgaben, wie sie von Rechenzentren allgemein
bekannt sind, stellen jedoch nur ca. 20 % des Aufgabenspektrums
dar. Sie bestehen im wesentlichen aus der Versorgung der Prozeßrechner mit den vom Zentralrechner übermittelten Produktionspro-
grammen - z.Z. noch über Lochkarten und Lochstreifen - sowie der
Abgabe der von den Prozeßrechnern auf Lochstreifen ausgegebenen
Betriebsdaten und ihre Weitergabe an den Zentralrechner.

Für den eigentlichen Prozeßablauf werden die insgesamt ca. 400
Realtime-Programme der Prozeßrechner entweder von externen Signa-
len (Alarme) oder rechnerintern durch Zeitgeber oder gegenseitige
Programmanstöße gestartet. Die durchschnittliche Programmlaufzeit
liegt unter einer Sekunde, nur die dateiintensiven Lagermodelle
benötigen ca. 5 Sekunden.

Die eigentlichen Anforderungen an den Betriebsablauf - und auch die
Probleme - resultieren aus der Forderung des vollkontinuierlichen
Rechnerbetriebes für die Produktion. Das bedeutet, daß an 7 Tagen

der Woche volle 24-stündige Verfügbarkeit sichergestellt werden soll.

Es überrascht nicht, daß für das Schichtpersonal die Kennzeichnung
" Operator " das Tätigkeitsprofil nur unvollständig wiedergibt. Mit
dem Akzent " Systemwartung " wird jedoch verständlich, warum überwiegend Elektrotechniker eingesetzt werden.
Systemwartung ist jedoch hier zu unterscheiden von der eigentli -
chen Hardware-Wartung, die durch eine getrennte Technikergruppe
bzw. vom Lieferanten durchgeführt wird.

Unklarheiten, anomale Abläufe und Störungen bei den Prozeßrechner-
systemen werden hauptsächlich durch das Betriebspersonal in den
insgesamt 11 Steuerbühnen erkannt. Über Wechselsprechanlagen können
je Schicht 20 Steuerleute in Kontakt mit den Operatoren treten.

Abgesehen von trivialen Mängeln, wie Ausfall von Lampen oder Ziffernanzeigen, kann bei den meisten festgestellten Störungen der
Schweregrad, die Ursache und Zeitdauer von vornherein nicht beur-
teilt werden. Störungen können das Spektrum vom Ausfall einer lokalen Teilfunktion bis hin zum gesamten Rechnersystem umfassen. Betreffen Störungen das rechnergesteuerte Walzen, so wird die Warmbreitbandstraße stillgesetzt.

Für den Fall, daß Störungen als längerandauernd erkannt werden,
wird beim Lagerrechner auf manuelle Notorganisation und in der
Warmbreitbandstraße auf manuelles Walzen - zumindest für den betroffenen Funktionsblock - umgeschaltet.

Bei der Analyse der Störungsursachen ist die kausale Kette
Mißverständnisse - Bedienungsfehler - periphere Hardwarestörung -
Ausfall Interfaceelektronik - Störung Meßgeräte und konventionelle
Elektronik - Softwarefehler - Rechner-Hardwarestörung zu durchlaufen. Möglichst frühzeitig bereits wird angestrebt, eine Aussage
über Hardwareursachen zu finden. In diesem Fall werden sofort die
eigenen Hardwaretechniker in die weiteren Arbeiten eingeschaltet.
Ist jedoch in ca. 1-2 Stunden der Fehler nicht zu lokalisieren, so
werden die zuständigen Systemingenieure hinzugezogen.

Angesichts der aufgeführten Probleme ist verständlich, daß bei der
Konzeption der Prozeßrechenzentren neben dem eigentlichen Normal-
ablauf dem Aufbau von Hilfsmitteln zur Störanalyse große Aufmerk-

samkeit geschenkt wurde. Ihr Anteil am Gesamtumfang der Software
liegt bei ca. 20 %. Bereits bei der Montage und Inbetriebnahme
waren sie von unschätzbarem Wert.

Am Beispiel der wichtigsten Anlage, des Prozeßrechners 306 für die
Warmbreitbandstraße, sollen einige wesentliche Komponenten näher
erläutert werden.

Oberstes Gebot ist die transparente Darstellung des Gesamtsystems.
Dazu wurde ein Blindschaltbild zentral im Rechenzentrum eingerichtet, in dem gemeinsame Signale aus der Anlagentechnik, z.B. von
Antrieben und Meßgeräten , sowie rechnerinterne Abläufe und Automa-
tionsstufen angezeigt werden.

Daneben wurde ein einheitliches Software-Störmeldesystem aufgebaut.
Alle Prozeßprogramme geben bei ihrem normalen bzw. anomalen Durch-
lauf normierte Meldungen ab, die zusammen mit der Uhrzeit in zeit-
licher Reihenfolge in einem Umlaufspeicher abgelegt werden. Diese
Meldungen können z.B. binäre Signale oder digitale Sollwerte von
oder an die Prozeßperipherie oder reine Software-Meldungen umfassen.
Das zeitliche Auflösungsvermögen beträgt durchschnittlich 30 ms.
Bei Störungen können diese sowohl über eine Störtaste von den Steuerbühnen als auch durch Operator auf Schnelldrucker ausgegeben werden.
Selbstverständlich ist auch eine gezielte Dauerausgabe für Funktionsblöcke - z.B. bei sporadischen Fehlern - möglich.
Derartige Protokolle dienen nicht nur zur Störanalyse im Rechner-
bereich, sondern auch in der Anlagentechnik.

Mit einem getrennten Alarmmeldesystem werden in ähnlicher Form
Alarmsignale aus den Anlagen, insgesamt ca. 600 Stück, sofort nach
ihrer Erkennung im Prozeßrechner behandelt. Dieses System dient der
Untersuchung von Alarm-Ausfällen, z.B. Fotozellen und von Alarm-
folgen.

Die Bearbeitung derartiger Unterlagen ist natürlich nur mit Hilfe
von Bedienungshandbüchern möglich. Da nach unseren Erfahrungen
innerhalb eines Jahres nur weniger als 10 % der Fehlerkonstellationen
mehr als einmal auftreten, ist ein ständiges Systemtraining unab-
lässige Voraussetzung für den Notfall.

Zur Dokumentation und Schwachstellenanalyse werden alle Störungen
genormt auf Belegen manuell festgehalten, - <u>Bild 2</u>. Ein diesbezüg-
liches Analysenprogramm ist vorgesehen.
Eine direkte on-line Störaufschreibung über Blattschreiber hat sich
nicht bewährt, da überlappende Störungen und erst später zu kom-
plettierende Daten zu unübersichtlicher Handhabung führten.

Abschließend sei auf einige Ergebnisse hingewiesen :

In den letzten Monaten war der Walzbetrieb durchschnittlich
6 Stunden / Monat bedingt durch das Prozeßrechnersystem gestört.
das entspricht einem Anteil von 0,9 % der Betriebsstunden und bedeutet eine Rechnerverfügbarkeit von 99,1 %. Von diesen Störungen
entfiden nur etwa 1 Drittel auf reine Hardware-Gerätefehler.

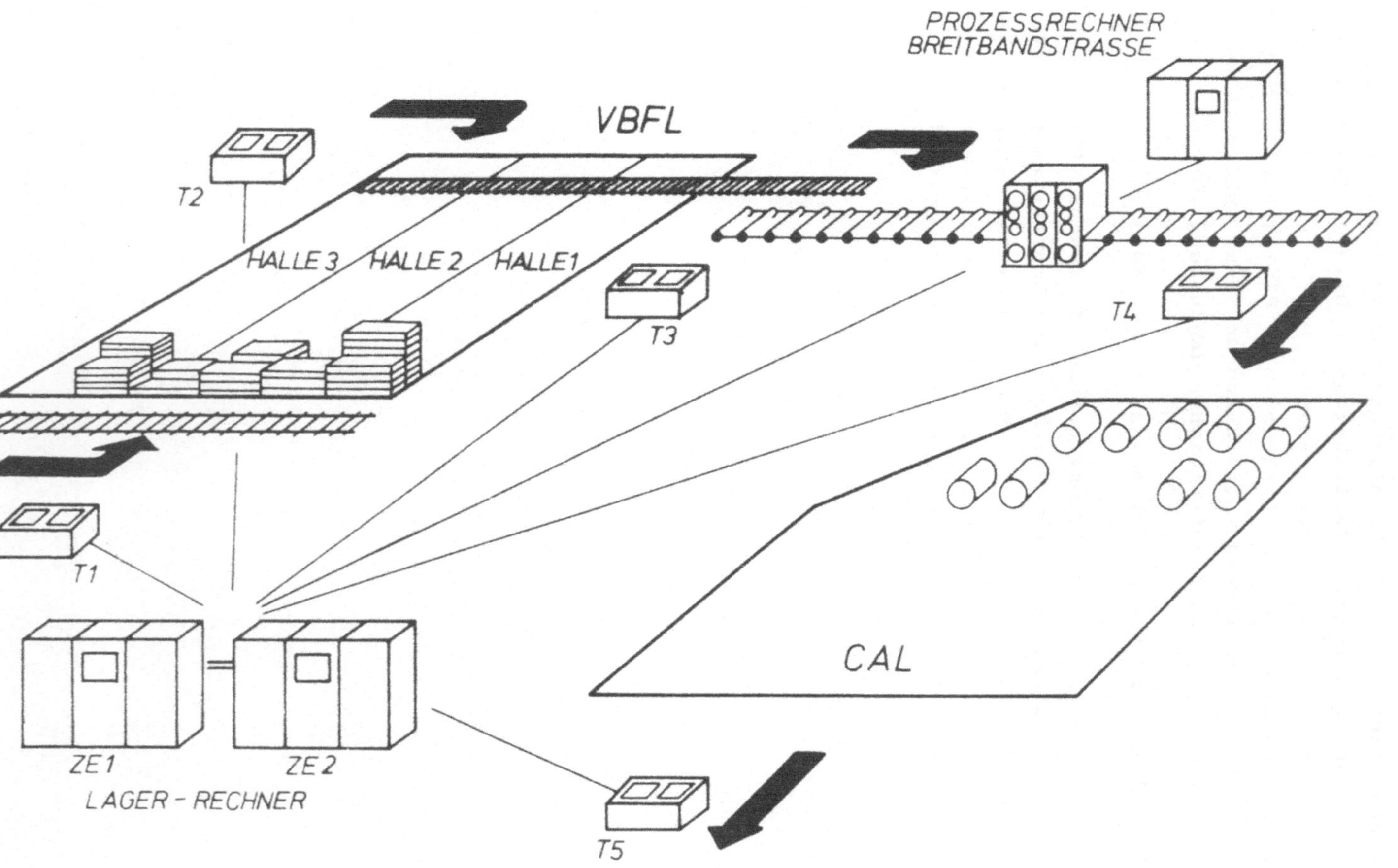

Bild 1 : Anlagenübersicht Warmwalzwerk

PROZESS - DATENVERARBEITUNG
STOERUNGSBELEG

KA PSM   ANLAGEN-NR   KENNUNG   LFD. NR.

STOERUNGSBEGINN
ANGEFORDERT
WARTUNG
ANGEKOMMEN
STOERUNG   PRODUKTION
STOERUNGSENDE

DATUM   ZEIT
TAG MONAT JAHR   STD MIN

ZUSTAENDIGKEIT
URSACHE
AUSGEFUEHRTE ARBEIT
BETRIEBSBEREICH
ANLAGENBEREICH

TEXT

BEMERKUNGEN:

HARDWARE: ALLE DATEN ERFASST: JA   NEIN   NAME:

Bild 2 : Beleg zur Stördatenerfassung

Betriebsablauf in einer RZ GmbH
Hans Pfaffenberger - Gesellschaft für Datenverarbeitung, München

1. Umstellung auf einen Großrechner der Serie 6000 von Honeywell Bull

Welche Lösung für die Abwicklung der Service-Arbeiten ?

Was im Jahr 1963 in München mit einer Tabelliermaschine begonnen hatte, führte 8 Jahre später zu der Überlegung, wie die inzwischen in mehreren Orten installierten Anlagen (inzwischen Computer mit Bandperipherie) sinnvoll und rationell eingesetzt werden können.

Eine bis ins kleinste gehende Kostenrechnung und der Vergleich verschiedener Lösungsmöglichkeiten führte zu dem Ergebnis, daß nur durch das Zusammenfügen aller einzelner Rechenzentren ein sinnvoller Arbeitsablauf und die notwendige Wirtschaftlichkeit erreicht werden kann.

Das führte zur Bestellung eines Computers aus der Serie Honeywell Bull 6000 und zur Installation Ende 1973 in München, am Sitz der Hauptverwaltung.

Nach Abwicklung der Umstellungsarbeiten in München ging man daran, die einzelnen Rechenzentren nach und nach anzuschließen. Hierbei wurde der Weg über Wählleitungen, Abbau der Außen-Peripherie, Anschluß mittels Standleitung gewählt und jeweils die Erfahrungen der einzelnen Umstellungsphasen sich zunutze gemacht. Dabei ist zu beachten, daß die Servicearbeiten ohne Unterbrechung weiterlaufen mußten. Heute ist das seinerzeitige Konzept der rational-Rechenzentrengruppe verwirklicht und sieht so aus:

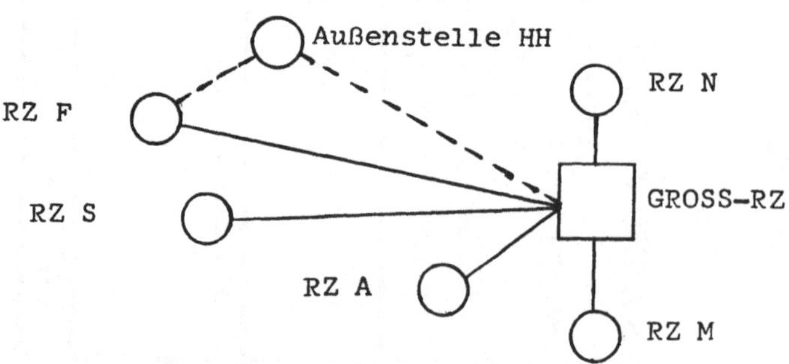

Einer der Gründe, die diese Lösung ermöglichte, war das zur Verfügungstellen geeigneter Software und eines ausgereiften Betriebssystems, hier

GCOS, durch den Hersteller. Dadurch wurde ein sinnvoller Arbeitsablauf
ermöglicht und die Ablaufsteuerung kann einfach gehandhabt werden, weil
es für das Bedienungspersonal keine größere "Denkbeanspruchung" erfordert.

Erlauben Sie mir, an dieser Stelle die Konfiguration der Anlagen sowohl
beim Groß-Rechenzentrum als auch bei den einzelnen Rechenzentren aufzuzeigen. Hierbei ist zu bemerken, daß die Rechenzentren eigenständige
Gesellschaften sind, die sich u. a. mit Datenerfassung, Zubehörverkauf
u. ä. befassen und praktisch nur beim Groß-Rechenzentrum auswerten lassen.

<u>Groß-Rechenzentrum:</u>

6040 mit 128 K-(Worten)
7 MB   9 Kanal, 800/1600 bpi, 80/160 KHz
3 MPL je 130 Mio.
1 KL
1 KST
1 Drucker 72.000 Zeilen/Std.
1 Datanet - Vorschaltrechner

<u>Rechenzentrum Augsburg, Frankfurt, München und Nürnberg:</u>

je 1 - 105 12 K
    1   Kartenleser
    1   Lochstreifenleser
    1   Drucker 36.000 Zeilen/Std.

<u>Rechenzentrum Stuttgart:</u>

1   Gier-Leser
1   MDS-Drucker

<u>OCR-Service Sindelfingen:</u>

1   Seiten-/Journal-Leser Scan/optics

Alle Jobs werden durch die einzelnen Rechenzentren gestartet, die Daten
werden mittels Datenträger, Lochstreifen oder Lochkarten, eingegeben,
die Ergebnisse in den einzelnen Stellen ausgedruckt. Das erklärt auch
die geringe Peripheriebestückung der Großrechenanlage.

<u>Wie sind nun die einzelnen Umstellungsphasen abgelaufen ?</u>

Der erste Schritt nach Installation des Großrechners war die Umstellung
des Rechenzentrums München. Die Vor- und Nachteile hier zu beginnen,
heben sich in etwa auf: Dem großen Vorteil, die Installation des Großrechners im 3. Stock des gleichen Gebäudes, in dem im darunterliegenden

Stockwerk das Rechenzentrum München installiert ist (kürzeste Kommunikationswege), war der Nachteil gegenüberstehend, daß das zu bewältigende Volumen das größte aller anzuschließenden Rechenzentren beinhaltete. So konnten zwar Umstellungserfolge gleich einem breiteren Abnehmerkreis zugute kommen, auf der anderen Seite war aber jede Störung mit dem erhöhten Risiko verbunden, evtl. Fehler auch gleich dem größeren Abnehmerkreis zuzufügen. An dieser Stelle braucht nicht erwähnt zu werden, daß während der Umstellungszeit, die eine Zeitspanne von knapp einem Jahr umfaßte, sehr oft rund um die Uhr gearbeitet wurde einschließlich der Wochenenden und Feiertage. Die Umstellung wurde von geringer personeller Assistenz des Herstellers in Form von Programmierunterstützung und Anleitungen durch das eigene Personal durchgeführt; Die notwendige Ausbildung und Umschulung war auf den ganzen Zeitraum der Umstellung verteilt, weil es einfach nicht möglich war, mehr Personal als sonst auch in der Urlaubszeit freizustellen bzw. für eine kurze Übergangszeit zusätzliches Personal einzusetzen. Sie wissen alle, daß auch noch so gut ausgetestete Programme im laufenden Betrieb immer wieder Schwierigkeiten hervorrufen. Dafür hatten wir von vornherein über den normalen Umstellungszeitraum hinaus mehrere Monate veranschlagt, so daß es für uns keine, wie auch immer geartete Überraschungen, geben konnte. Am Rande darf bekannt werden, daß nicht alle Arbeiten auf die Möglichkeiten der neuen Anlage hin ausgerichtet waren und daß diese Tätigkeiten auch heute noch neben dem laufenden Rechenzentrenbetrieb vorgenommen werden. Diese Änderungen ergeben sich ganz einfach aus den laufend gewonnenen Erkenntnissen und Erfahrungen im Umgang mit dem Großcomputer.

Nach Umstellung des Rechenzentrums München wurde als nächstes die Außenstelle in Augsburg angeschlossen, weil man sich auch hier des Vorteiles der kurzen Entfernung bedienen wollte. Durch die Gleichartigkeit der angeschlossenen Terminals waren dann diese Umstellungen, es folgte Nürnberg und Frankfurt, einfacherer Art, da ja auch im Großen und Ganzen in den einzelnen Rechenzentren die gleichen Arbeiten, vorwiegend alle Arbeiten der Finanzbuchhaltung, alle Arbeiten der Lohn- und Gehaltsabrechnung, Arbeiten für die Materialwirtschaft bis hin zur Stücklistenauflösung, ausgeführt werden.

Eine Umstellungshilfe war zweifelsohne die Stationierung eines System-Spezialisten als ständigen Wartungstechniker neben dem übrigen Wartungspersonal durch den Hersteller. Darin sehen wir überhaupt neben den bereits erwähnten Software- und Betriebssystem-Komponenten einen wesentlichen Umstand unserer reibungslosen Umstellung. Die Qualität des zur Verfügung stehenden Personals unterstützt die großen Möglichkeiten der für die Zukunft ausgelegten Großrechenanlage.

2. Das Arbeiten mit dem Großcomputer

Wie ist der gegenwärtige Arbeitsablauf ?

Wir arbeiten heute nach einem mit den Leitern der einzelnen Rechenzentren abgestimmten System in zwei Schichten (zwischen 6.00 und 22.00 Uhr) an 5 Wochentagen. Dabei wird jeweils am Montag vormittag die Inspektion durchgeführt.

Die in der EDV-Branche und besonders bei Service-Rechenzentren kundenbezogene, übliche sporadisch auftretende terminliche Belastung an den unterschiedlichen Monatstagen, wird durch vorgeplante Überstundenarbeit berücksichtigt.

Mit den Leitern der Rechenzentren wurden für mehrere Hauptjobs bestimmte Startzeiten festgelegt, diese Liste wird alle Monate neu erstellt. Das in mehr als 12 Jahren eingesetzte, inzwischen ausgefeilte Finanzbuchhaltungsprogramm, fällt unter diese Hauptjobs. Natürlich können außerhalb dieser Termine auch Sondertermine vereinbart werden, die Steuerung obliegt jeweils dem schichtführenden Chef-Operator. Übrigens darf ich an dieser Stelle erwähnen, daß die Anlage je Schicht mit einem Chef- und einem Peripherie-Operator gefahren wird. Die Jobs sind so ausgelegt, daß höchstens 3 Bandstationen und dann eben die entsprechenden Platten benutzt werden, so daß also mindestens von der Bandbelegung her 2 Jobs gleichzeitig laufen. Es ist interessant zu beobachten, wie in den Hauptbeanspruchungszeiten durch die verschiedenen Chef-Operatoren die Anlage ausgenutzt wird (die Schichten wechseln von Woche zu Woche).

Während der ganzen Umstellungszeit wurden unsere Programmierer insofern verwöhnt, weil sie ständig über die im Haus installierten Terminals auf Timesharingbasis mit dem Großcomputer verkehren können.
Wir haben neben dem Remote-Batch-Betrieb, der ja den Verkehr mit den Außenstellen abwickelt, einen Timesharing-Service, dessen sich u. a. auch mehrere Großbetriebe bedienen, dieser Service ist lediglich hinsichtlich der Zeiten (jeweils von 8.00 - 18.00 Uhr) und der Kernspeichergröße (60 K) limitiert, erbringt aber den großen Vorteil der Vorrangigkeit: Alle Timesharing-Arbeiten laufen mit erhöhter Urgency, das machen sich unsere Programmierer zunutze.

Die einzige Sperre die wir an Hauptbeanspruchungstagen einbauen, ist
- nach Abstimmung mit unseren Kunden - die Timesharing-Aktivitäten nicht
zu laden. Unsere Programmierer haben also ideale Arbeitsbedingungen und
so ist auch hier ein schneller Arbeitsdurchfluß gegeben, da die gestar-

teten Umwandlungen im Normalfall dann wieder zur Verfügung stehen, wenn
der Programmierer nach Beendigung seiner Eingabedaten sich vom 2. zum
3. Stockwerk bemüht, um die Listen abzuholen.

An dieser Stelle erhebt sich die Frage, entspricht das erzielte Ergebnis der geplanten Konzeption? Das kann voll bejaht werden.

Abschließend seien einige grundlegende Gedanken aus der Sicht der
rational-Rechenzentrengruppe zu dem gesamten Problem der Datenfernübertragung oder um ein neues schönes Wort zu gebrauchen, zum Distributed
Processing, gestattet.

3. Distributed Processing aus der Sicht eines Anwenders

Würde sich die rational-Rechenzentrengruppe an dem Dogma-Streit: Datenfernübertragung ja/nein, Timesharing, Frage der Postgebühren und wie
das alles heißen mag, beteiligen, wären wir nicht vorangekommen. Es
wurden Erfahrungen mit allen Übertragungsarten gesammelt und Sie finden
heute wirklich alle - aus unserer Sicht - wirtschaftlich zu vertretende
Einrichtungen:

- Anschluß von Außenstellen mittels Standleitungen im Remote-Batch-
  Betrieb

- Anlieferung von Datenträgern mittels Boten, Express oder Post

- Eingabe und Ausgabe von Daten einzelner Kunden mittels Wählleitungen

- Timesharing-Betrieb

- Eingabe der Daten der OCR-Belege über das beim Einlesen erstellte
  Band für alle OCR-Kunden.

Daher glauben wir eines der wenigen freien Rechenzentren (mit einer notwendigen gut ausgestatteten Kapitaldecke) zu sein, das aufgrund der
langen Erfahrungen die technischen Möglichkeiten der Gegenwart nutzt
und ständig weiter ausbaut, um den künftigen Gegebenheiten Rechnung
tragen zu können.

<u>Probleme und Methoden der Ablaufplanung im Rechenzentrum</u>

Dr. Kurt Trampedach
Robert Bosch GmbH, Stuttgart

1.   Besonderheiten der Ablaufplanung im Rechenzentrum

Das Problem der Ablaufplanung ist durch eine Vielzahl von Handlungszielen (Optimie-
rungszielen) gekennzeichnet. Dabei werden in praxi oft Zielmehrheiten mit gegenläufi-
gen Tendenzen verfolgt.[1] Es wird versucht, einerseits die ablaufbedingten Wartezeiten
der Aufträge zu reduzieren und andererseits die Leerzeiten der Potentialfaktoren zu
minimieren, bzw. die Auslastung der Kapazitätseinheiten zu maximieren und die Durch-
laufzeiten der Aufträge zu minimieren. Diese Zielpaare sind i. d. R. gegenläufig, da
die Vermeidung von Leerzeiten häufig Wartezeiten verursacht und umgekehrt. Nur bei
Unterbeschäftigung existiert dieser Zielkonflikt nicht, da die Leerzeiten der Kapazi-
tätsfaktoren hier keinen Knappheitswert und mithin keinen Zielwert besitzen. Dies im
Bereich der Fertigung wohlbekannte "Dilemma" der Ablaufplanung ist im Prinzip ebenfalls im Rechenzentrumsbetrieb wirksam. Auch hier ist das Ziel der Ablaufplanung die
kurzfristige (z. B. tägliche) Bestimmung einer möglichst optimalen Auftragsfolge oder,
spezifischer ausgedrückt, des optimalen "Job-Mixes" unter Berücksichtigung von logi-
schen Nebenbedingungen, Termin- und Kapazitätsrestriktionen sowie Planungsrisiken.

Eine Ursache für die Besonderheit der Ablaufplanung im Rechenzentrum liegt vor allem
in der seriellen Nutzung der Haupt-Ressourcen CPU und I/O innerhalb eines Programmes
bei paralleler Verfügbarkeit derselben. Im Gegensatz zum Fertigungsbereich ergibt sich
daraus infolge der spezifischen Betriebsweise "Multiprogramming" die bekannte Problematik: die Job-Verweilzeiten sind nicht konstant, sondern werden beeinflußt durch die
in unterschiedlicher Mischung parallel laufenden Aufträge sowie unterschiedliche Daten-
volumina. Verantwortlich für die Effizienz dieser Betriebsart ist das Betriebssystem,
das als interne Ablaufsteuerung jedoch vor den gleichen Problemen steht wie die externe Ablaufplanung: "resource-oriented scheduling" (9) einerseits und andererseits, entsprechend den Bedürfnissen der Benutzer, "service-oriented scheduling" (2). Aufgabe
der internen Ablaufsteuerung ist dabei die optimale Lösung dieses Zielkonfliktes aufgrund eines <u>tatsächlichen</u> Kapazitätsbedarfsprofils, während die externe Ablaufplanung
auf der Basis eines <u>voraussichtlichen</u> Kapazitätsbedarfsprofils erfolgt.

-----

[1] Über die Entwicklung und den Stand der Diskussion von Zielmehrheiten vgl. 4,8
    sowie die dort angegebene Literatur.

Die Abhängigkeit der Job-Verweilzeiten vom jeweiligen Job-Mix und vom Verhalten der internen Ablaufsteuerung durch das Betriebssystem bedingt eine vergleichsweise komplexe Zielfunktion: maximale, überlappte Nutzung von Zentraleinheit und Kanälen zur Erreichung eines maximalen Systemdurchsatzes sowie maximale Auslastung von Hauptspeicher und Peripherie. Dieses Ziel ist theoretisch unter der Voraussetzung zu erreichen, daß bereits die interne Ablaufsteuerung dieser Zielfunktion optimal entspricht. Inwieweit ist dies aber tatsächlich der Fall?

Die heute üblichen Betriebssysteme benutzen für die Ablaufsteuerung vor allem Techniken wie "common sense" und Prioritätensteuerung (5). Common sense bedeutet dabei die Zuordnung einer Ressource zu einem neuen Bedarfsträger (Programm), sobald der derzeitige Bedarfsträger diese nicht mehr benötigt, und Auswahl des jeweils nächsten Bedarfsträgers in der Reihenfolge "first-come-first-served". Programm-Prioritäten werden dazu benutzt, die Warteschlangendisziplin zu kategorisieren, nicht jedoch eine common sense-Zuteilung von Ressourcen zu stören: erst wenn Programme mit höherer Priorität eine Ressource nicht nutzen können, kommen solche mit niedrigerer Priorität in Betracht. Es ist jedoch leicht zu zeigen (5, S. 338), daß diese Techniken unzureichend sind und die maximale, überlappte Nutzung von Ressourcen ein Kriterium ist, welches jedes kurzfristige "Fairness-Gebot" verletzt. Damit ist die Zielsetzung der externen Ablaufplanung auch theoretisch nur unter Berücksichtigung einer bedingten Optimalität des Betriebssystems zu erreichen. Das wiederum unterstreicht jedoch die Bedeutung der externen Ablaufplanung als notwendige Voraussetzung für eine verbesserte Steuerung durch das Betriebssystem, d. h. jeweils einen Job-Mix so zusammenzustellen, daß die beschränkten Fähigkeiten des Betriebssystems bestmöglich unterstützt werden.

2. Formulierung des Problems als Modell des Goal-Programming

Das Problem der Ablaufplanung läßt sich im Prinzip als Modell des Goal-Programming darstellen. Es sei:

(1)
$$x^{j}_{pt} = \begin{cases} 1, \text{ wenn Job } j \text{ zur Zeit } t \text{ in Hauptspeicher-Einheit } p \\ \quad \text{bearbeitet wird (Abb. 1)} \\ 0, \text{ wenn nicht} \end{cases}$$

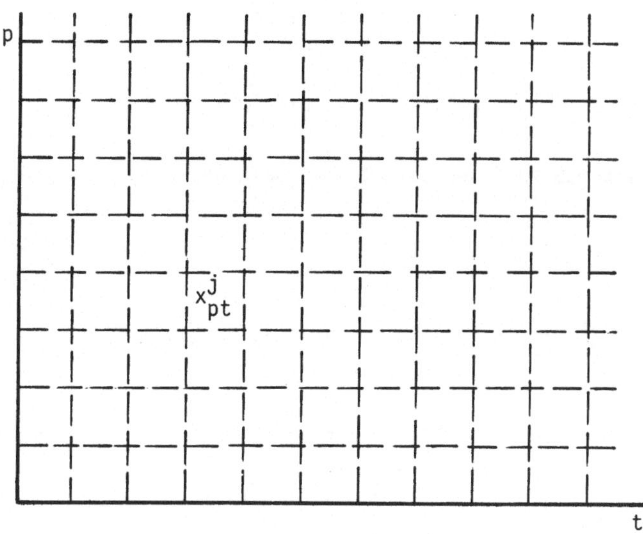

Abb. 1: <u>Logische Aufteilung des Hauptspeichers</u>

Die Bearbeitung des Jobs j erfordert in jeder Periode t einen Hauptspeicherbedarf von m^j_t Einheiten:

$$(2) \qquad \sum_{p=1}^{P} x^j_{pt} = m^j_t \qquad\qquad \text{für } j=1, \ldots, J \\ \text{für } t=1, \ldots, T$$

Die Bearbeitung des Jobs j mit der Regiongröße m^j_t dauert 1^j_p Zeiteinheiten:

$$(3) \qquad \sum_{t=1}^{T} x^j_{pt} = 1^j_p \qquad\qquad \text{für } j=1, \ldots, J \\ \text{für } p=1, \ldots, P$$

Die Hauptspeichereinheit p kann zur Zeit t nur von einem Job belegt werden:

$$(4) \qquad \sum_{j=1}^{J} x^j_{pt} = 1 \qquad\qquad \text{für } p=1, \ldots, P \\ \text{für } t=1, \ldots, T$$

Es muß gewährleistet sein, daß Job j nicht vor Job k ausgeführt werden darf:

$$(5) \qquad x^j_{pt} + x^k_{p,t-s} = 1 \qquad\qquad \text{mit } t-s \geq 1 \text{ für } j=1, \ldots, J \\ \text{für } p=1, \ldots, P$$

Es muß weiterhin gewährleistet sein, daß jeder Job zeitlich ununterbrochen bearbeitet wird:

$$(6) \qquad 1^j_p \cdot x^j_{p,t_0} - 1^j_p \cdot x^j_{p,t_0+1} + \sum_{t=t_0+2}^{T} x^1_{p,t} = 1^j_p$$

Jeder Job muß außerdem ununterbrochen im Hauptspeicher bearbeitet werden:

$$(7) \qquad m_t^j \cdot x_{p_0,t}^j - m_t^j \cdot x_{p,t_0+1}^j + \sum_{p=p_0+2}^{P} x_{pt}^j \leq m_t^j$$

Die Belegung des Hauptspeichers muß zu jeder Zeit t innerhalb der Kapazitätsgrenze P_t liegen:

$$(8) \qquad \sum_{j=1}^{J} \sum_{p=1}^{m_t^j} x_{pt}^j + u_t = P_t \qquad \text{für } t=1, \ldots, T$$

In jeder Zeiteinheit t stehen nur C_t CPU-Einheiten zur Verfügung:

$$(9) \qquad \sum_{j=1}^{J} \sum_{p=1}^{m_t^j} a_t^j x_{pt}^j + v_t = C_t \qquad \text{für } t=1, \ldots, T$$

Der Faktor a_t^j ist als durchschnittlicher CPU-Bedarf des Jobs j zur Zeit t definiert.

Pro Zeitspanne t können nur eine bestimmte Anzahl D_t von I/O's verarbeitet werden:

$$(10) \qquad \sum_{j=1}^{J} \sum_{p=1}^{m^j} b_t^j x_{pt}^j + w_t = D_t \qquad \text{für } t=1, \ldots, T$$

Der Faktor b_t^j ist als durchschnittliche Anzahl I/O's des Jobs j zur Zeit t definiert. Als Zielfunktion hat man eine möglichst gute Auslastung von Hauptspeicher, CPU und Kanälen, d. h. man minimiert die gewichteten Schlupfvariablen in den Ungleichungen (8)-(10):

$$\text{Minimiere } Z = \sum_{t=1}^{T} g_1 u_t + \sum_{t=1}^{T} g_2 v_t + \sum_{t=1}^{T} g_3 w_t$$

Die Gewichte g_1, g_2, g_3, drücken die relative Präferenz des Planers bezüglich der Einzelziele aus.

Abgesehen von einigen Schwächen des Modells, die z. B. in der Definition der a_t^j und b_t^j liegen, wächst außerdem bei realistischen Größenordnungen die Zahl der Variablen und Gleichungen so stark an, daß eine praktische Lösbarkeit des Modells z. Z. unmöglich wird.

3. Simulation als praktisches Planungsinstrument

Praktische Verbesserungen der Ablaufplanung sind zur Zeit nur durch den Einsatz heuristischer Methoden wie der Simulation in Verbindung mit Prioritätsregeln zu erzielen. Simulationsmodelle haben insbesondere den Vorteil, daß sie bei entsprechender Gestaltung nicht nur ein Instrument für die kurzfristige Ablaufplanung sind, sondern sich durch Variation von Parametern der Hardware- und Software-Modellkomponenten auch für die mittel- und langfristige Konfigurations-Planung eignen (10). Nur im Simulationsexperiment läßt sich z. B. der Einfluß neuer Hardware-Komponenten a-priori einigermaßen zuverlässig abschätzen. Nach unseren Erfahrungen sollte ein Computer-System-Simulator vor allem durch folgende Eigenschaften gekennzeichnet sein:

- Durch umfassende Berücksichtigung der Systemkomponenten und Einflußfaktoren wie Hardware, Software, Job-Profil, Hardware-/Software-Zuverlässigkeit und Operator-Verhalten muß es möglich sein, sowohl die Auswirkungen von Hardware und/oder Software-Ausfällen (z. B. Initiatoren) als auch unterschiedliche Operatorleistungen bei Rüstvorgängen zu simulieren.

- Durch Verwendung aufgezeichneter, originärer Jobdaten (z. B. durch SMF) müssen alle wesentlichen Ereignisse über einen hinreichend langen Zeitraum simuliert werden können.

- Nur die wesentlichen Systemfunktionen sollten detailliert abgebildetet sein, um eine hinreichend genaue Übereinstimmung zwischen simuliertem und tatsächlichem Output und um möglichst kurze Simulationsläufe zu erhalten, die einen interaktiven Betrieb des Simulators erlauben.

Speziell für die Ablaufplanung muß der Simulator außerdem so konstruiert sein, daß gewisse Job-Restriktionen bei der Simulation der Maschinenbelegung berücksichtigt werden. Es ist z. B. darauf zu achten, daß bestimmte Jobs erst nach Beendigung anderer Jobs gestartet werden können (Problem der "Jobketten"), oder daß zwei Jobs nacheinander laufen müssen, weil sie dieselbe Datei benützen.

Die zur Beachtung dieser Restriktionen notwendigen Informationen sowie Angaben über CPU-Belastung, Anzahl EXCP's etc. müssen pro Job bzw. Job-Step in einer Datei gespeichert vorliegen. Diese Datei ("Job-Stammdatei") bzw. eine Untermenge dieser Datei ist neben gewissen Parameterwerten jeweils der Input für eine Planung mit dem Simulator. Damit ist die Pflege der Job-Stammdatei - dies umfaßt insbesondere die sichere Prognose der CPU-Zeiten und der Anzahl EXCP's zukünftiger Programmläufe - eine wesentliche Voraussetzung für eine realistische Ablaufplanung. Einfache Modelle der exponentiellen Glättung haben sich hierfür in praxi bewährt.

Außer der Voraussetzung einer hinreichenden Isomorphie zwischen Simulator und realem
System und einer sicheren Prognose der Eingabedaten hängt die Qualität der generierten
Ablaufpläne noch von der zieladäquaten Wahl der Warteschlangendisziplin bzw. Priori-
tätsregel ab. Statistische Aussagen über die Wirkung bezüglich der Optimierungskri-
terien liegen für die meisten der in praxi gebräuchlichen Prioritätsregeln vor. Nach
der KOZ-Regel wird der Job mit der kürzesten Operationszeit (Verweilzeit) als nächster
verplant. Diese Disziplin wirkt besonders gut im Hinblick auf die Minimierung der
mittleren Durchlaufzeit (1,3). Nach der LOZ-Regel wird der Job mit der längsten Verweilzeit als nächster verplant. Die dadurch generierten Ablaufpläne haben die Tendenz
zur Maximierung der mittleren Durchlaufzeit, minimieren jedoch die maximale Durchlaufzeit (3, S. 234 f).

In vielen Fällen führen jedoch Kombinationsregeln, die mehrere Einflußgrößen berücksichtigen, zu insgesamt besseren Ergebnissen als einfache Prioritätsregeln (3, S.234 f).
Es ist zu überlegen, ob nicht durch die Verwendung von Kombinationsregeln, die außerdem die Besonderheiten des Multiprogramming-Betriebs berücksichtigen, noch Verbesserungen zu erzielen sind. Da die Verweilzeiten u. a. vom Job-Mix abhängen und damit
letztlich auch eine Funktion der Ablaufplanung selbst sind, sollte bei der Auswahl des
nächsten zu verplanenden Jobs auch berücksichtigt werden, daß dieser Job "möglichst
gut" den bereits parallel verplanten Job-Mix ergänzt. "Möglichst gut" bezieht sich auf
das Kriterium maximale, überlappte Nutzung von CPU und I/O. Eine konsequente Benutzung
des Job-Klassen-Konzepts im OS/360 bzw. 370 zur Charakterisierung von Jobs mit ähn-
lichen Ressource-Bedürfnissen ist ein erster Schritt in dieser Richtung.

Ein weiteres Problem liegt in der Behandlung von Planungsrisiken, die zum einen durch
Störungen infolge Hardware- und/oder Softwareausfälle und zum anderen durch Fehler beim
Operating entstehen. Ein Teil dieser Risiken läßt sich durch bewußte Planung von Sicher-
heitszuschlägen und durch die Möglichkeit rascher Planrevisionen mindern. Theoretisch
lassen sich diese Risiken durch eine aufwendige "Prozeßsteuerung" des Systems bei weitgehender Automatisierung des Operating verhindern. Ein Simulator, hierbei als Zusatz
zum Betriebssystem implementiert, generiert den Ablauf-Plan und gibt ihn automatisch
frei. Nach definierten Zeitintervallen erfolgt jeweils ein Plan-/Ist-Vergleich. Werden
dabei gewisse Toleranzgrenzen überschritten, erfolgt entweder eine Korrektur durch den
Operator, oder ein neuer Planungslauf wird initiiert.

4. Erweiterte Problemstellung und Lösungsmöglicheiten in Paging-Systemen

Eine Erweiterung der Problemstellung wird in Paging-Systemen verursacht durch die Strategie der "Hauptspeicherzuordnung nach Bedarf". Dadurch ist die Hauptspeichergröße
eines Programms keine konstante Größe mehr, sondern hängt ab von

- dem Verhältnis realer/virtueller Speicher,
- der Anzahl und dem Verhalten der parallel laufenden Jobs
  und
- von der Struktur des Programms selbst.

Vorteil dieser Betriebsweise ist eine verbesserte Nutzung des Hauptspeichers. Bei extremer Verfolgung dieses Ziels tritt jedoch der Effekt des "thrashing" auf. Um dies zu vermeiden, ist es in bestimmten Situationen sinnvoller, für die Dauer einer Page-in-/Page-out-Operation den Prozessor warten zu lassen, bis diese Operation beendet ist. Das Effizienzproblem der Hauptspeicherzuordnung besteht also im folgenden: Wie kann man thrashing verhindern und trotzdem den Hauptspeicher maximal nutzen? Die erweiterte Zielfunktion bei Paging-Systemen lautet deshalb: maximale, überlappte Nutzung von CPU und I/O sowie maximale Nutzung des Hauptspeichers und Minimierung der Paging-Aktivitäten.

Diese erweiterte Zielfunktion bei der externen Ablaufplanung im Simulator zu berücksichtigen, ist wegen fehlender notwendiger Informationen über das Programmverhalten (Working Sets) unmöglich und könnte sich bei näherer Betrachtung der Wirkungsweise intelligenter Paging-Betriebssysteme auch als überflüssig erweisen. Im OS/VS2 rel. 2 (MVS)[2] z. B. wurde mit dem "System Resource Manager" (SRM) eine neue Systemkomponente geschaffen, deren Funktionen bei älteren Betriebssystemen nur teilweise in Subsystemen (z. B. HASP, ASP) vorhanden sind 6,7 . Neben einer einheitlichen Steuerung für Stapelverarbeitungs- und Time-Sharing-Jobs sind vor allem verschiedene Algorithmen zur Erreichung einer "optimalen" Nutzung der vier Hauptsystem-Bestandteile - CPU, Hauptspeicher, I/O - und Paging-Subsystem - zu nennen. Ein Großteil der Steuerung dieser Ressourcen erfolgte bei den bisherigen Systemen durch statische Parameter und nur vereinzelt dynamisch (z. B. der Dispatching-Algorithmus bei HASP, der I/O-Load Balancing-Algorithmus des OS/VS1 bzw. OS/VS2 rel. 1). Durch den SRM ist es außerdem möglich, Interaktionen zwischen den einzelnen Subsystemen zu bewerten und gegenläufige Zielsetzungen auszugleichen. Beispiele, wo das noch nicht erreicht wurde, sind die fehlenden Verbindungen zwischen den Job-Entry-Subsystemen (JES2 bzw. JES3) und der Job-Ablaufsteuerung durch den SRM.

Aufgrund vorgegebener Service-Ziele versucht der SRM, diese einerseits zu erreichen und andererseits die Systemkomponenten optimal auszulasten. Dazu verfügt der SRM über Fähigkeiten - wie z. B. das "Swapping" von Jobs, um den Job-Mix dynamisch zu korrigieren - die ihn signifikant vom OS/MVT und SVS unterscheiden. Der bei diesen Systemen

---

[2] MVS ist hier nur als ein Beispiel genommen. Es gibt daneben Betriebssysteme (z. B. UNIVAC OS/1100), die mindestens eine ähnlich intelligente Zuteilung der Ressourcen vornehmen.

sich im Hauptspeicher befindende Job-Mix ist nicht revidierbar. Auch wenn der Mix in-
effizient ist, kann er nur dann geändert werden, wenn ein Programm endet.

5. Schlußfolgerung

Aufgrund der kurz skizzierten Entwicklungsrichtung neuerer (virtueller) Betriebssysteme
wird die kurzfristige externe Ablaufplanung an Problematik und damit an Bedeutung verlieren, da die Zusammensetzung des optimalen Job-Mix kurzfristig vom Betriebssystem
gesteuert wird. Die angestrebten Ziele werden möglicherweise besser erreicht, da diese
Steuerung dynamisch erfolgt, d. h., aufgrund von kurzfristigen und damit aktuelleren
Informationen über den Ressource-Bedarf der einzelnen Jobs. Es darf aber dabei nicht
übersehen werden, daß ein Teil des Problems dadurch gelöst wird, indem Entscheidungs-
variable einfach zu Parametern erklärt werden, die vom Benutzer festzulegen sind. Jeder
Job ("Transaction") muß einer "Performance Group" (bis zu 255 können definiert werden)
zugeordnet werden, die bis zu acht Perioden unterteilt werden kann. Jeder "Performance
Group" muß pro Periode ein "Performance-Objective" zugeteilt werden (bis zu 64 können
definiert werden), welches wiederum bis zu 32 "Workload levels" enthalten kann. Es ist
deshalb noch die Voraussetzung zu machen, daß die Definition dieser Parameter optimal
erfolgt und die "Transactions" diesen eindeutig zuzuordnen sind. Für die Praxis wird
es deshalb trotzdem noch eine externe Ablaufplanung geben müssen, wenn auch mit abneh-
menden Feinheitsgrad, um nach wie vor das Betriebssytem in seiner Aufgabe zu unter-
stützen.

6. Literatur

(1) Bruno, J., Coffman Jr., E.G., Sethi, R.: "Scheduling Independent Tasks to Reduce
Mean Finishing Time", in: CACM, 17 (1974), No. 7, S. 382-387

(2) Chamberlin, D.D., Schlaeppi, H.P., Wladawsky, I.: "Comperative Modelling of Time
Slicing and Deadline Scheduling for Interactive Systems", IBM Research Report
RC3378

(3) Conway, R.W., Maxwell, W.L., Miller, L.W.: "Theory of Scheduling", Reading/Palo
Alto/London 1967

(4) Günther, H.: "Das Dilemma der Ablaufplanung", in: Betriebswirtschaftliche Stu-
dien 10, Berlin 1971

(5) Hamlet, R.G.: "Efficient Multiprogramming Resource Allocation", in: CACM,
16 (1973), No. 6, S. 337-343

(6) IBM Corporation (Hrsg.): "OS/VS2 Planning Guide for Release 2", Programm
Number 5742-020, GC28-0667-1

(7) Lynch, H.W., Page, J.B.: "The OS/VS2 Release 2 System Resource Manager", in:
IBM Systems Journal, 13 (1974), No. 4., S. 274-291

(8) Mensch, G.: "Das Dilemma der Ablaufplanung", in: Zeitschrift für Betriebswirt-
schaft, 42 (1972), S. 77-88

(9) Sherman, S., Baskett III, F., Browne, I.C.: "Trace Driven Modelling and Analysis
of CPU Scheduling in a Multiprogramming System", in: CACM, 15 (1972), No. 12,
S. 1063-1069

(10) Waldbaum, G., Beilner, H.: "Soul: A Simulation of Ounter LASP",
IBM Research Report RC3810

<u>Einsatz von Timesharing Systemen als Arbeitsmittel in der Arbeitsvor-
bereitung eines Rechenzentrums</u>

Dipl.-Ing. A. Wichmann - IBM Deutschland GmbH, Stuttgart

1. Einleitung

Die Bedeutung der Timesharing Systeme hat in den letzten Jahren stark
zugenommen. Ihr Anwendungsspektrum ist immer mehr erweitert worden.
Der Timesharingbetrieb stellt eine kommunikationsorientierte Methode
für die Benutzung einer EDV-Anlage dar. Jeder Benutzer eines Timesharing-Systems hat die Möglichkeit, Daten in das System einzugeben und
sie zu verändern. Dabei sollen keine unzumutbaren Wartezeiten entstehen.
Ein wesentliches Ziel der Timesharingsysteme liegt darin, mehreren Benutzern einen schnelleren und bequemeren Zugang zur EDV-Anlage zu ver-
schaffen, als dies bei der Stapelverarbeitung möglich ist. Dabei teilen
sich die Benutzer nach einem festgelegten Steuerungs-Mechanismus (time
slicing) die Resourcen der EDV-Anlage. Die typischen Anwender für Timesharing-Systeme sind:

Problemlöser: Benötigt eine einfache Sprache, um seine Probleme com-
              puterverständlich zu formulieren.
Programmierer: Insbesondere mit interaktiven Compilern und besonderen
              Debuggingsystemen bietet die Programmentwicklung im
              Timesharing große Vorteile gegenüber der konventionellen
              Programmentwicklung.
Anwender: Benutzt in einem Timesharing-System vorgefertigte Programm-
              pakete.
Datenanalyse: Zur Entwicklung und Vervollständigung von Datenbanken.
Systemprogrammierer: Entwicklung, Pflege und Dokumentation von System-
              software.

Eine Hauptzielsetzung beim Einsatz von Timesharing-Systemen in den
eben beschriebenen Anwendungsgebieten ist die Steigerung der Produktivität des Benutzers einer EDV-Anlage. Steigerungsprozentsätze
der Produktivität im Bereich der Programmentwicklung liegen z.B.
häufig über 50 %.
Im Rahmen dieses Referates soll ein weiteres Anwendungsgebiet für
Timesharing-Systeme beschrieben werden.
Hier soll aufgezeigt werden, wie ein Rechenzentrum selbst, die Vorteile eines Timesharing-Systems bei der Bewältigung seiner Aufgaben
nutzen kann. Das Timesharing-System soll Organisationshilfsmittel in
einem Rechenzentrum sein und die Produktivität des Rechenzentrums
steigern. Dies gilt - wie später näher dargestellt wird - im wesentlichen für den Bereich der Arbeitsvorbereitung. Dieses Einsatzgebiet

für Timesharing-Systeme soll im Rahmen dieses Referates weniger theoretisch beschrieben als durch praktische Beispiele aus dem Bereich der IBM Rechenzentren veranschaulicht werden.

Dabei soll wie folgt vorgegangen werden:

o   Zunächst werden kurz die wesentlichen Aufgaben und Zielsetzungen der Arbeitsvorbereitung beschrieben.
o   Es folgt eine Auswahl der Aufgaben aus dem Bereich der Arbeitsvorbereitung, die mittels Timesharing-Systemen abgewickelt werden können.
o   Es werden einige Anwendungsbeispiele erläutert.
o   Es folgt eine Produktivitätsbetrachtung und ein Ausblick auf die weitere Entwicklung.

2. Die wesentlichen Aufgaben und Zielsetzungen der Arbeitsvorbereitung

Die Basis für die Aufgaben und Zielsetzungen der Arbeitsvorbereitung bildet die Organisation eines Rechenzentrums. Wir verstehen ein Rechenzentrum als Produktionsstätte von EDV-Leistungen, welches die Programmierung nicht beinhaltet. Es verfügt im wesentlichen über drei Funktionen:

- Systembedienung: Darunter fallen die Bedienungsfunktionen des Systems und der Peripherie. Hier findet die eigentliche Durchführung der Arbeiten statt.
- Systemprogrammierung und Systemplanung: Hierunter wird die Zurverfügungstellung der Systemsoftware, die Wartung und Fehlerbehebung dafür, die Entscheidung über die erforderliche Hardwarekonfiguration und Datensicherungs-Systeme verstanden.
- Arbeitsvorbereitung: Sie sorgt einerseits für den Jobablauf in einem Rechenzentrum von der Dateneingabe bis hin zu den fertigen Ergebnissen und nimmt andererseits die Kommunikation zwischen Benutzer und Rechenzentrum wahr. Gerade die letzte Aufgabe hat an Bedeutung gewonnen, seit das Rechenzentrum komplexer und für den Benutzer anonymer geworden ist.

Aus dieser Aufgabenstellung für die Arbeitsvorbereitung leitet sich
nun eine zweifache Zielsetzung ab:

- Erhöhung der Wirtschaftlichkeit eines Rechenzentrums durch geeignete Organisation des Jobablaufs
- Verbesserung und Rationalisierung der Kommunikation zwischen
  Rechenzentrum und Benutzer.

Das bedeutet: Betrieb des Rechenzentrums automatisieren - den
Servicegrad für die Benutzer steigern.
Vergleichbar der Fertigungssteuerung in einem Industriebetrieb übernimmt die Arbeitsvorbereitung in einem Rechenzentrum die Steuerung
des Jobflusses, die folgende Tätigkeiten umfaßt:

- <u>Disposition</u> der Systeme und Jobablaufsteuerung. Die Disposition
  koordiniert die Anforderungen der Benutzer, sagt Fertigstellungstermine zu und plant langfristig die Computerkapazität
  mit dem Bestreben, Anforderungen für die Hauptbelastungszeiten
  auf weniger stark belastete Zeiten zu verteilen. Ferner erfolgt hier eine Auftragsverfolgung, die sich Informationen
  über den jeweiligen Bearbeitungszustand eines Auftrags verschafft.

- <u>Jobdesign</u>
  Bei wiederkehrenden Produktionsarbeiten in einem Rechenzentrum
  kommt der Jobablaufsteuerung aus Performance- und Datensicherheitsgründen besondere Bedeutung zu. Im Jobdesign werden daher
  die Jobsteueranweisungen für die später sich jeweils wiederholenden Produktionsarbeiten festgelegt. Gerade hierbei gibt
  es eine Reihe von Verfahren, die zur Rationalisierung und
  Sicherheit in einem Rechenzentrum beitragen:
  - Katalogisierungsverfahren
    werden sowohl für Programme und die dazugehörigen Jobsteueranweisungen (Katalogisierte Prozeduren) als auch für die Datenträgerzuordnung zu Dateien eingesetzt. Unter Katalogisierung
    wird die Registrierung von Daten und Programmen nach ihrer
    Identifikation oder ihrer Bezeichnung nach einem festgelegten
    Zuordnungssystem in einem Katalog verstanden. Die Katalogi-

sierung dient dem Auffinden von Daten, Programmen und Programmabläufen für die Durchführung eines Jobs.
Die automatische Katalogführung erfolgt durch das Betriebssystem.

- Archivierungsverfahren
Archivierungsverfahren dienen der Verwaltung der Datenträger.
Um den Aufwand manuell geführter Dateien zu vermeiden und um den Grad der Datensicherheit zu erhöhen, werden automatische Archivierungsverfahren verwandt. Die Belegung von Datenträgern wird automatisch erfaßt. Über Verwaltungsprogramme lassen sich Auswertungen und Statistiken erstellen, die Art der Belegung, Freigabe u.ä. registrieren.

- Generation Data Group
Soll ein Datenbestand mit Hilfe von Bewegungen auf den neuesten Stand gebracht werden, dann muß die Verwendung des Katalogs sowohl für den alten als auch für den neuen Bestand ein "individueller" Name bekannt gegeben werden. Dies erfordert seinerseits die Abänderung der Jobsteueranweisungen vor jedem neuen Lauf. Mit Hilfe der Einrichtung "Generation Data Group" können derartige Fälle über den Katalog einfach gehandhabt werden. Statt individueller Namen für jeden Lauf, werden nun alter und neuer Bestand über einheitliche Namen angesprochen, so daß immer dieselben Jobsteueranweisungen verwendet werden können. Gleichzeitig steht eine vorher individuell festgelegte Anzahl von Eintragsmöglichkeiten ("Generationen") über den Katalog zur Verfügung.

- Restartverfahren
Restartverfahren sichern den Wiederanlauf von Jobs nach unvorhergesehenen Abbruch, wie z.B. Systemausfall. Dabei sind detaillierte Informationen erforderlich, die Auskunft geben über den jeweiligen Bearbeitungszustand des Jobs unmittelbar nach Abbruch. Danach muß entschieden werden, an welcher Stelle des Jobablaufs wieder aufgesetzt werden muß. Es gibt nun - abhängig vom jeweiligen Betriebssystem - automatische Restartverfahren. Dabei werden alle möglichen Abbruchsituationen vorgedacht und die entsprechenden Entscheidungen in den Jobsteueranweisungen vordefiniert. Auf diese Weise ist ein Wiederanlauf eines Jobs nach Abbruch ohne Eingriffe von außen möglich.

- Jobnetze

  Im Produktionsablauf von größeren Anwendungen bestehen
  zwischen den einzelnen Anwendungsteilen Abhängigkeiten, z.B.
  muß bei einer Lohnabrechnung vor der Durchführung der Netto-
  berechnung erst die Berichtigung der Personalstammdatei statt-
  gefunden haben. Diese Abhängigkeiten müssen aber nicht unbedingt nur linear sein. Es kann sich ein netzartiger Aufbau
  ergeben. Dann spricht man von Jobnetzen. Die Verarbeitung von
  Jobnetzen in einem EDV-System bedeutet einen erhöhten Informationsfluß. Der Operator muß vor dem Starten des Jobs 4
  wissen, ob Job 1, 2, 3 bereits erfolgreich durchgeführt worden
  sind. Da diese Arbeiten zeitlich versetzt stattfinden können,
  ist ein relativ großer Aufwand für die Informationsbeschaffung
  zu treiben. Abhängig von den eingesetzten Betriebssystemen ist
  es nun möglich, diese Jobabhängikeiten in den entsprechenden
  Jobsteueranweisungen vorzudefinieren. Damit übernimmt dann die
  EDV-Anlage die Steuerung des Jobablaufs und die Speicherung
  des Informationsflusses.
  Alle diese im Jobdesign aufgezeigten Verfahren laufen darauf
  hinaus, den Jobablauf einer Anwendung vorzudenken und durch
  Erstellen entsprechender Jobsteueranweisungen festzulegen.

- <u>Jobvorbereitung</u>
  Unter die Jobvorbereitung fallen die Tätigkeiten
    - Koordination der Datenanlieferung
    - Zusammenstellen der Jobs zur Durchführung (Parameter-
      berichtigung, Archivanforderungen usw.)
    - Übergabe der Jobs an die Systeme.

- <u>Jobnachbereitung</u>
  umfaßt
  o Vollzähligkeits- und Formalkontrolle der Arbeitsergebnisse
  o Versand der Auswertungen an die Fachabteilungen
  o Bereitstellen der Abrechnungsunterlagen
  o Kontrolle der Formularbestände.

Neben Hardware und Software bestimmt die Qualität der Arbeitsvorbereitung die Leistung eines Rechenzentrums. Die Kosten der
Arbeitsvorbereitung an den Gesamt-Jobkosten einer Anwendung
liegen heute in den IBM-Rechenzentren durchschnittlich bei ca.
25 %. Da gerade die Arbeitsvorbereitung in einem Rechenzentrum
personalintensiv ist, sind hier auch für die Zukunft weitere
Kostensteigerungen vorauszusehen.
Um dieser Entwicklung Einhalt zu gebieten, ist es notwendig,
die Arbeitsvorbereitung eines Rechenzentrums durch den Einsatz
technischer Hilfsmittel produktiver zu machen. Eines dieser
technischen Hilfsmittel kann in dem Einsatz von Timesharing-
Systemen in der Arbeitsvorbereitung gesehen werden.

3. <u>Auswahl der Aufgaben, die mittels Timesharing-Systemen
   abgewickelt werden können.</u>

Direkter Begriff zum Rechner und schnelle Verfügbarkeit von Ergebnis-
sen sind eindeutige Vorzüge eines Timesharing-Systems gegenüber der
Stapelverarbeitung.
Für viele Arbeiten der Arbeitsvorbereitung steht mit einem geeigneten
Timesharing-System ein Werkzeug zur Verfügung, dessen Einsatzmöglich-
keiten mit den folgenden Schwerpunkten beschrieben werden:

>   Installation von Jobs
>
>   Jobvorbereitung
>
>   Verfolgung des Jobdurchlaufs
>
>   Jobnachbereitung
>
>   Behandlung von Restarts
>
>   Bibliothekspflege
>
>   Datensicherung
>
>   Dokumentation

Dabei muß nun das Timesharing-System über gewisse Voraussetzungen verfügen, um für oben beschriebene Aufgaben eingesetzt werden zu können:

- Da die Jobsteuerung über das Betriebssystem durchgeführt wird, muß
  das Timesharing-System das Betriebssystem dialogfähig machen, d.h.
  zum Beispiel die gleichen Spracheelemente benutzen, eine kompatib-
  le Dateiorganisation haben und anderes mehr.

- Es muß über eine geeignete Terminalunterstützung verfügen, u.z.
  Bildschirm und schreibendes Terminal als Hardcopy.
- Es muß das Ausüben gewisser Operatingfunktionen erlauben, z.B.

  Jobs starten

  Jobstatus abfragen

  Prioritätsänderungen vornehmen

  Zuordnung der Jobausgabe auf Ausgabeeinheiten
  (Umleiten)

  usw.

Wenn diese Möglichkeiten gegeben sind, kann die konventionelle Loch-
arbeit des Arbeitsvorbereiters durch Dateneingabe über Terminal ersetzt werden. Bildschirme und Schreibmaschinenterminals ermöglichen
eine mehrzeilige und damit übersichtlichere Darstellung der Daten. Die
gesamten Arbeitsunterlagen des Arbeitsvorbereiters werden in entsprechenden Bibliotheken des EDV-Systems geführt und können entsprechend den jeweiligen Gegebenheiten direkt über das Timesharing-System
verändert werden.

Durch dieses direkte Zusammenwirken von Arbeitsvorbereiter und EDV-
System entfällt auch die bisher notwendige Kommunikation zwischen Ar-
beitsvorbereitung und Maschinensaal. Dem Arbeitsvorbereiter sind alle
Systemresourcen direkt verfügbar.
Im weiteren soll der eben global beschriebene Sachverhalt durch einige
Anwendungsbeispiele näher erläutert werden. Als Beispiele seien heraus-
gegriffen:

  - Dispositions- und Auftragsablaufsteuerung
  - Jobdurchführung und Änderung der Jobsteueranweisungen

4. Anwendungsbeispiele

4.1. Disposition und Auftragsablaufsteuerung

Anders als in der Fertigungssteuerung eines Industriebetriebes bestimmt
in einem Rechenzentrum der Computer selbst die Arbeitsreihenfolge der
einzelnen Jobs. Im Multiprogrammierungsbetrieb gibt es vordefinierte
Steuerungsmechanismen (Scheduling), die dem Computer als Entscheidungs-
basis dienen. Diese Steuerungsmechanismen haben in erster Linie die
Zielsetzung, die Leistung (Performance) eines Systems zu steigern.

Aus diesem Grunde gibt es in einem Rechenzentrum keine Feinplanung für
Disposition und Ablaufsteuerung. Dennoch muß auch in einem Rechenzentrum bestimmbar sein, wann eine bestimmte Arbeit durchgeführt werden
soll. Dies ist Aufgabe der Grobplanung.

Ist die Bearbeitungsfolge von Jobs in einem Computer nicht unmittelbar
vorplanbar, so muß jedoch die Bearbeitungsfolge für die einzelnen Abteilungen des Rechenzentrums, die ein Job durchläuft, planbar sein.
Dies ist Aufgabe der Ablaufsteuerung.

Zur Bearbeitung dieser beiden Aufgaben kann man ein Timesharing-System
einsetzen.

Das Verfahren der IBM-Rechenzentren soll an den Bildern 1 - 9 dargestellt werden.

Zunächst einmal müssen wir zwischen Testarbeiten wie Programmtests usw.
und wiederkehrenden Produktionsarbeiten unterscheiden. Der Testservice
wird pauschal als eine Verminderung der Gesamtkapazität geplant, und
nicht die einzelnen Test-Jobs; ebenso werden Online-Systeme pauschal
als Kapazitätsminderung angesehen.

Bei wiederkehrenden Produktionsarbeiten (Bild 1) wendet sich der Benutzer mit seinen Anforderungen an den Disponenten. Dieser kommuniziert über ein Terminal mit der Dispositionsdatei und plant, verändert,
löscht Aufträge. Bei fester Einplanung eines Auftrages erhält der Benutzer eine schriftliche Terminbestätigung. Anderseits fragt das System
nach Terminanforderungen, wenn Aufträge gespeichert sind, für die noch
keine Termine vorliegen.

Die Planung erfolgt für Planungselemente (Resourcen). Das sind Einsatz-
mittel, welche benötigt werden, um Arbeiten im Rahmen der EDV durchführen zu können; z.B. Hardwareeinheiten, wie Systeme, Band/Platten-
einheiten, Bildschirme oder Softwarekomponenten wie Betriebssysteme
oder Initiator. Der Planungszeitraum liegt bei 12 Monaten. Die Dispositionsdatei kommuniziert nicht nur mit dem Disponenten (Bild 2), sondern
es sind auch die anderen Abteilungen eines Rechenzentrums über
Terminal angeschlossen:

Datenaufbereitung: Im allgemeinen die erste Bearbeitungsstufe eines
Auftrags. Sie erhält eine Übersicht über die von ihr zu bearbeitenden
Aufträge. Dabei erfolgt gleichzeitig eine Spezifizierung, was zu tun
ist, wielange Zeit für die Bearbeitung etwa aufgewandt werden und wann
die Arbeit fertiggestellt sein muß.

Arbeitsvorbereitung: Auch hier erfolgt eine Anzeige der von dieser Abteilung durchzuführenden Aufträge, ebenfalls der aufzuwendenden Bearbeitungszeit sowie eines Weitergabetermins an den Maschinensaal.
Schichtleitung im Maschinensaal: Erhält einen Überblick über die Arbeit
der Systeme (WORKLOAD).
Es soll nun näher erläutert werden, wie dieses Verfahren arbeitet:

- Anlegen eines Auftrags:
  Der Disponent am Bildschirm benötigt nur geringe Kenntnisse über das
  eingesetzte Timesharing-System, da ihm über entsprechende Programme
  Hilfestellungen zur Dateneingabe gegeben werden. Beim Anlegen eines
  Auftrags (Bild 3) sind zunächst die Elemente Auftrags-Nr. und Be-
  nutzeridentifikation einzugeben. Danach erfolgt die Jobidentifika-
  tion und die Angabe der entsprechenden Zeitwerte. Als weiteres
  wichtiges Element wird die Konfigurationsinformation benötigt, die die
  Basis für die Einplanung darstellt. Hierbei müssen Hard- u. Software spezifiziert werden. Beim Anlegen des Auftrags erfolgt der Aufbau einer Auftragsstammdatei für die Disposition.

- In einem weiteren Schritt erfolgt nun die Termineinplanung (Bild 4).
  Unter dem Begriff "Funktion" können die einzelnen Funktionen des
  Dispositionsprogramms angesprochen werden, wie Einzeltermine, Um-
  planung, Stamminformationsänderung, Terminübersichten usw.. Über die
  Funktion "Einzeltermine" erfolgt die Eingabe von Beginn- und End-
  terminen und über die Funktion "Planen" der Einplanvorgang als
  solcher.

- Mit der Funktion "Umplanen" (Bild 5) können Termine geändert oder
  gelöscht werden.
  Dabei müssen zunächst die "Daten alt" eingegeben werden, danach
  die "Daten neu"; beim Löschen werden für die "Daten neu" keine Werte
  eingegeben.

- Die einzelnen an dieses System angeschlossenen Abteilungen erhalten
  über die Funktion "Terminübersichten" die eingangs erwähnten Berichte auf Bildschirm oder auch geschrieben als Hardcopy. Die
  Dispositionsübersicht (Bild 6) ist dabei nach dem Begriff "System"
  geordnet. Bei Systemausfall kann damit leicht überblickt werden,
  welche Arbeiten verzögert und welche Umdisposition veranlaßt werden

müssen. Bild 7 und 8 sind Beispiele für die Terminübersicht Arbeitsvorbereitung und Maschinensaal.
Bild 9 stellt eine Kapazitätsübersicht dar. Hier wird pro System die
bisher durch Aufträge verplante Zeit dargestellt. Diese globale
Übersicht dient dem Disponenten und dem Management als Anhaltspunkt
für die Auslastung des Rechenzentrums.

Das dargestellte Verfahren zeigt, daß Aufgaben der Arbeitsvorbereitung
mit Timesharing-Systemen einfach und sicher gehandhabt werden können.
Es erfolgt eine Zentralisierung des Informationsflusses bei der gleich-
zeitigen Möglichkeit, allen am Auftragsablauf Beteiligten die erforderlichen Informationen online verfügbar zu machen.
Die benötigten Resourcen liegen einmal im Betrieb des Timesharing-
Systems, ca. 160 K virtuellen Hauptspeicher für die Dispositonspro-
gramme und einer entsprechenden Ausrüstung der Arbeitsplätze mit
Terminals.

4.2. Jobdurchführung und Änderung der Jobsteueranweisungen

Als weiteres Beispiel soll die Durchführung eines Jobs und das Ver-
ändern von Jobsteueranweisungen angeführt werden.
In dem Beispiel (Bild 10) gehen wir davon aus, daß die Anwendung
"Tarifänderung" in 4 Jobs aufgeteilt ist und ein 5. Job die gesamte
Druckausgabe beinhaltet. Programme, Daten und Jobsteueranweisungen
sind in entsprechenden Bibliotheken gespeichert.
Vor der Durchführung der Arbeit sollen nun einmal Parameter der Job-
steueranweisungen, zum anderen der Prozentsatz und das Datum der
Tariferhöhung geändert werden.
In den konventionellen Verfahren läuft dieser Vorgang wie folgt ab
(Bild 11):

- Aus den Jobeingabekarten wird die Vorlaufkarte entnommen.
- Es wird eine neue Karte abgelocht.
- Die neue Karte wird in die Jobeingabe eingefügt.
- Die einzelnen Teile der Jobeingabe werden zusammengestellt.
- Die gesamte Anwendung wird an den Maschinensaal übergeben.
- Ein Operator veranlaßt das Einlesen in den Computer.

Erst jetzt steht die Anwendung in der Jobwarteschlange des Systems
und kann verarbeitet werden.

Der gleiche Vorgang kann nun wie folgt über ein Timesharing-System abgewickelt werden. Es seien im folgenden die einzelnen Arbeitsschritte
am Bildschirm beschrieben.

Bild 12:
Zunächst einmal muß sich der Benutzer dem System gegenüber identifi-
zieren. Dies geschieht mit "LOGON", "AV" ist die Benutzeridentifika-
tion und "P12345" das Passwort. Nun folgen einige Systemnachrichten.
Der Benutzer gibt dann die Funktion "EDIT" an. Mit dieser Funktion
wird eine Datei angelegt oder modifiziert. Der nun folgende Dateiname läßt auf eine Datei zugreifen, die die Jobsteueranweisungen für
die Anwendung "Tarifänderung" enthält. Mit der Funktion "FIND" 'VLK'"
wird nun der Satz beginnend mit 'VLK', also die Vorlaufkarte, gesucht
und unter der Satznr. 200 gefunden. Mit der Funktion "CHANGE" werden
die Daten dieser Vorlaufkarte wie % der Tariferhöhung und Gültig-
keitsdatum verändert. Mit dem Befehl "SAVE" wird nunmehr die Datei
in die Bibliothek zurückgeschrieben. Mit "END" wird das Ende dieser
Aktion angegeben und das System meldet sich mit "READY" für weitere
Arbeiten.

Bild 13:
Ebenso wie die Vorlaufkarte kann man nun auch die Jobsteueranweisungen
selbst verändern. Über den Befehl "EDIT" und den Namen der entsprechenden Bibliothek erhält man Zugriff zu den Daten, die verändert werden
sollen. Mit "CHANGE 1 9999 'CYL, 50' 'CYL, 70' ALL" verändert man in
allen Datensätzen von 1 bis 9999 die Zylinderanzahl 50 durch Zylin-
derzahl 70, d.h. man erweitert die externen Speicherbereiche. Dies
kann z.B. notwendig sein, um Sortierbereiche entsprechend zu ver-
größern. Mit "SAVE" schreibt man die veränderte Datei wieder zurück.

Bild 14:

Nach diesen Änderungen sollen die Jobs durchgeführt werden; dazu müssen
sie in die Jobwarteschlange des Systems eingestellt werden. Mit der
Funktion "EXEC" ruft man eine Prozedur mit vorgefertigten Anweisungen
des Timesharing-Systems auf. Diese enthält nun die Befehle "SUBMIT"
und die Angaben der Bibliothek, in der sich die weiteren Anweisungen
für die durchzuführenden Jobs befinden. Das System meldet nun jeweils
zurück, wenn es einen Job an die Jobwarteschlange des Betriebssystems
übergeben hat. Damit werden also die Arbeiten vom Arbeitsvorbereiter
und nicht wie bei früheren Verfahren vom Operator des Maschinensaals
gestartet.
Mit der Abfrage "STATUS" kann nun angezeigt werden, in welchem Bearbeitungszustand der Job ist. RI (C) bedeutet READER/INTERPRETER COM-
PLETED, d.h. die Einlesephase ist beendet, MA (A) bedeutet MAIN ACTIV,
d.h. die Verarbeitung ist gerade aktiv usw.. Auf diese Art kann man
schnell Informationen über den Jobstatus mittels eines Terminals erhalten.

Bild 15:

In den Jobanweisungen für die Anwendung "Tarifänderung" wurde festgelegt, daß eine Nachricht auf das Terminal gegeben wird, wenn die Ausgabedatei angelegt ist. Dies geschieht mit der Nachricht "DATA SET
CATALOGED ...". In dem Beispiel handelt es sich um die Ausgabedatei
"PROTOKOL". Mit dem Befehl "LIST Dateiname" kann man nun den Inhalt
dieser Datei am Terminal anzeigen lassen. In dem Beispiel enthält die
Datei nur den Satz: "ABSTIMMUNG FEHLERFREI". Damit weiß der Arbeitsvorbereiter nun, daß die Arbeit "Tarifänderung" korrekt durchgeführt
worden ist. Mit "SUBMIT DRUCK" startet er nun die Druckausgabe. Mit
"LOGOFF" beendet der Benutzer die Terminalsitzung.
Im Gegensatz zur konventionellen Lösung benötigt der Arbeitsvorbereiter für das hier gezeigte Beispiel wesentlich weniger Arbeitszeit.

5. Produktivitätsbetrachtung und Ausblick

Ein sehr wesentliches Ziel für den Einsatz von Timesharing-Systemen in
der Arbeitsvorbereitung eines Rechenzentrums ist die Steigerung der
Produktivität.

Die Definition von Produktivitätskennzahlen bereitet dabei gewisse
Schwierigkeiten, da eine Reihe von Kennzahlen das Rechenzentrum als
Ganzes umschließt und somit auch Ausdruck für andere gleichzeitig er-
griffene produktivitätssteigernde Maßnahmen beinhalten. Dennoch sollen
sie als erster Anhaltspunkt dienen.
Eine solche Kennzahl ist

$$\frac{\text{Leistung eines Rechenzentrums}}{\text{Mitarbeiter der Arbeitsvorbereitung}}$$

als Maßstab für die Personalproduktivität. Die Entwicklung dieser
Kennzahl (siehe Graphik) in den IBM-Rechenzentren zeigt mit dem Einsatz von Timesharing-Systemen in der Arbeitsvorbereitung eine Steigerung von 96 %.
Ein weiteres Maß für die Arbeitsleistung der Arbeitsvorbereitung ist
die Anzahl der von ihr betreuten, durchgeführten und installierten
Jobs. Die Kennzahl lautet damit

$$\frac{\text{Anzahl durchgeführter Jobs}}{\text{Mitarbeiter der Arbeitsvorbereitung}}.$$

Diese Kennzahl zeigt mit Einführung von Timesharing-Systemen in der
Arbeitsvorbereitung eine Steigerung von 87 %. Damit erscheint erwiesen zu sein, daß der Einsatz von Timesharing-Systemen einen Beitrag zur Rationalisierung in einem Rechenzentrum leistet. Es darf dabei allderdings nicht übersehen werden, daß z.Zt. dieser Einsatz nur
in größeren Rechenzentren möglich ist und insbesondere in Anbetracht
der notwendigen Hard- und Sofwarevoraussetzungen meist nur dann wirtschaftlich betrieben wird, wenn das gleiche Timesharing-System auch
für andere Einsatzgebiete genutzt wird.
Dennoch kann man davon ausgehen, daß in Zukunft die Kommunikation
zwischen Datenverarbeitungssystem und Arbeitsvorbereitung weitgehend
über Timesharing-Systeme erfolgen wird. Diese Systeme machen die
Betriebssyteme dialogfähig. Damit werden Jobablauf, Resourcen einer
EDV-Anlage, usw. über Terminal steuerbar. Das EDV-System wird damit
immer mehr von äußeren, manuellen Eingriffen abgeschirmt, zumal auch
gleichzeitig die Bedienungsfunktionen (z.B. Band/Plattenrüsten usw.)
weitgehend automatisiert werden. Diese Maßnahmen bewirken gleichzeitig
eine Erhöhung des Sicherheitsgrades.
Mit dem Einsatz von Timesharing-Systemen ist damit ein weiterer
Schritt zur Automatisierung des Rechenzentrumsbetriebes getan.

DISPOSITION

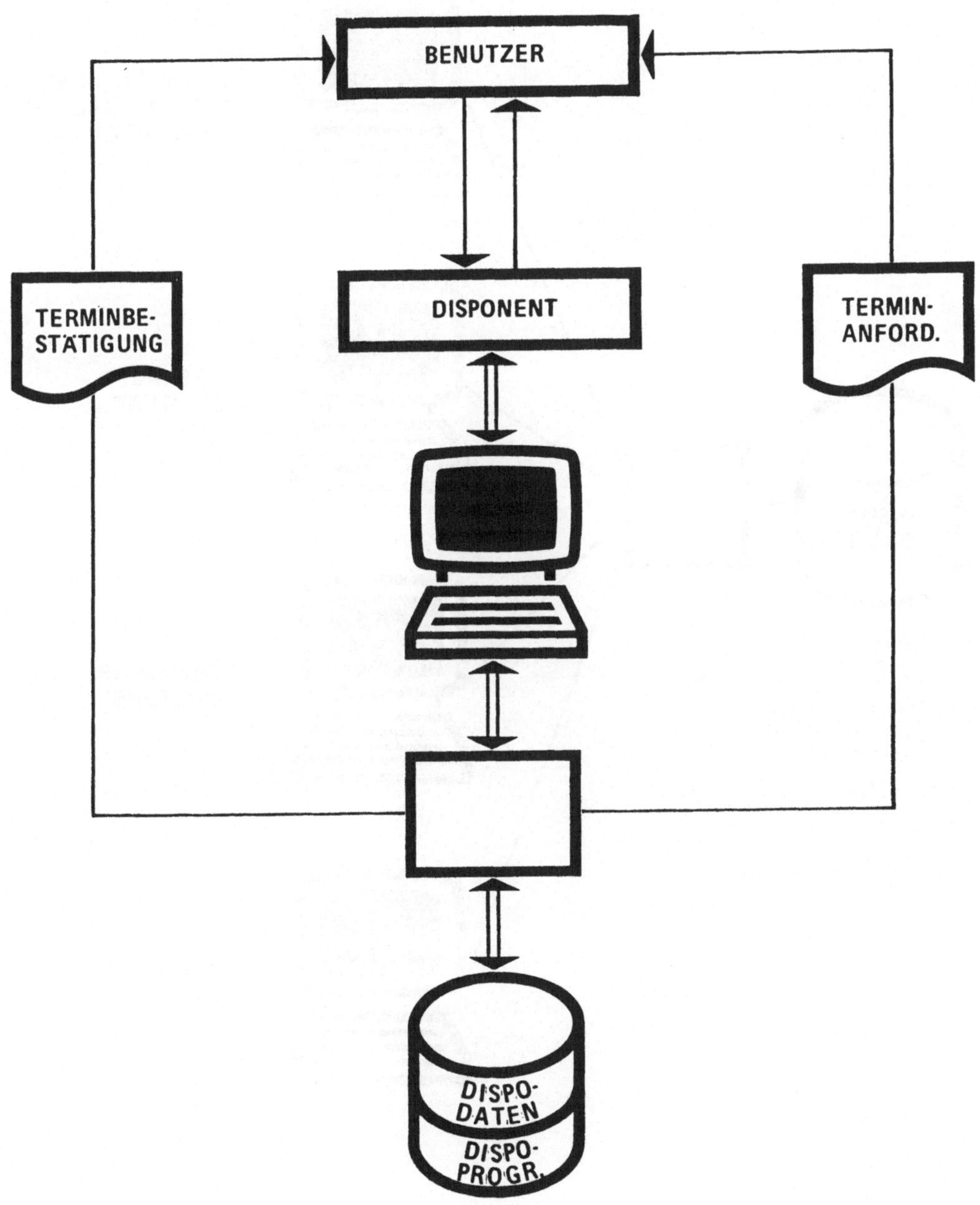

Bild 1

ABLAUFSTEUERUNG

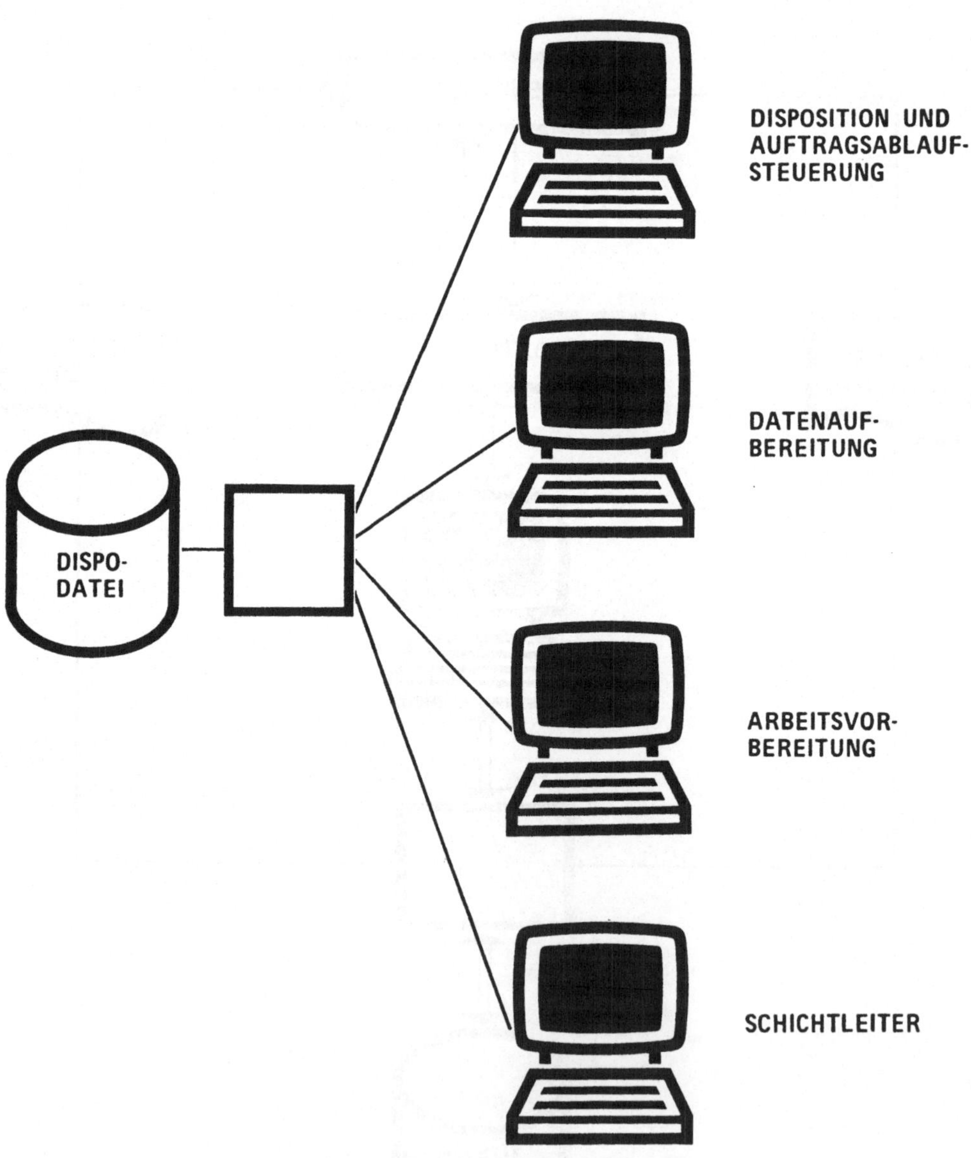

Bild 2

ANLEGEN EINES AUFTRAGS

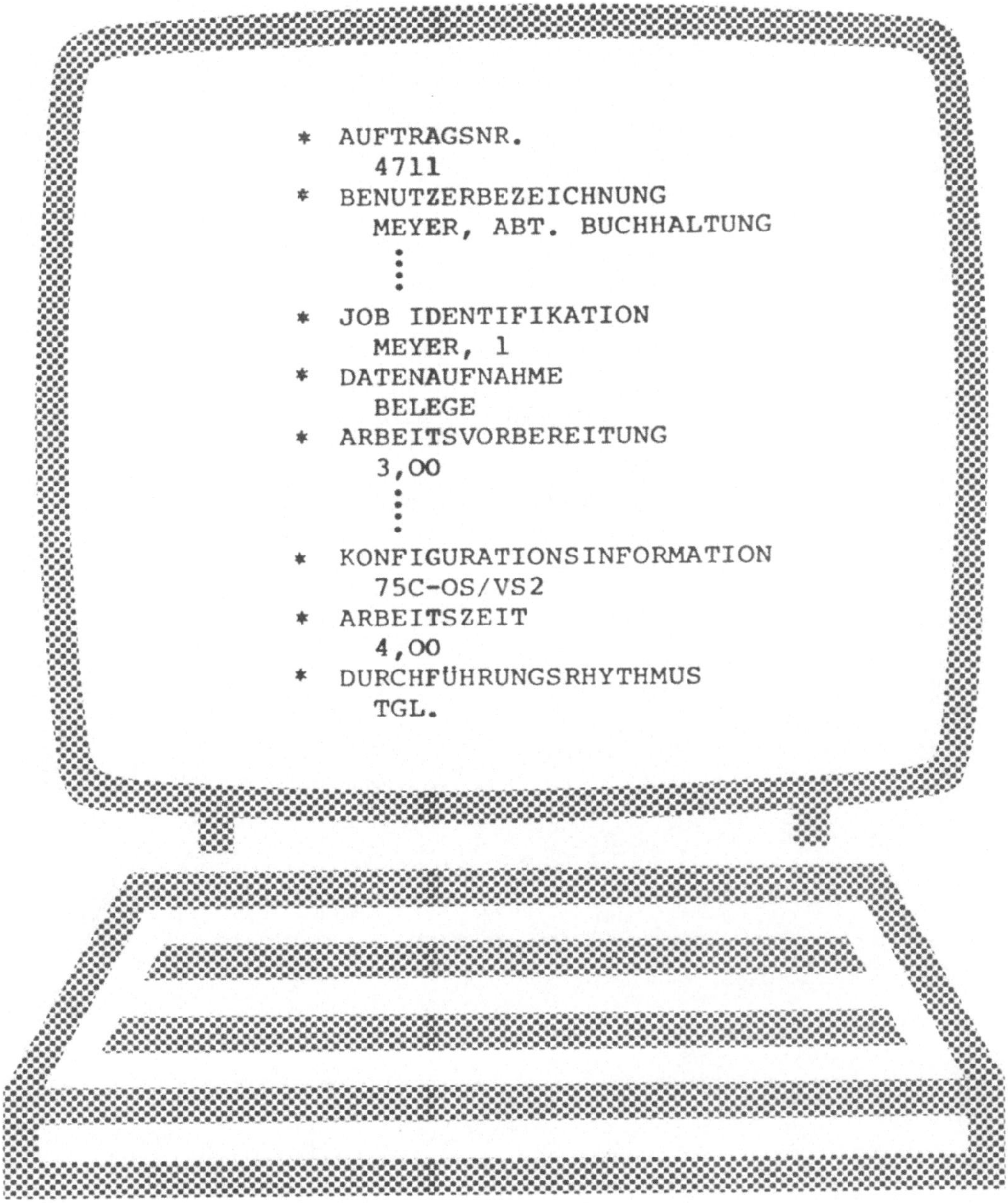

Bild 3

TERMINPLANUNG

Bild 4

ÄNDERN UND LÖSCHEN EINES TERMINS

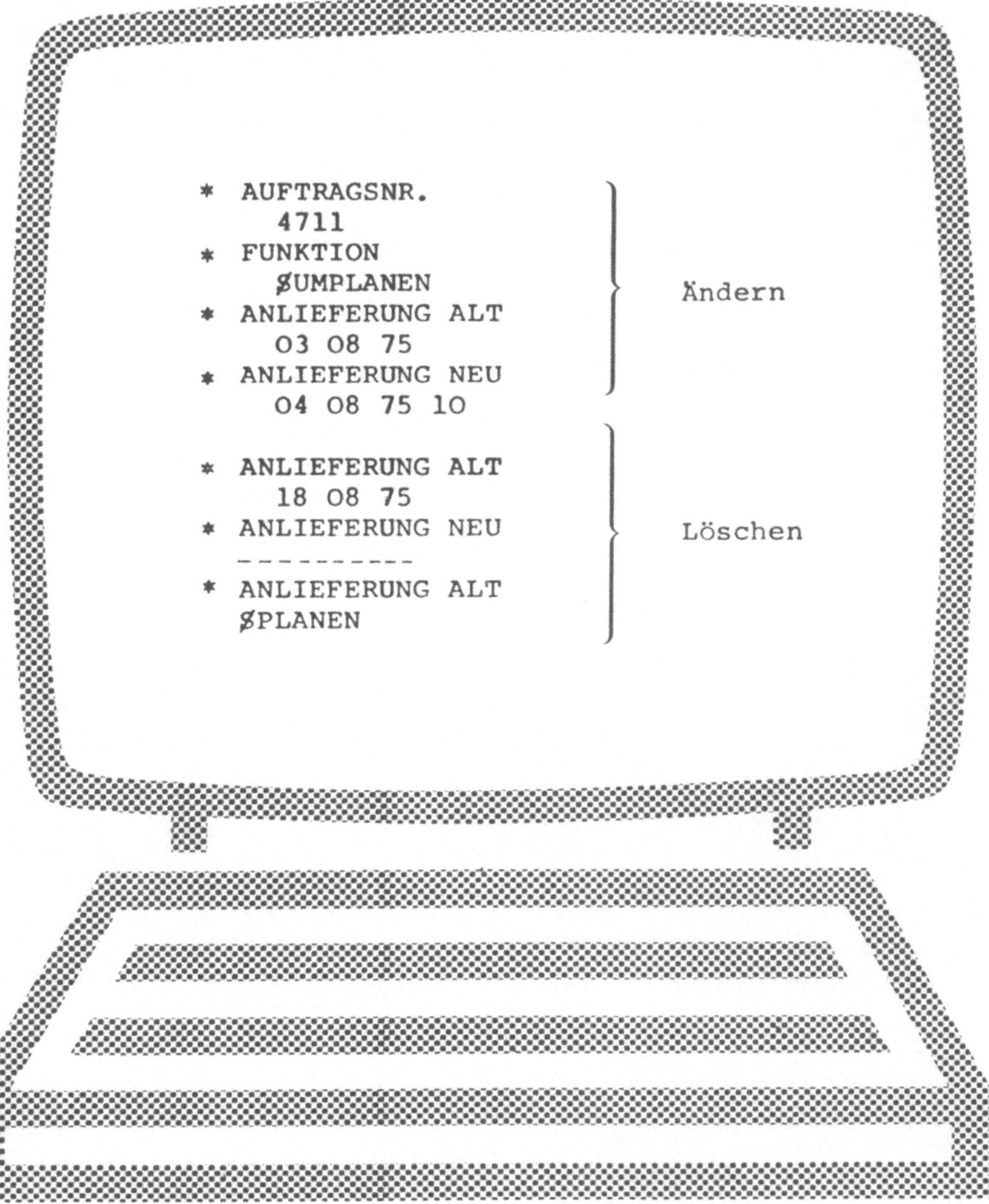

Bild 5

DISPOSITIONSÜBERSICHT

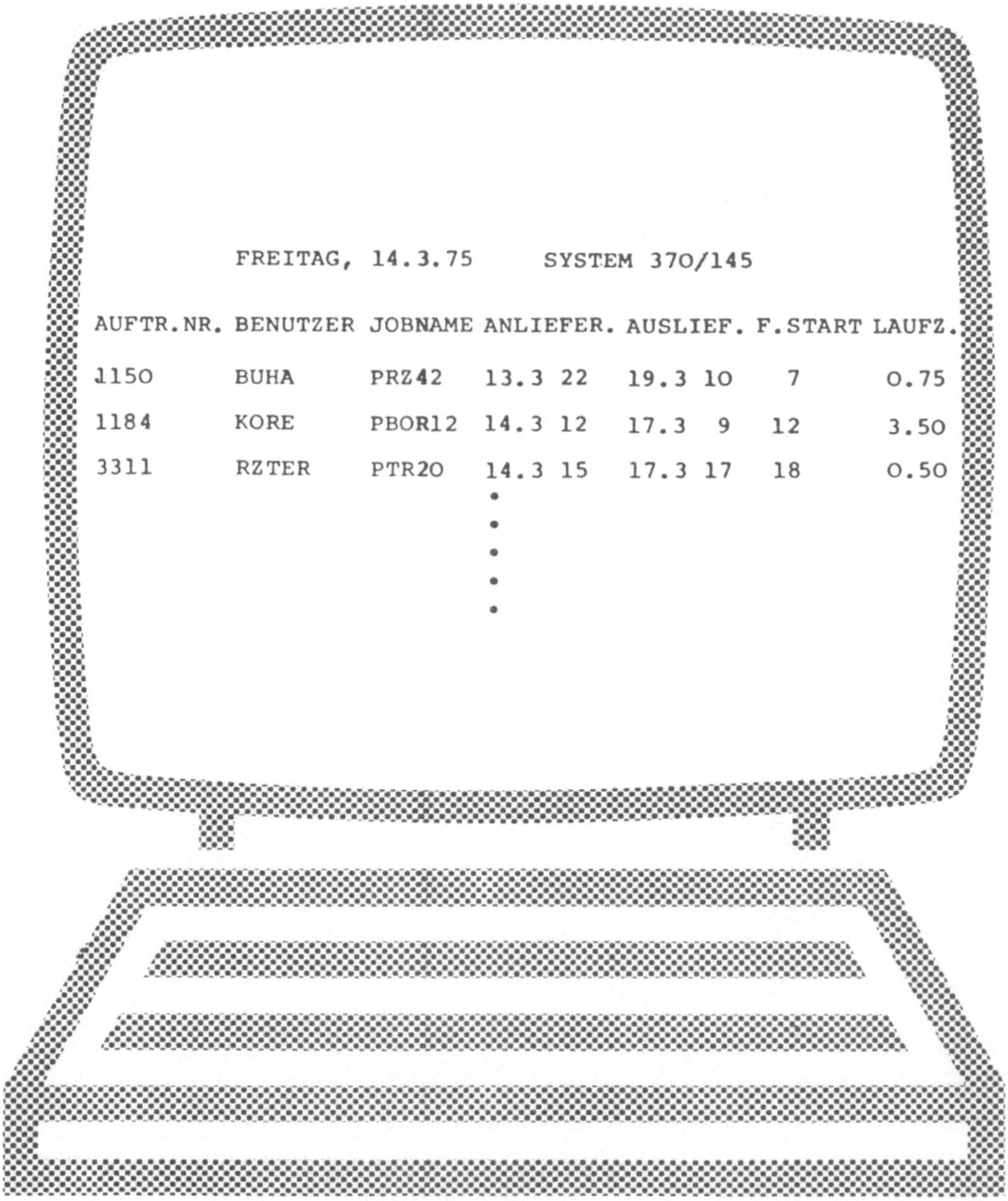

Bild 6

ARBEITSPLAN ARBEITSVORBEREITUNG

```
        TERMINPLAN NACH ANLIEF.   FREITAG, 14.3.75

AUFTR.NR.  BENUTZER ANW.      ANLIEF. AV-ZEIT   F-START

0001       FAHR     INSPEK    14.3  8   0.2        9
1310       GEH.ABR  BELEG     14.3 10   0.8       12
1063       RZ       ARCHIV    14.3 14   1.5       16
                                  .
                                  .
                                  .
                                  .
                                  .
```

Bild 7

SCHICHTPLAN

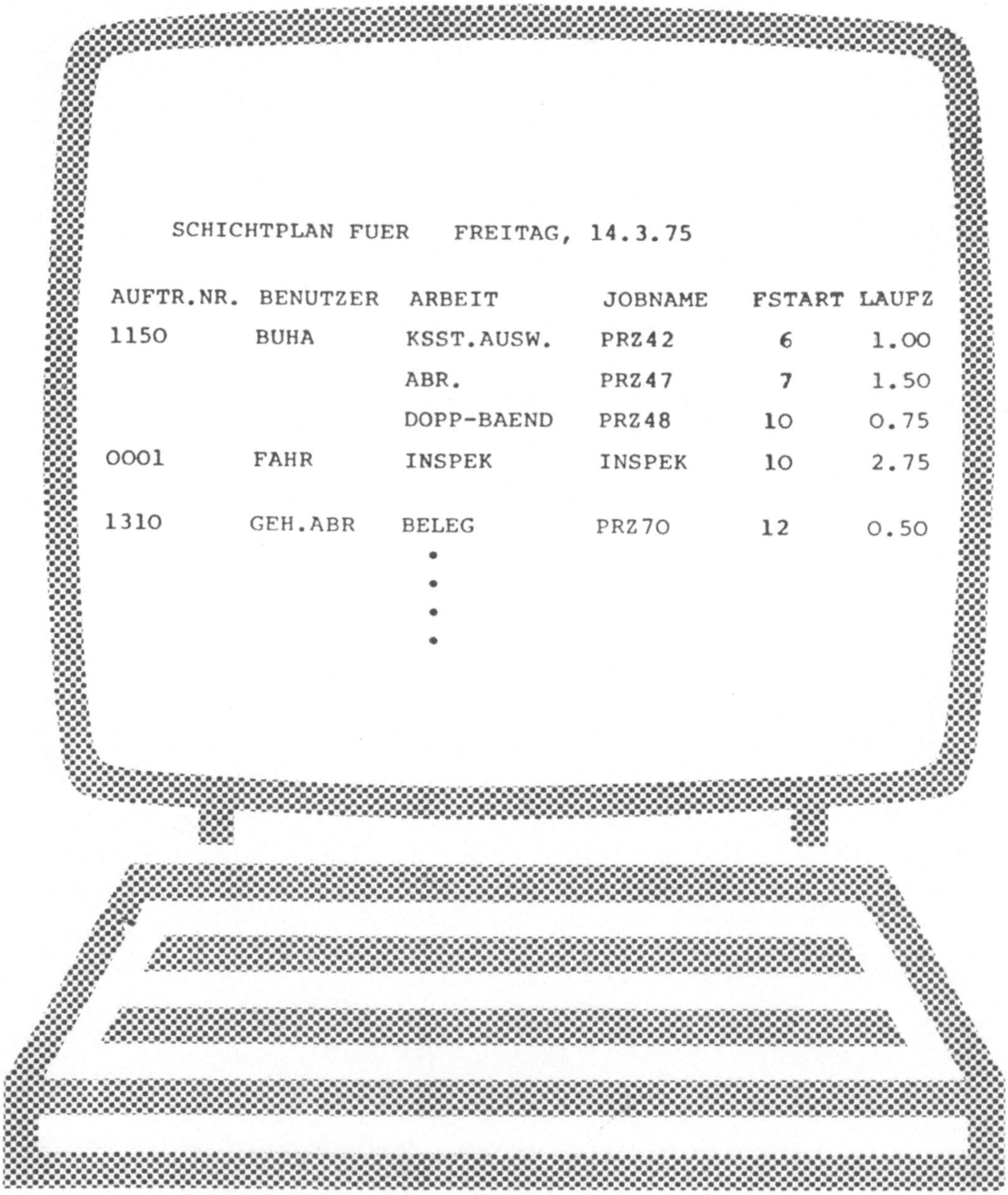

Bild 8

KAPAZITÄTSÜBERSICHT

BEISPIEL "JOBDURCHFÜHRUNG UND JOBCONTROL UPDATE"

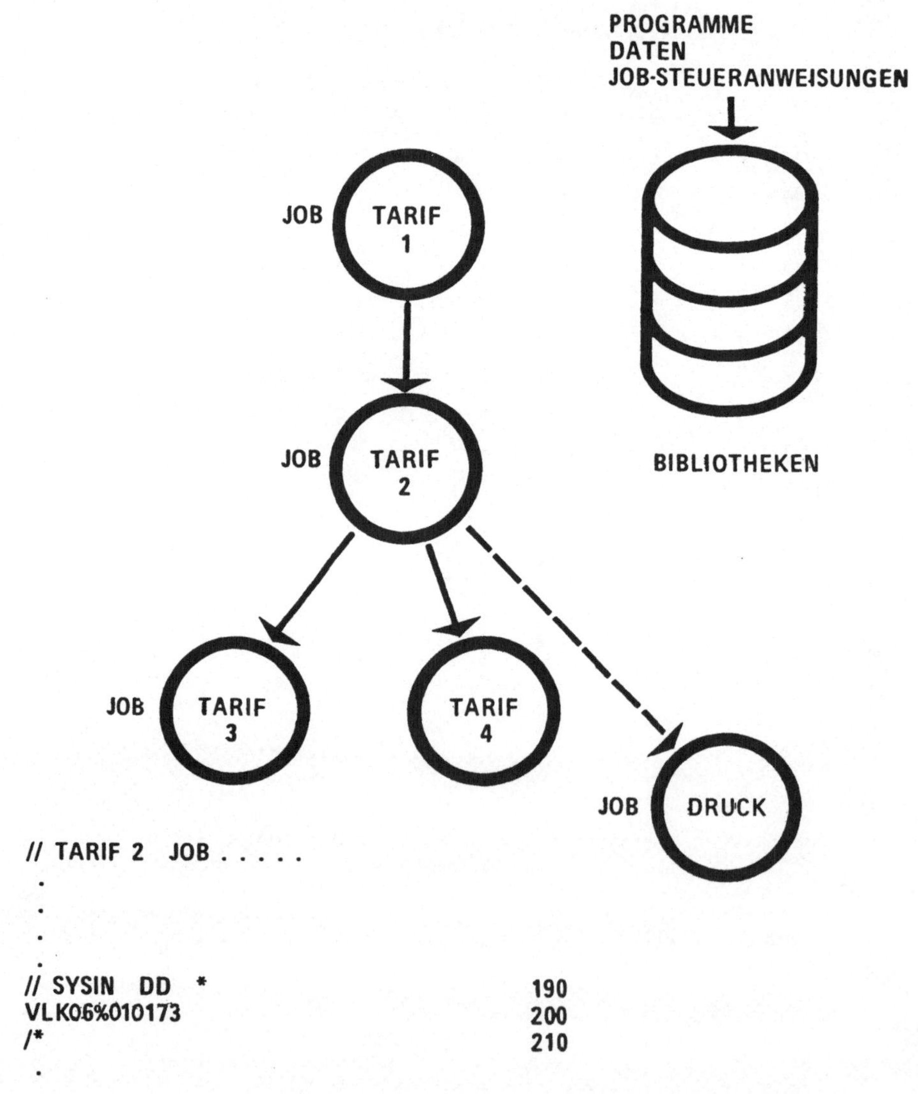

Bild 10

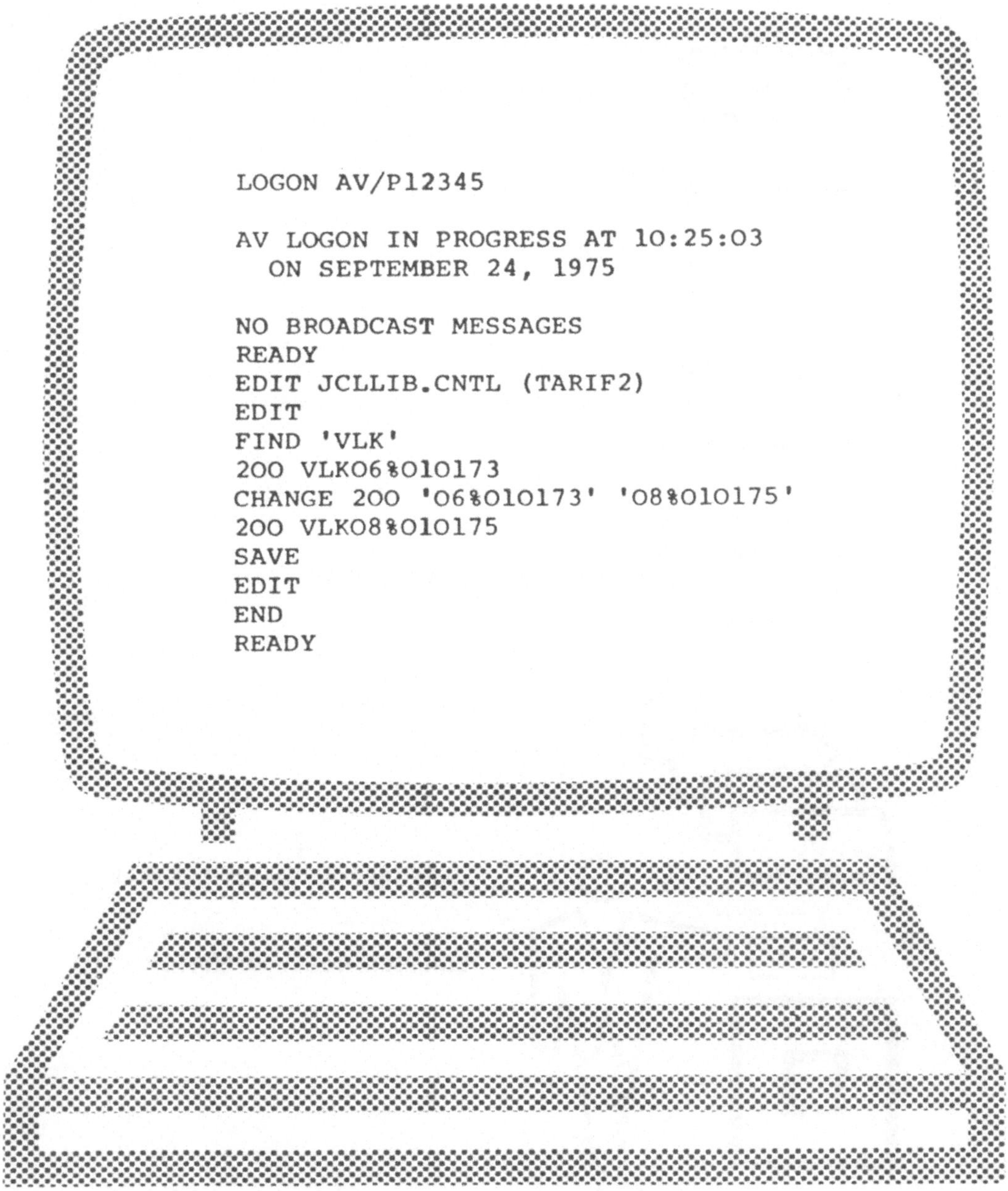
LOGON AV/P12345
AV LOGON IN PROGRESS AT 10:25:03
ON SEPTEMBER 24, 1975
NO BROADCAST MESSAGES
READY
EDIT JCLLIB.CNTL (TARIF2)
EDIT
FIND 'VLK'
200 VLK06%010173
CHANGE 200 '06%010173' '08%010175'
200 VLK08%010175
SAVE
EDIT
END
READY

Bild 12

Bild 11

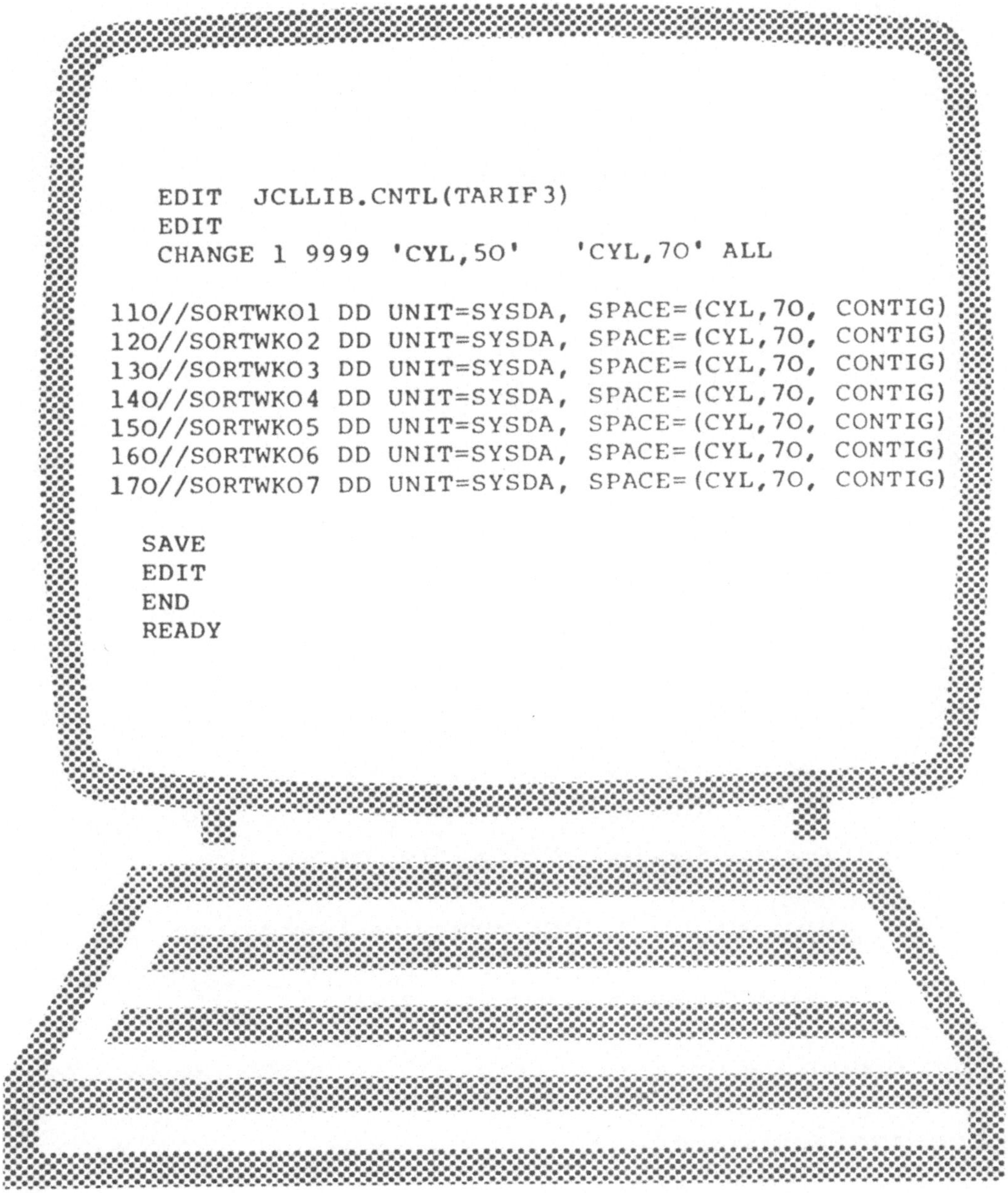

```
   EDIT   JCLLIB.CNTL(TARIF3)
   EDIT
   CHANGE 1 9999 'CYL,50'     'CYL,70' ALL

110//SORTWKO1 DD UNIT=SYSDA,  SPACE=(CYL,70, CONTIG)
120//SORTWKO2 DD UNIT=SYSDA,  SPACE=(CYL,70, CONTIG)
130//SORTWKO3 DD UNIT=SYSDA,  SPACE=(CYL,70, CONTIG)
140//SORTWKO4 DD UNIT=SYSDA,  SPACE=(CYL,70, CONTIG)
150//SORTWKO5 DD UNIT=SYSDA,  SPACE=(CYL,70, CONTIG)
160//SORTWKO6 DD UNIT=SYSDA,  SPACE=(CYL,70, CONTIG)
170//SORTWKO7 DD UNIT=SYSDA,  SPACE=(CYL,70, CONTIG)

   SAVE
   EDIT
   END
   READY
```

Bild 13

EXEC   TARIF.CLIST
  SUBMIT JCLLIB(TARIF1)

EXEC   TARIF.CLIST
  SUBMIT JCLLIB (TARIF1)
JOB TARIF 1 SUBMITTED
  SUBMIT JCLLIB (TARIF2)
JOB TARIF 2 SUBMITTED
  SUBMIT JCLLIB (TARIF3)
JOB TARIF 3
  .
  .
  .
READY

STATUS TARIF 2
JOB0707, TARIF2 ... R1(C), MA(A), ACDS, PR ...
READY

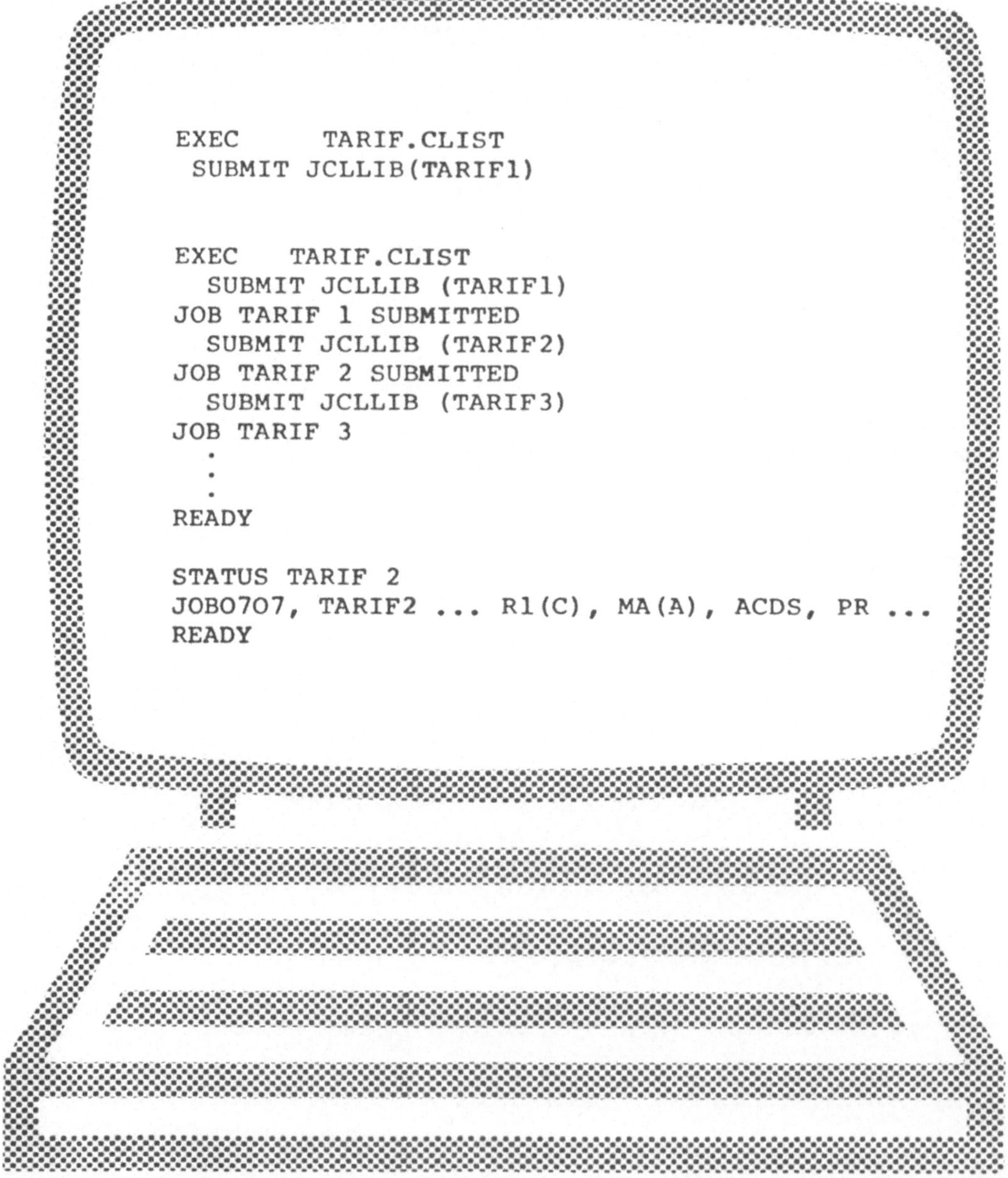

Bild 14

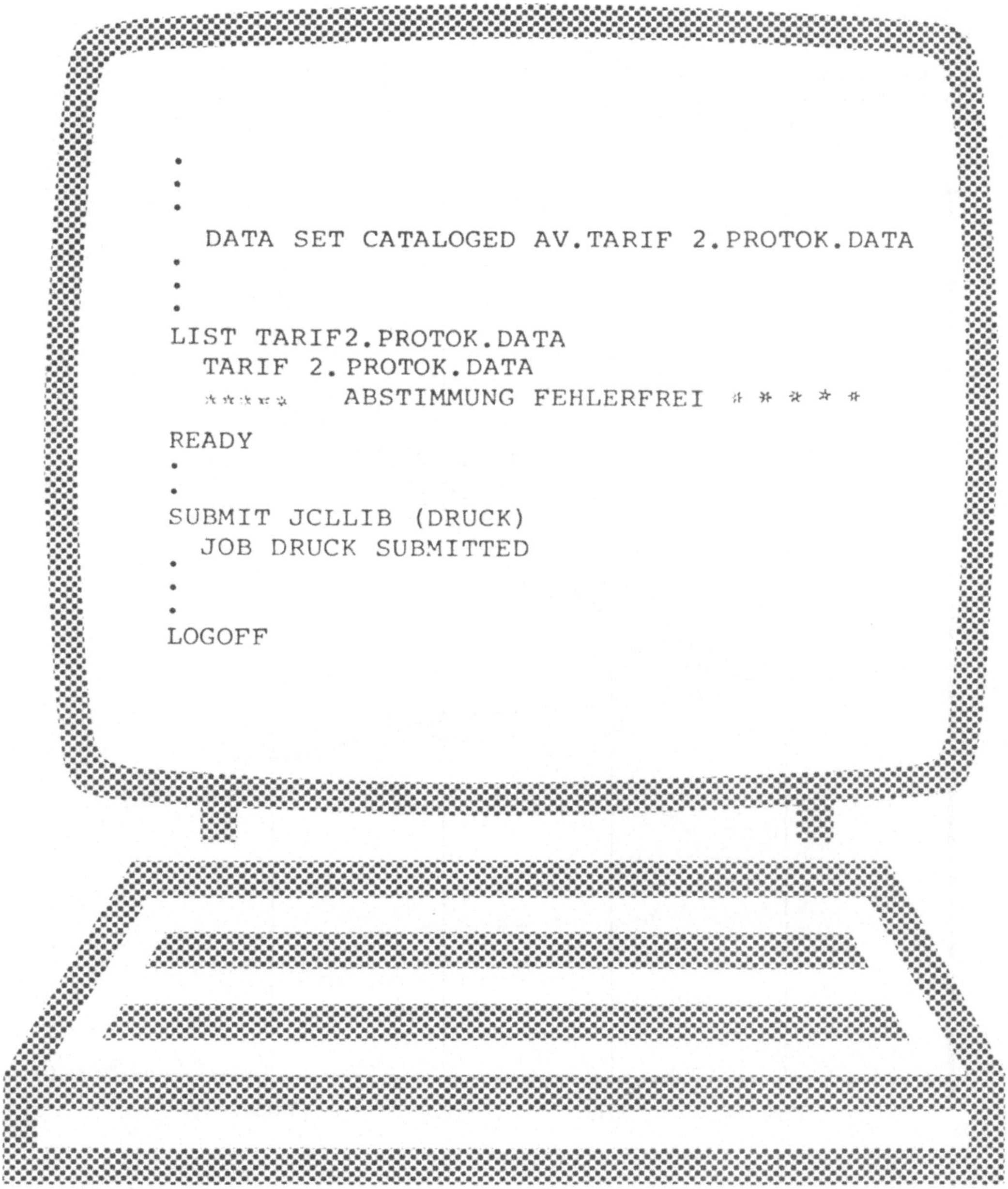

```
      .
      .
      .
      DATA SET CATALOGED AV.TARIF 2.PROTOK.DATA
      .
      .
      .
LIST TARIF2.PROTOK.DATA
   TARIF 2.PROTOK.DATA
   *****     ABSTIMMUNG FEHLERFREI *****
READY
   .
   .
SUBMIT JCLLIB (DRUCK)
   JOB DRUCK SUBMITTED
   .
   .
   .
LOGOFF
```

Bild 15

PRODUKTIVITÄTSZAHLEN

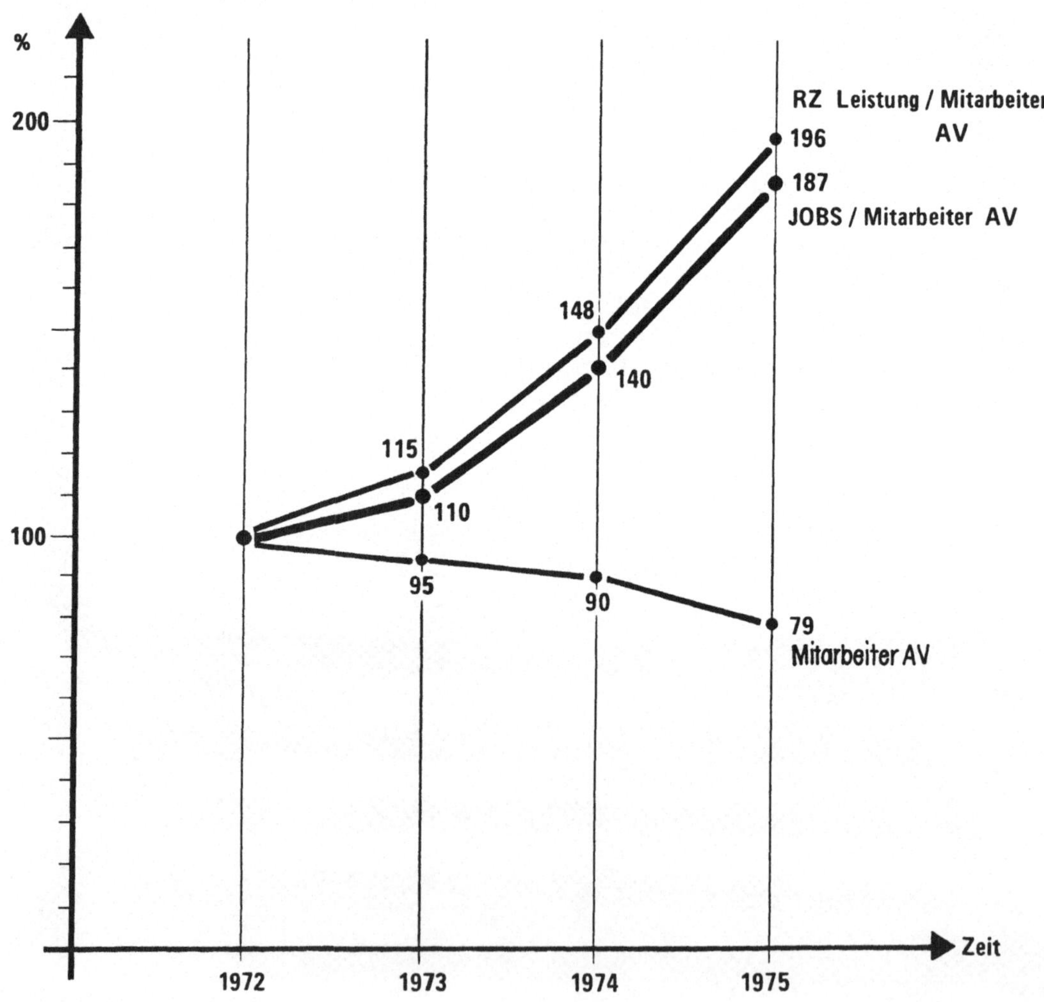

Bild 16

V. HALLER

Philips GmbH Forschungslaboratorium Hamburg, 2 Hamburg 54

Zusammenfassung

Aufgabenstellung und Rechnersysteme in einem Industrie-Forschungs-Rechenzentrum werden vorgestellt. Als firmenspezifische Besonderheiten werden die Telefonabfrageanlage und das Soft-Money Problem angesprochen. Es werden zwei Maßnahmen zur Umgehung des Soft-Money Problems beschrieben.

Aufgabe des Rechenzentrums ist die Bereitstellung von Rechnerkapazität und allgemeiner Software, sowie die Unterstützung der Benutzer, um den Computereinsatz zu erleichtern. Benutzer sind die Mitarbeiter des PFH im Rahmen ihrer Forschungsprojekte sowie in Sonderfällen Mitarbeiter anderer Hauptindustriegruppen des Philips-Konzerns. Das Rechenzentrum gliedert sich organisatorisch in zwei Bereiche; Computer-Service und Computer-Anwendungen. Die weitere Unterteilung in Aufgabenbereiche und deren Ausstattung mit Personal ist aus Abb. 1 ersichtlich.

Rechenzentrum			2
Service	12	Anwendungen	6
Operating	4	Beratung	
Betriebssoftware	4	Schulung	
techn. Wartung	1,5	Programmierunterstützung	
Ablauforganisation	2,5	Mathematik	
Hardwareinstallationen		Computer Graphics	2

Abb. 1: Organisation des Rechenzentrums

Das Rechenzentrum erfüllt seine Aufgaben mit Hilfe von 5 Rechnersystemen. Wir unterscheiden dabei zwischen den im Closedshop-Betrieb arbeitenden General Purpose Rechnern und den im Openshop-Betrieb arbeitenden Spezial-Rechensystemen. Die Tabelle Abb. 2 soll stichwortartig die Systeme charakterisieren.

Philips P1400	mittelgroßer General Purpose Rechner, (256k/2M Kernspeicher) Multiprogramming Dialogue System, 22 Terminals, Anwendung und Entwicklung von Software(paketen) als Forschungswerkzeug, (ab 1976 ein zweites P1400-System als Ersatz der EL X8)
Philips P880	Prozeßrechner mit Spezialperipherie Sytem I: Signalanalyse, graphische Interaktion System II: Bildverarbeitung (Röntgenbilder)
CONTROL DATA 1700	Prozeßrechner mit graphischer Spezialperipherie für stark interaktive Arbeitsweise System I: CDC 1714-274 Computer Aided Design for Layouts of Integrated Circuits System II: CDC 1784-274 Computer Aided Construction

Abb. 2: Rechnersysteme

Die Telefon-Abfrageanlage

Um sich über den Stand der Auftragsbearbeitung im Rechenzentrum zu
informieren, sollte der Benutzer nicht auf Telefongespräche mit
den Operateuren angewiesen sein bzw. auf den Gang zum Ein-Ausgabe-
bereich des Rechenzentrums. Wir haben im Labor eine Telefonabfrageanlage entworfen und installiert, die nutzlose Lauferei zu den Auftragsboxen überflüssig macht. Hierdurch ist es jederzeit möglich,
durch telefonischen Anruf zu erfahren, ob das Programm bereits fertig oder noch in Arbeit ist. Man braucht dazu nur die Nummer des
Rechenzentrums, gefolgt von der Boxnummer, in der das jeweilige Programm liegt, zu wählen und hört dann entweder das "Besetzt"-Zeichen
oder einen Dauerton.

"Besetzt"-Zeichen bedeutet "Programm in Arbeit"

"Dauerton"   bedeutet "Programm fertig".

Abb. 3 zeigt eine der Auftragsboxen mit der Anzeigelampe und der Boxnummer.

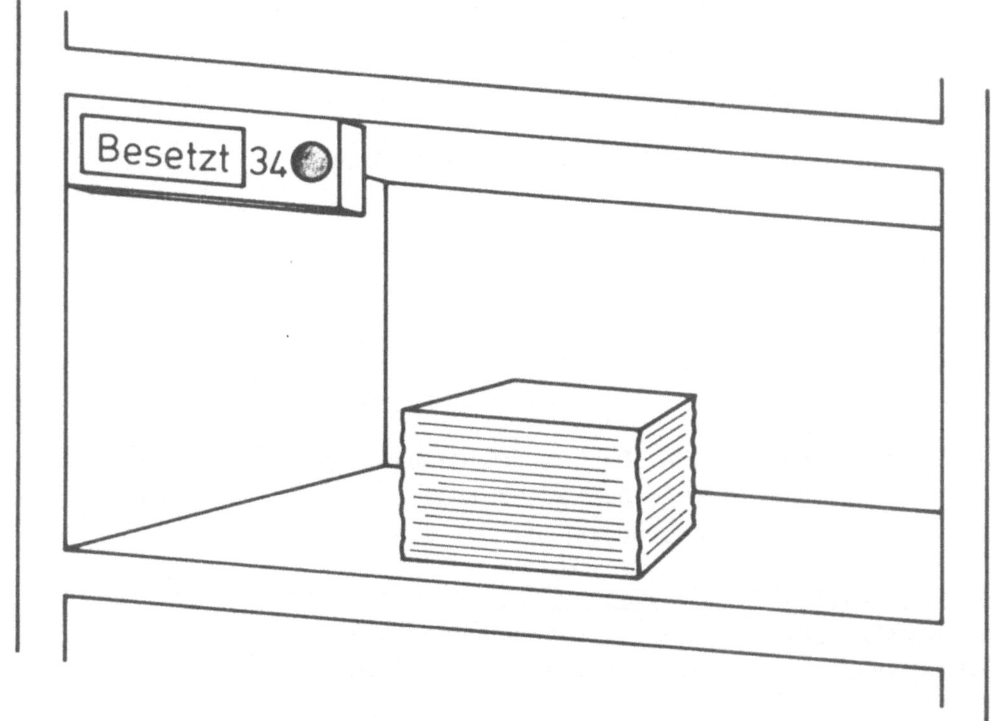

Abb. 3: Auftragsbox aus Benutzersicht

Zur Bedienung der Boxen mit Telefonanschluß ist es notwendig, beim
Abgeben des Programmauftrages die zur Box gehörige "Besetzt"-Lampe
durch den daneben angeordneten Taster zum Leuchten zu bringen. Wenn
die Box belegt ist, bzw. wenn die "Besetzt"-Lampe leuchtet, ist sie
für andere Programme gesperrt.

Das Soft-Money-Problem

Die Abb. 4 zeigt Steuerungs- und Abrechnungssysteme, wie sie in
Rechenzentren üblich sind. Ich gehe davon aus, daß Steuerungs- und Ab-
rechnungsaspekte eng miteinander verkoppelt sind und nicht unabhängig voneinander betrachtet werden dürfen. Die Hard-Money-Systeme sind
dadurch gekennzeichnet, daß die RZ-Leistungen mit hartem Geld bezahlt
werden müssen. Bei Soft-Money-Systemen wird mit sogenanntem "Soft-
money" bezahlt. Bei den Steuerungssystemen spielt der Abrechnungsaspekt

1. Hard-Money-Systeme

   1.1 Marktorientierte Systeme

   1.2 <u>Kostendeckungssysteme</u>

   1.3 <u>Betriebsmittelorientierte Systeme</u>

2. Soft-Money-Systeme

   2.1 Prioritätssysteme

   2.2 <u>Computer Time Budget-Systeme</u>

       usw.

3. Steuerungssysteme

   3.1 Ablaufplanungssysteme

   3.2 <u>Steuerung durch "Motivation"</u>

Abb. 4: Abrechnungs- und Steuerungssysteme in Rechenzentren

eine untergeordnete Rolle. Da ich voraussetzen kann, daß die meisten von Ihnen die aufgeführten Systeme zumindest ihrem Inhalt nach kennen, gehe ich nur auf die unterstrichenen ein.

Das <u>betriebsmittelorientierte System</u> ist durch eine differenzierte Preisstruktur gekennzeichnet, bei der die einzelnen Betriebsmittel und Serviceleistungen einzeln abgerechnet werden.

Wenn ich die freie Wahl hätte, würde ich das betriebsmittelorientierte System anwenden, weil es eine Steuerung des Betriebsablaufes gestattet und damit gleichzeitig, sozusagen automatisch und flexibel, für Kostendeckung sorgt. Da wir kein Geld verlangen können, können wir es nicht anwenden. Bei uns im Labor muß administrativ und dem Konzern gegenüber nach einem Kostendeckungssystem gearbeitet werden.

Das <u>Kostendeckungssystem</u> ist dadurch charakterisiert, daß die Gesamtkosten des Betriebes ermittelt und daraus Pauschalpreise errechnet werden. Es verstärkt die Auslastungsschwankungen.

Intern im Labor verwenden wir für den Abrechnungsaspekt ein <u>Computer Zeit Budget-System</u> und für den Steuerungsaspekt ein System, das ich in Ermangelung des treffenden Namens <u>"Steuerung durch Motivation"</u> nennen will.

Computer Zeit Budget-Systeme erkennt man daran, daß Budgets in Form von Computerzeit vergeben werden. Die Benutzer können dann im Rahmen dieser Budgets die Rechner benutzen.

Die Steuerung durch "Motivation" ist gekennzeichnet durch das Fehlen
einer Auftragsvorbereitung und durch einen engen direkten Kontakt
zwischen dem RZ und den Benutzern.

Was ist nun ein Soft-Money-Problem?

Das Rechenzentrum muß im vorgegebenen Budgetrahmen möglichst wirtschaftlich arbeiten, kann aber von den Benutzern (den Forschungs-
projekten) keine Bezahlung in Form von Geld verlangen. Es tut dem
Benutzer nicht weh, sozusagen nach oben abzurunden. Ohne Gegenmaß-
nahmen führt das zu einer großen Kluft zwischen den Kapazitäts- und
Betriebsmittelanforderungen der Projekte und den zu realisierenden
Möglichkeiten. Diese Kluft wird im Forschungsbereich wegen der hohen
Abschätzungsrisiken durch Sicherheitszuschläge und Verhandlungsvor-
gaben noch erweitert. Außerdem fehlt die Motivation zu einer ausge-
wogenen Nutzung der vorhandenen Rechnersysteme und Softwarepakete.
Da eine Steuerung über die Preise nicht möglich ist, muß nach ande-
ren Mitteln gesucht werden. Diese Situation wird oft als Soft-Money
Problem bezeichnet.

Um es in den Griff zu bekommen, verwenden wir zwei Maßnahmen. Die
erste Maßnahme soll die Kluft zwischen Plan- und Istdaten bei der
Kapazitätsplanung klein halten. Die Kapazitäts- und Betriebsmittel-
planung im Rahmen des Computer Zeit Budget-Systems wird transparent
gemacht und unter verantwortlicher Einbeziehung der Projektleiter
im Vierteljahresturnus rückgekoppelt. Dies führt dazu, daß die Projektleiter sehr schnell immer genauere Plandaten abgeben können und
dadurch die Kluft zwischen Plan- und Ist-Daten verkleinert wird.
Dieses Verfahren stimuliert zusätzlich eine größere Bereitschaft zur
Planungs- und Kapazitätskontrolle. Abb. 5 und 6 geben ein Beispiel
für solch eine rückgekoppelte Planungsunterlage.

Die zweite Maßnahme besteht in der erwähnten Ablaufsteuerung durch
"Motivation". Sie soll unter anderem für eine ausgewogene Nutzung
der RZ-Resourcen sorgen. Die folgenden drei Beispiele sollen die
prinzipielle Verfahrensweise aufzeigen:
1. Wir wollen erreichen, daß unsere Benutzer ihre Probleme selbstän-
   dig programmieren und nehmen deshalb keine Auftragsprogrammierung
   an, auch nicht die bekannten "Miniproblemchen", die sich leicht
   zu "Dauerbrennern" entwickeln. Zusätzlich wollen wir, daß die
   Probleme wenn irgend möglich auf den General Purpose-Rechnern und

nicht auf den teueren Spezialsystemen gerechnet werden. Deshalb motivieren wir durch einfache Arbeitsunterlagen, Schulung, Beratung und eine angepaßte Benutzersprache an den General Purpose-Rechnern. Dies kommt auch dadurch zum Ausdruck, daß pro Spezialrechner 1/2 Systemprogrammierer und für die Hauptrechner 3 Systemprogrammierer eingesetzt werden.

2. Wir wollen am Tage den Terminalbetrieb und in der Nachtschicht den Batchbetrieb für Langzeitprogramme durchführen, ohne dies durch eine harte Klasseneinteilung zu erzwingen und damit die Konstruktion von "Programmkrücken" zu provozieren (Programm aus Teilprogrammen zusammenstückeln).

Wir motivieren bzw. demotivieren deshalb durch:
- geringe Backgroundparallelität am Tage, hohe in der Nacht
- Zeitschranke für RJE-Aufträge bei 3 min CPU
- Dialogfunktion am Tage mit höchster Priorität
- Foregroundaufträge ohne Zeitbegrenzung, was wegen der Blockierung des Terminals aber nur in dringenden Fällen ausgenutzt wird.

3. Wir geben keine Unterstützung für Programmierung in Maschinensprache oder "Dump-Lesen". Stattdessen sorgen wir, wenn immer es realisierbar ist, für Fehleranzeigen im Klartext.

Ein Nachteil dieses Systems besteht darin, daß die Schwellwerte für Verbot, Erschwerung, Erleichterung, Anpreisen und Erlaubnis ständig diskutiert und angepaßt werden müssen und damit zusätzliche Arbeitskraft binden.

AN
GRUPPE ELEKTROMECHANIK   PFH, COMPUTER CENTER

G R U P P E N A U S W E R T U N G

SEITE 1
RECHENZEITVERBRAUCH IN DER ZEIT VOM   28.03.75   24:00:00   BIS   27.06.75   24:00:00   IM STUNDEN

| BENUTZER-KENNUNG | NAME | ART | P 1400 (1) | | P 1400 (2) | | OFFL.-PLOTTER | P880-20 | P880-28 | CO 171 | CO 1784 |
			CPU-ZEIT H	JOBS	CPU-ZEIT H	JOBS	BELEGZ [H]	JOBS	BELEGUNGSZEIT [H]		
EM7-210	RICHTER	T.	0,00	0					0,8	153,2		
		A.	0,07	3								
EM8-79	ALDEFELD	T.	9,79	171			5,91	30				
		A.	27,33	177								
EM8-119	STEIMER	T.	1,39	68								
		A.	3,34	161								

VERTRAGSFORSCHUNG BMFT

BENUTZER-KENNUNG	NAME	ART	P 1400 (1)		P 1400 (2)		OFFL.-PLOTTER	P880-20	P880-28	CO 171	CO 1784
PEL13	ALDEFELD	T.	10,80	219			5,11	26				
		A.	29,87	282								
PEL9	RICHTER	T.	0,00	0					0,8	153,2		
		A.	0,00	0								

Abb. 5: Gruppenauswertung

AN   PF4, COMPUTER CENTRE
GRUPPE ELEKTROMECHANIK
                                    G R U P P E N P L A N U N G
                                                                                    SEITE 1
RECHENZEITVERBRAUCH IN DER ZEIT VOM   27.12.74   24:00:00   BIS   27.06.75   24:00:00   IN STUNDEM

| PROJEKT KENNUNG | P 1400 | | | OFFLINE PLOTTER | | P 880-20 | | P 880-28 | | CD 1714 | | CO 1784 | |
	IST(1)	IST(2)	PLAN	IST	PLAN	IST	PLAN	IST	PLAN	IST	PLAN	IST	PLAN
EM7	0,5					3,6				399,3	2000		
EM8	62,5		300	12,0									

VERTRAGSFORSCHUNG BMFT

PROJEKT KENNUNG	IST(1)	IST(2)	PLAN	IST	PLAN	IST	PLAN	IST	PLAN	IST	PLAN	IST	PLAN
PEL13	57,8		120	6,4									
PEL9	0,0					3,4				401,0	1500		

Abb. 6: Gruppenplanung

Der Betrieb von Software-Testrechenzentren

Von P. Wöhr - Siemens AG, München

1. Einleitung

2. Anforderungen an das Rechenzentrum

3. Anlagenausstattung

4. Aspekte zur Planung und Wirtschaftlichkeit

5. Dialogtestbetrieb

6. Anlagen

1. <u>Einleitung</u>

Im vorliegenden Bericht wird der Versuch unternommen, einige wesentliche Merkmale beim Testen von Softwareprodukten in Verbindung mit dem Rechenzentrum-
betrieb herauszustellen. Dem Bericht liegen Erfahrungen aus dem Software-
test in den Rechenzentren des Geschäftsbereiches Datenverarbeitung der
SIEMENS AG zugrunde.

Testmethoden werden hier nicht beschrieben. Im Vordergrund stehen Probleme,
die in Verbindung mit der Durchführung der Testläufe auftreten.

Anhand einiger Beispiele aus dem Betatest für das Betriebssystem BS 1000
werden mögliche Anlagenkonfigurationen und Betriebsformen beschrieben.
Teilaspekte, die die wirtschaftliche Nutzung betreffen, werden dabei gestreift.

Abschliessend wird der Dialogtestbetrieb, der das interaktive Austesten
einzelner Programme in Verbindung mit dem Betriebssystem BS 2000 ermöglicht,
kurz beleuchtet.

2. Anforderungen an das Rechenzentrum

(vergl. Anlagen 1 bis 3)

In den Testrechenzentren des Geschäftsbereiches Datenverarbeitung in München werden Softwareprodukte getestet, die zum Betrieb auf SIEMENS- oder UNIDATA-Anlagen freigegeben werden.

Das Softwarespektrum umfasst Betriebs- und Programmiersysteme. Das Software-spektrum enthält ferner eine beachtliche Menge von Anwenderprogrammen, ferner sind die Prüfprogramme für online Diagnose und Wartung hinzuzurechnen.

Eine Betriebssystemversion durchläuft bis zur Kundenfreigabe folgende Test-phasen:

- Komponententest

- Alphatest

- Integrationstest

- Betatest

Der Betatest stellt einen Abschlusstest dar, d.h. Einzelfehler in den Kompo-nenten sind weitgehend eliminiert, jetzt kommt es auf ein möglichst fehler-freies Zusammenspiel der Betriebssystemkomponenten in Verbindung mit der Anlage an. Für diesen Fall ergeben sich folgende Anforderungen an das Rechenzentrum:

1) Grössere Anlagenkomplexe sind erforderlich, um den Funktionsumfang des zu testenden Betriebssystems vollständig abdecken zu können,

2) spezielle Schnittstellen Software / Hardware (Beispiel: Mehrkanalschalter) sind zu testen,

3) für einen begrenzten Zeitumfang (Dauer der Betatest-
phase) ist ausreichend Maschinenlaufzeit erforderlich,

4) das Rechenzentrum muss in der Lage sein, Testläufe
im closed-shop abzuwickeln,

5) um eine schnelle Fehlerdiagnose und -Korrektur im
Systemtest sicherzustellen, sind organisatorische
Maßnahmen zu treffen, die die Kommunikation zwischen
Rechenzentrum und Softwarestellen betreffen.

3. Anlagenausstattung

   (vergl.Anlagen 4 und 5)

Zur Realisierung der eben genannten Anforderungen sind grössere Maschinen-
ausstattungen erforderlich. Aus wirtschaftlichen Gründen (hoher Investitions-
wert) muss eine 3-Schicht-Nutzung an den Anlagen eingeplant werden.

Es hat sich als zweckmäßig erwiesen, im Betatest mit Doppel- oder Dreifach-
Anlagen zu arbeiten. Die Magnetplattenperipherie und Teile der Bandperipherie
können über Mehrkanalschalter (MCS) von mehreren Zentraleinheiten parallel
genutzt werden. Derzeit arbeiten zwei Zentraleinheiten SIEMENS 4004/151
und /45 mit einer Zentraleinheit UNIDATA 7.730 auf gemeinsamer Platten- und
Bandperipherie.

Da beim Testen erfahrungsgemäß viele und umfangreiche Druckerprotokolle
anfallen, ist ein Druckerpool mit mehreren Druckern (mindestens fünf Drucker
pro Anlage) notwendig, wobei die Verteilung der Drucker auf die Zentraleinheiten über handbediente Umschalter vorgenommen wird.

Dieses Konzept bietet den Vorteil, dass unter optimaler Ausnutzung der
Anlagenperipherie Systemtest und Produktion gleichzeitig abgewickelt werden
können.

Im allgemeinen befindet sich die Systemversion n + 1 in der Testphase,
während mit der Version n produktiv gearbeitet wird. Die Anlagenparameter
innerhalb des Verbundsystems sind so abgestimmt, dass keine Überschneidungen
zwischen den Systemversionen erfolgen können.

Geschwindigkeitsunterschiede zwischen den Zentraleinheiten können den Daten-
durchsatz im Verbund negativ beeinflußen. Ein Verbundkonzept, wie es hier
beschrieben ist, kann nur mit leistungsfähigen Zentraleinheiten (etwa ab
4004 /45 aufwärts) sinnvoll betrieben werden. Die Kern- bzw. Arbeitsspeicher-
größen betragen mindestens 256 KB pro Zentraleinheit, damit kann auch im
Testbetrieb im Multiprogramming (meistens drei bis fünf Befehlszähler)
gearbeitet werden.

4. Aspekte zur Planung und Wirtschaftlichkeit

(vergl. Anlagen 6 und 7)

Grundsätzlich wird auch in Testrechenzentren eine Anlagennutzung in drei
Schichten angestrebt. Eine jährlich einmal durchgeführte Grobplanung ergibt
das Mengengerüst für benötigte Anlagenstunden, ferner ist zu berücksichtigen,
dass in Verbindung mit der Freigabe neuer Zentraleinheiten und Geräte diese
rechtzeitig für den Systemtest zur Verfügung stehen. Das bedeutet, dass
bestehende Installationen ständig geändert oder erweitert werden müssen.
Erschwerend wirkt sich ferner die Tatsache aus, dass Testaktivitäten -
zumindest beim Betatest - ungleichmäßig über das Jahr verteilt sind.
Wie die Kurven für CPU-Belastung, gemessen an Zentraleinheiten 4004 /151
im Softwaretestbetrieb zeigen, kann eine gute Nutzung trotzdem erreicht
werden, wenn neben dem Testbetrieb auch andere Aufgaben (Produktion) auf den
Anlagen abgewickelt werden können. Die Schwierigkeit besteht nur darin, alle
Belegungstermine so abzustimmen, dass eine annähernd konstante Auslastung

erreicht wird.

Im Rahmen eines ständig laufenden Soll-Ist-Vergleiches kann dieses Problem

gelöst werden.

5. <u>Dialogtestbetrieb</u>

   (vergl. Anlagen 8 bis 10)

Der am Beispiel des Systemtests für das Betriebssystem BS 1000 geschilderte

Testbetrieb stellt Stapelverarbeitung mit stark vermaschten Konfigurationen

im Rechenzentrum dar. Es wurde erwähnt, dass für den wirtschaftlichen Betrieb

die Termin- und Auslastungsplanung mit Soll-Ist-Vergleich wichtig ist.

Durch Einsatz von Teilnehmersystemen ist es möglich, Programmtestarbeiten

in Form von Dialog- und Stapelverarbeitung auf einer Anlage zu erledigen.

Dadurch entfallen zugeordnete Funktionen im Rechenzentrum, wie z.B. Arbeits-

vorbereitung mit Datenträgerverwaltung und manuelle Ablaufplanung.

Für die Entwicklung und den Test von Betriebssystemkomponenten und Kompo-

nenten von grösseren Programmkomplexen ist der Einsatz einer oder mehrerer

Anlagen, die im Teilnehmerbetrieb arbeiten, sinnvoll.

In den Testrechenzentren des Geschäftsbereiches sind mehrere Teilnehmer-

rechner SIEMENS 4004 /151 mit dem Betriebssystem BS 2000 im Einsatz.

Die Benutzer sind in erster Linie Programmierer der verschiedenen Software-

stellen.

Die Effizienz im Testbetrieb steigt, weil die Schnelligkeit einer Problem-

lösung nicht mehr von einer speziellen Aufgabenorganisation im Rechenzentrum

abhängt, vielmehr bestimmt weitgehend der Benutzer selbst die Zeitspanne

bis zur Problemlösung.

Ein wesentlicher Vorteil beim Dialogtest besteht darin, dass der Programmierer seinen Programmablauf über ein Terminal verfolgen und durch Eingabe bestimmter Kommandos in den Programmablauf eingreifen kann. Dies kann an vorausgeplanten Punkten im Programmablauf, aber auch an beliebigen Punkten erfolgen, wo der Ablauf anders aussieht als erwartet. In diesem Zusammenhang sei auch auf die verbesserte CPU-Nutzung hingewiesen (vergl. Anlage 7), die sich aus der Tatsache ergibt, daß im BS 2000 eine grosse Zahl von Benutzerprozessen gleichzeitig auf der Anlage ablaufen können. Bei vorwiegend dialogorientierter Nutzung liegt der Wert zwischen 30 und 50 Benutzerprozessen.

Benutzerzugang (Zugriffsberechtigung) und Verwaltung der Benutzerdateien werden vom Systemverwalter im Rechenzentrum gesteuert. Der Systemverwalter übernimmt in einem Rechenzentrum mit Teilnehmerbetrieb einen Teil der Aufgaben, die bei Stapelbetrieb von der Arbeitsvorbereitung bezüglich der Anlagendisposition wahrgenommen werden. Dabei muss allerdings berücksichtigt werden, dass das Betriebssystem weitgehend selbst die Benutzeranforderungen steuert und für einen gleichmäßigen Systemablauf sorgt.

Beim Rechenzeitaufwand in der Programmtestphase (z.B. Komponententest) lassen sich gegenüber der konventionellen Testmethode im Stapelbetrieb bei Übergang auf Dialogverfahren wesentliche Einsparungen beobachten.

Gemeinsame Nutzung der Rechenanlage durch einen größeren Teilnehmerkreis bedeutet auch Teilung der Nutzungskosten; somit ergeben sich für den einzelnen Benutzer vergleichsweise geringere Rechenzeitkosten.

Es ist zu erwarten, dass der Kreis der Benutzer, die sich dieser Methoden beim Austesten von Programmen bedienen, zukünftig noch erweitert werden kann.

Anlage 1

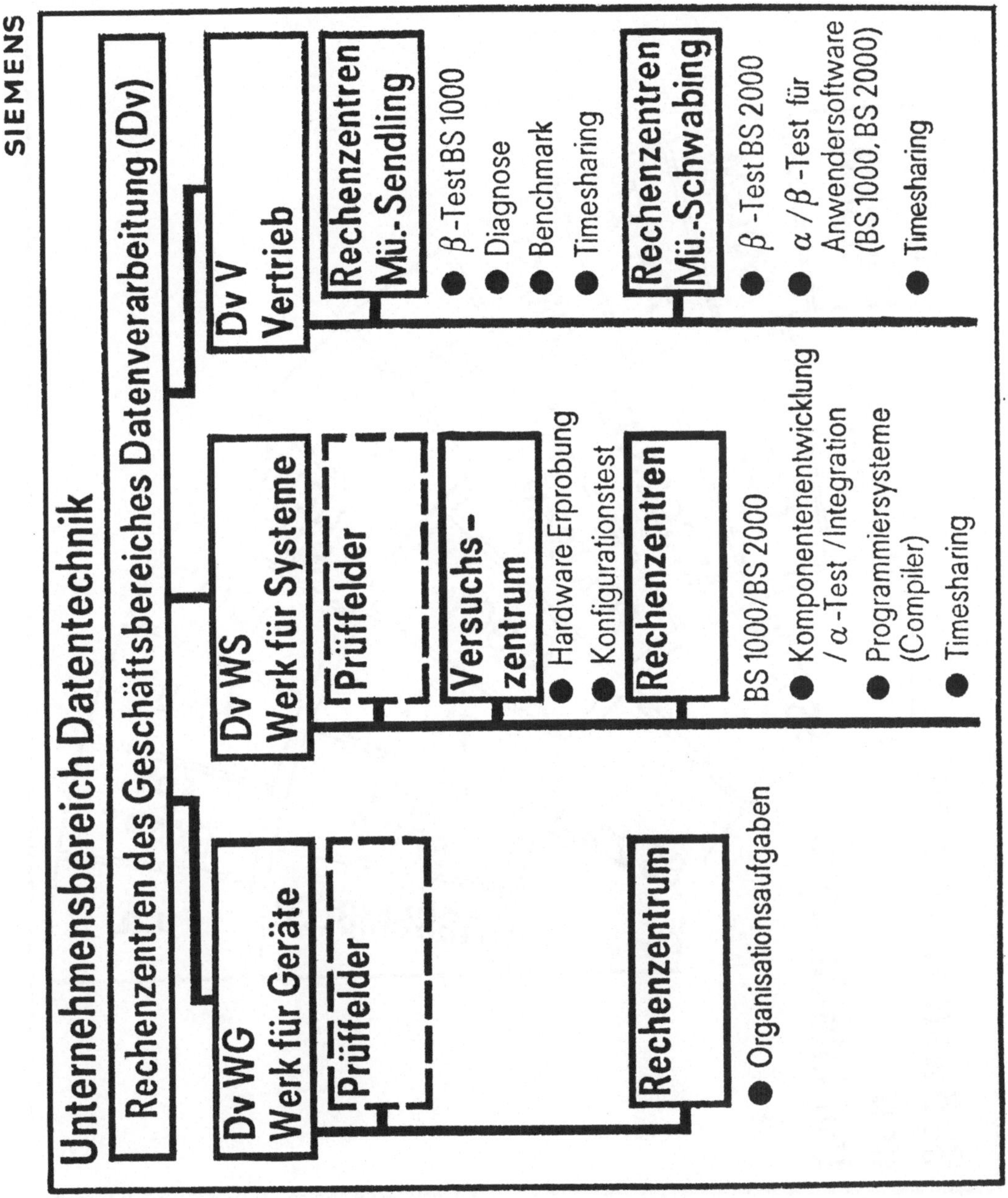
SIEMENS
Unternehmensbereich Datentechnik
Rechenzentren des Geschäftsbereiches Datenverarbeitung (Dv)
Dv WG
Werk für Geräte
Prüffelder
Rechenzentrum
Organisationsaufgaben
Dv WS
Werk für Systeme
Prüffelder
Versuchs-zentrum
Hardware Erprobung
Konfigurationstest
Rechenzentren
BS 1000/BS 2000
Komponentenentwicklung / α-Test / Integration
Programmiersysteme (Compiler)
Timesharing
Dv V
Vertrieb
Rechenzentren Mü.-Sendling
β-Test BS 1000
Diagnose
Benchmark
Timesharing
Rechenzentren Mü.-Schwabing
β-Test BS 2000
α / β-Test für Anwendersoftware (BS 1000, BS 2000)
Timesharing

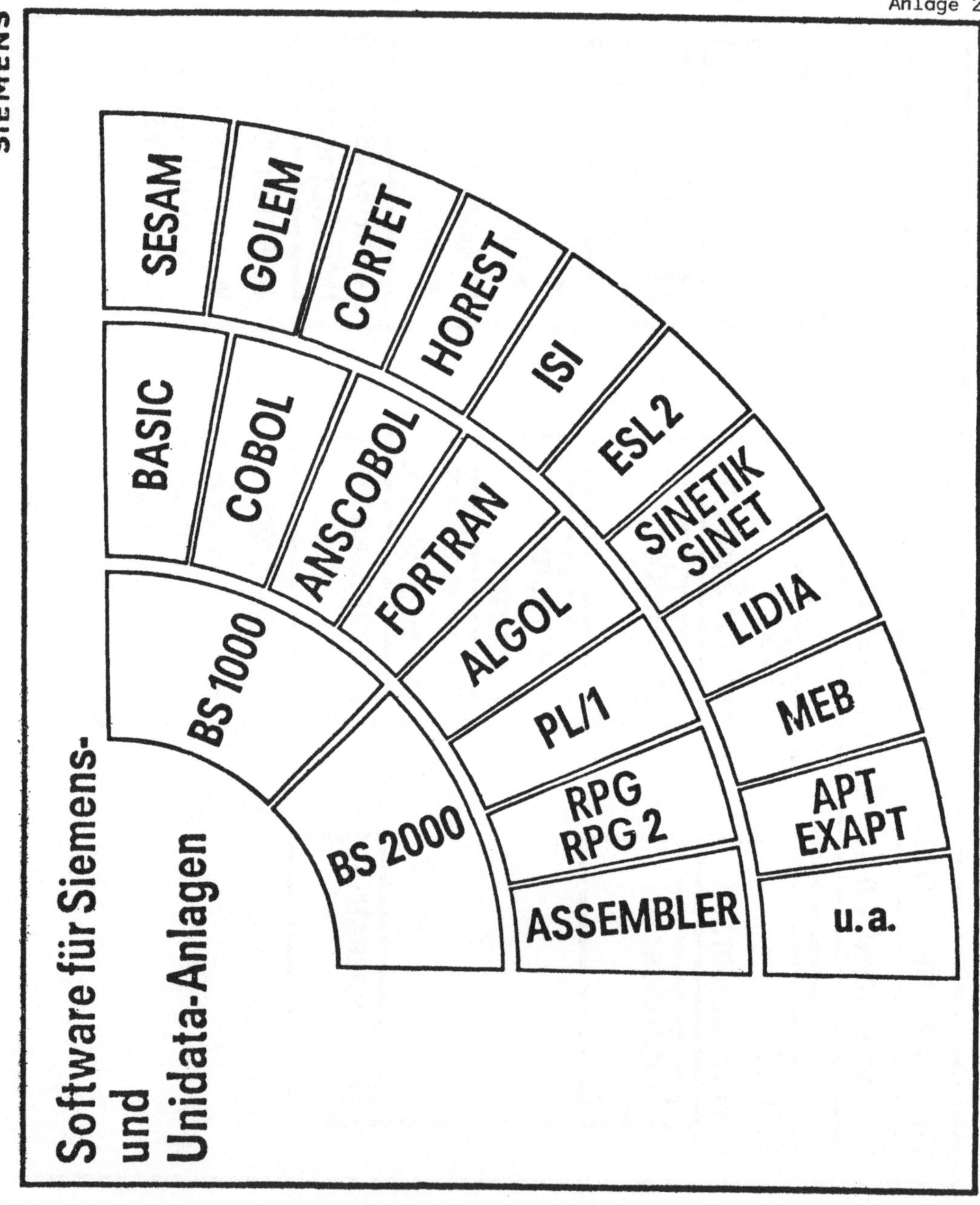
SIEMENS
SESAM
GOLEM
CORTET
HOREST
ISI
ESL 2
BASIC
COBOL
ANSCOBOL
FORTRAN
ALGOL
PL/1
SINETIK
SINET
LIDIA
MEB
RPG
RPG 2
APT
EXAPT
BS 1000
BS 2000
ASSEMBLER
u. a.
Software für Siemens-
und
Unidata-Anlagen

Aufbau des BS 1000
BS 1000
Organisationsprogramm
privilegiert
Ablaufteil
Spul
Monitor
Auftragssteuersystem
Ein-Ausgabesystem
Dateikatalogsystem
Datenübertragungssystem
Benutzerseite
nicht privilegiert
Übersetzer
z.B.   ANSI–COBOL
ALGOL   COBOL
ASSEMBLER   FORTRAN
Dienstprogramme
z.B. Bibliotheksverwaltungs-
Programm
Sortier-Mischprogr.-Generator
Anwenderprogramme
z.B.
vom Benutzer erstellt
SIEMENS DATENTECHNIK
DDv
973 902

DV-Vertriebsrechenzentren
Standort München-Sendling

Aufgabenstellung im

BS 2000

Kundenoffenes Timesharing mit

4004/151

BS 1000

Systemtestarbeiten
Auftragssteuersystem JMS

4004/151	+	45/II	+	Unidata 7 · 730

BS 1000

Systemtestarbeiten

Unidata 7 · 750
Unidata 7 · 720

Subsysteme (404)

SIEMENS DATENTECHNIK

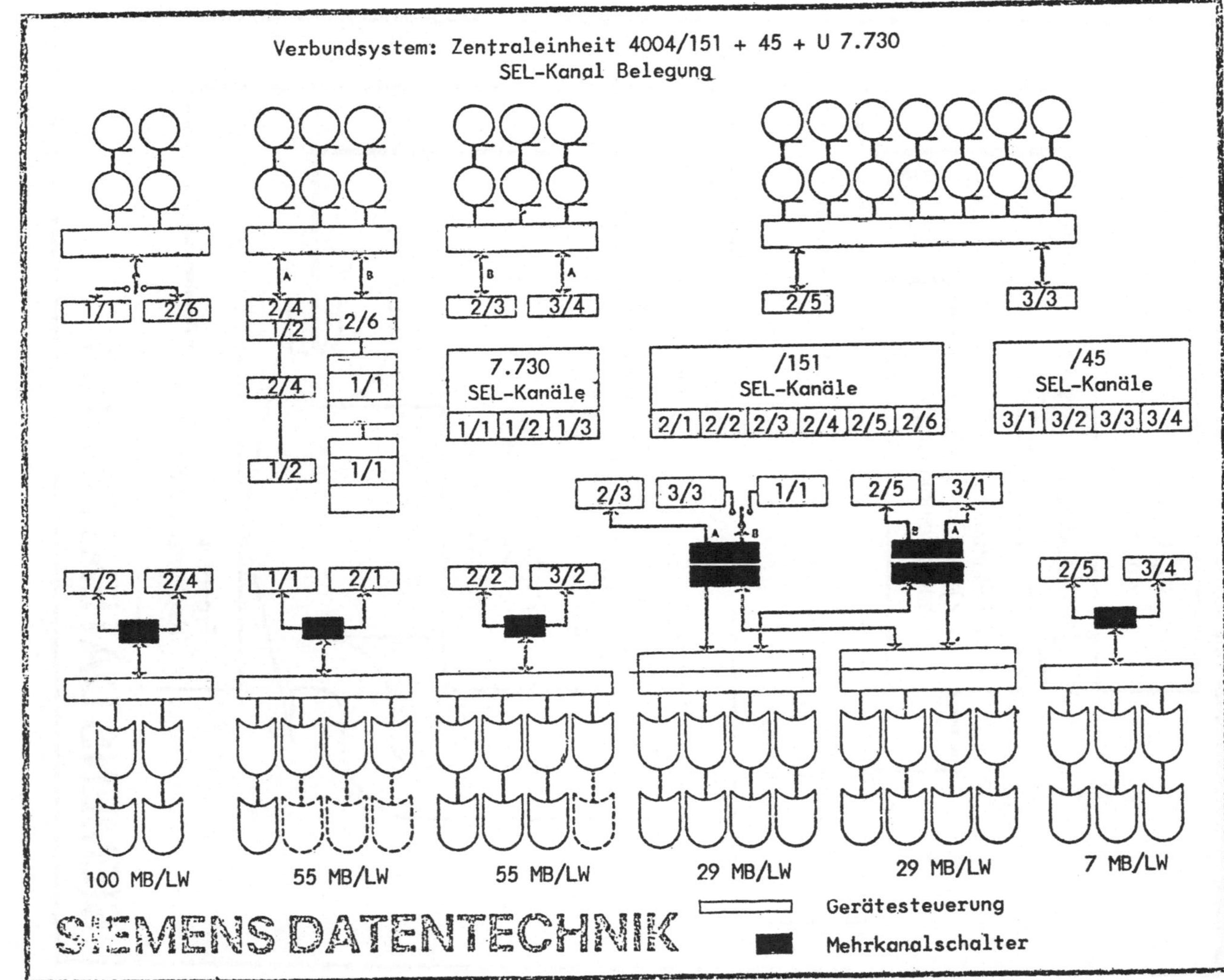

Verbundsystem: Zentraleinheit 4004/151 + 45 + U 7.730
SEL-Kanal Belegung
1/1 2/6
2/4 1/2 2/6
2/4 1/1
1/2 1/1
2/3 3/4
2/5
3/3
7.730 SEL-Kanäle
1/1 1/2 1/3
/151 SEL-Kanäle
2/1 2/2 2/3 2/4 2/5 2/6
/45 SEL-Kanäle
3/1 3/2 3/3 3/4
2/3 3/3 1/1 2/5 3/1
1/2 2/4 1/1 2/1 2/2 3/2 2/5 3/4
100 MB/LW 55 MB/LW 55 MB/LW 29 MB/LW 29 MB/LW 7 MB/LW
SIEMENS DATENTECHNIK
Gerätesteuerung
Mehrkanalschalter

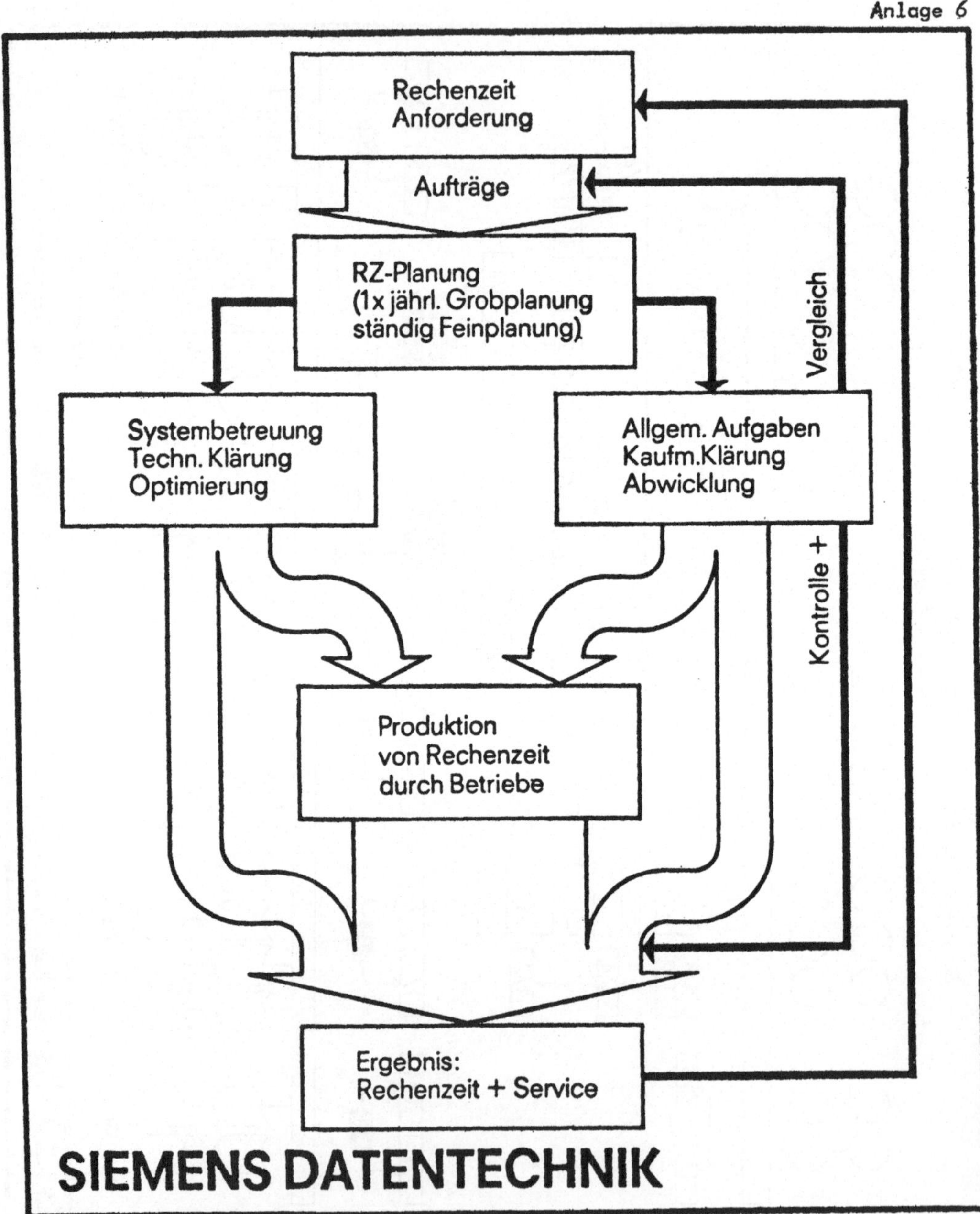
Rechenzeit
Anforderung
Aufträge
RZ-Planung
(1x jährl. Grobplanung
ständig Feinplanung)
Systembetreuung
Techn. Klärung
Optimierung
Allgem. Aufgaben
Kaufm.Klärung
Abwicklung
Vergleich
Kontrolle +
Produktion
von Rechenzeit
durch Betriebe
Ergebnis:
Rechenzeit + Service
SIEMENS DATENTECHNIK

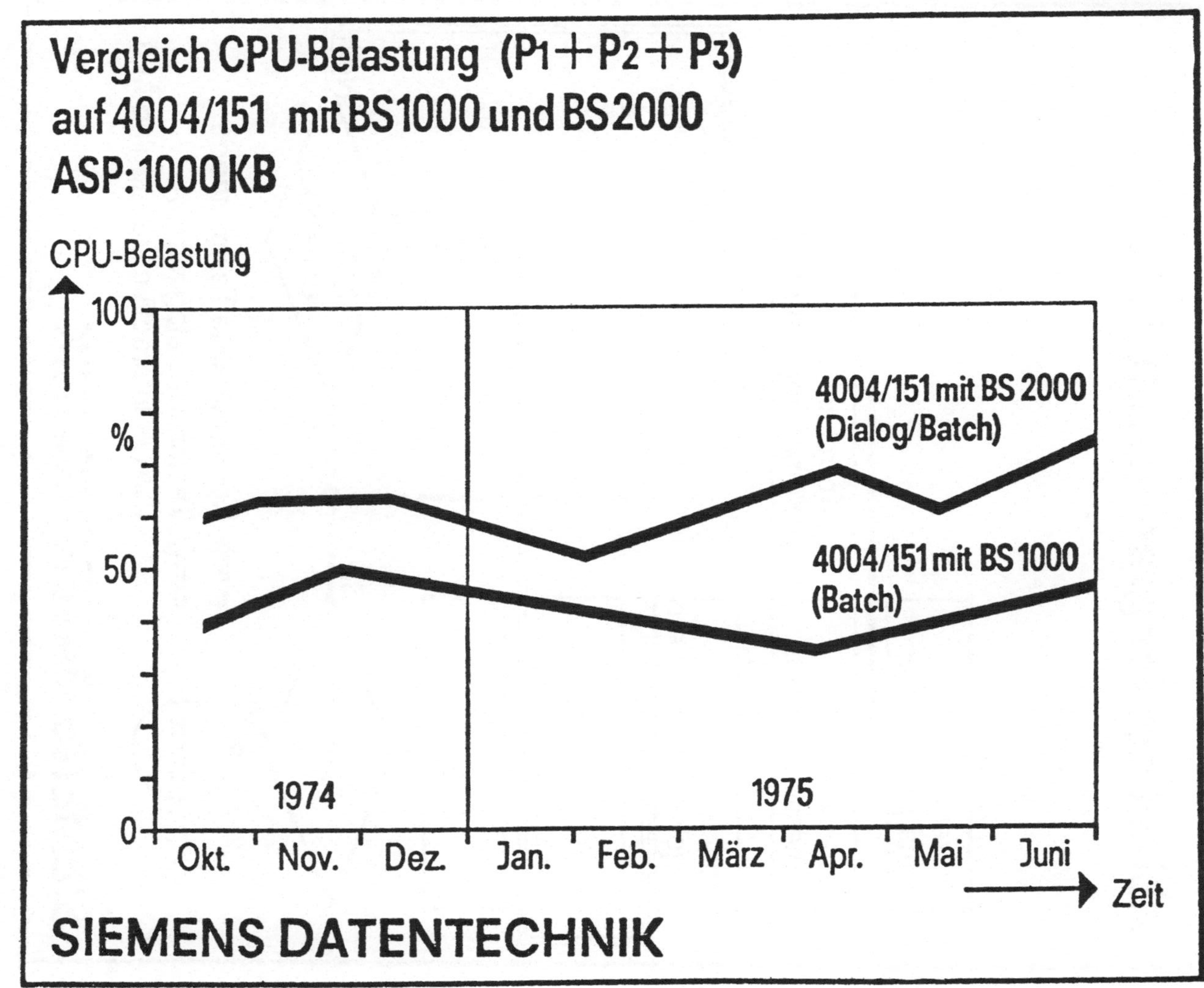

SIEMENS
Vergleich CPU-Belastung (P1+P2+P3)
auf 4004/151 mit BS1000 und BS2000
ASP: 1000 KB
CPU-Belastung
100
%
50
0
4004/151 mit BS 2000
(Dialog/Batch)
4004/151 mit BS 1000
(Batch)
1974
1975
Okt. Nov. Dez. Jan. Feb. März Apr. Mai Juni
Zeit
SIEMENS DATENTECHNIK

Anlage 8

Ablauf der Programmerstellung
Start
Schreiben des Primärprogrammes
Bereitstellen des Primärprogrammes
Korrektur des Primärprogrammes
Übersetzen + Objektmoduln sichern
Binden
Testen
Fehler?
Ja
Nein
IDA behebbar
Ja
Nein
Ende
Konventionelle Testmethode
Testen im Dialog mit IDA
(IDA = Interactive Debugging Aid)
SIEMENS DATENTECHNIK

SIEMENS

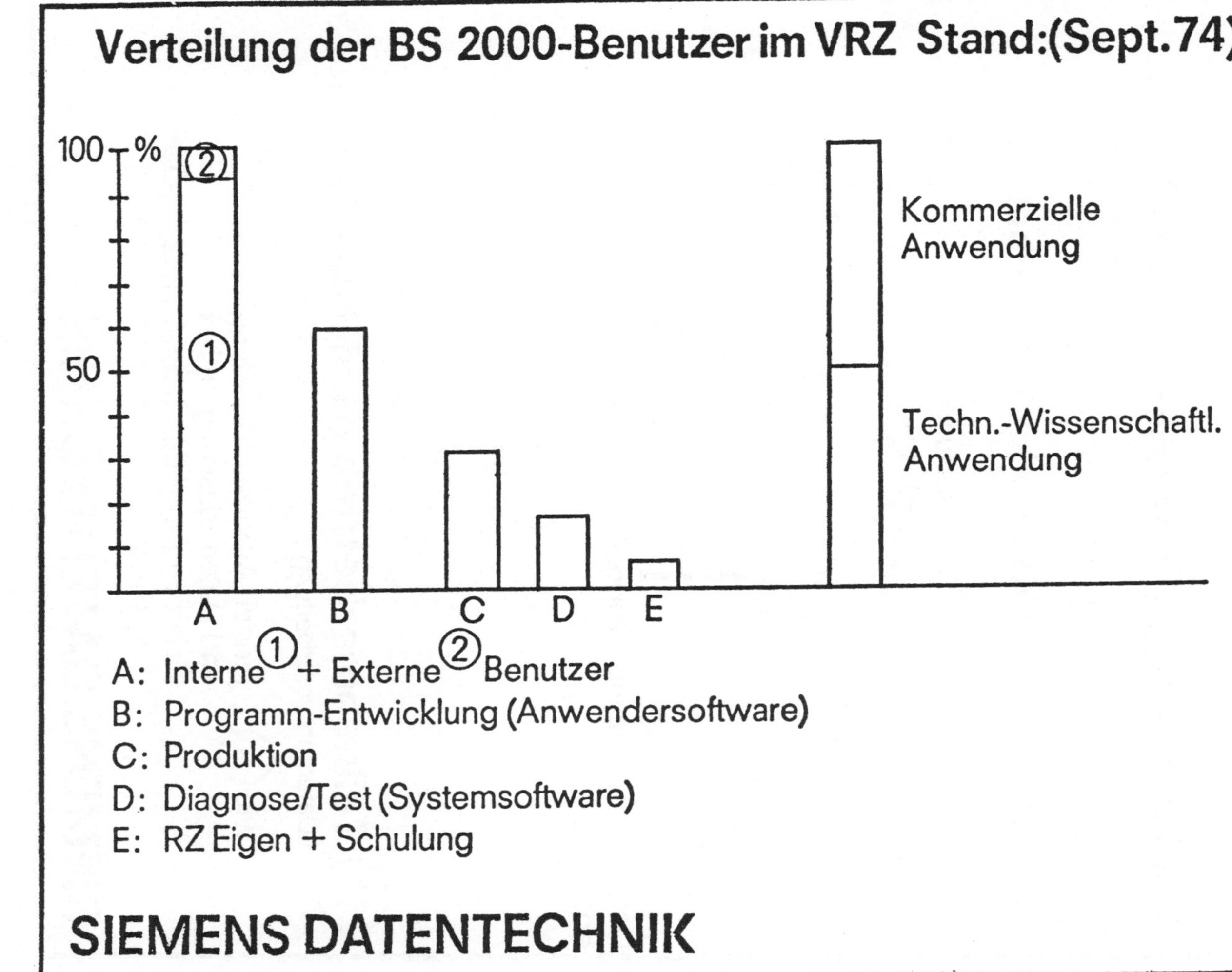

SIEMENS DATENTECHNIK

Rechenzentrum: Organisations-Schema

(A) Stapelbetrieb (Produktion/Testbetrieb)

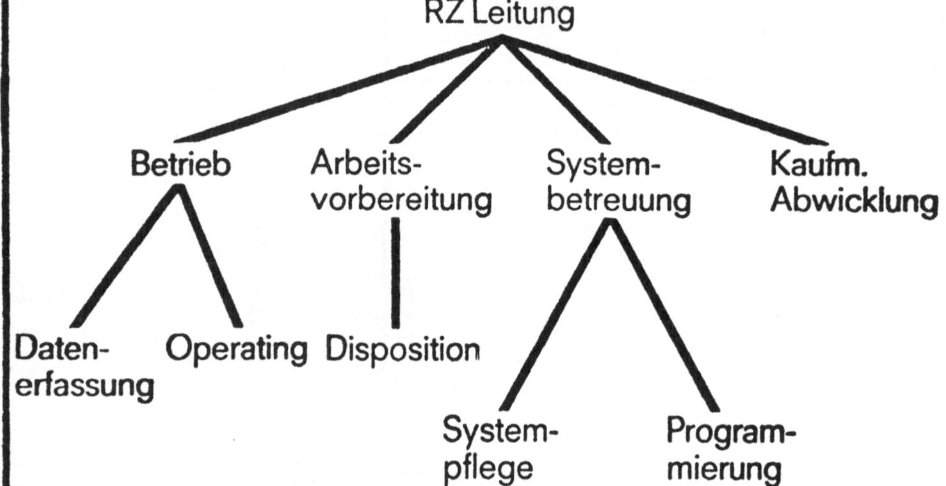

(B) Teilnehmerbetrieb (Produktion/Testbetrieb)
(Datenfernverarbeitung)

wie (A) jedoch Arbeitsvorbereitung
und Datenerfassung entfallen,
Operating wird durch **Systemverwalter**
unterstützt.

SIEMENS DATENTECHNIK

Die Kostenrechnung der DV unter Berücksichtigung des Job-Accounting

Dr. Gerd Haberkamm - Klöckner-Werke AG Duisburg

I. Einleitung

Ich habe es übernommen, über die Kostenrechnung der Datenverarbeitung
der Klöckner-Werke AG in der Hütte Bremen zu Ihnen zu sprechen. Bitte
haben Sie Verständnis dafür, daß im Rahmen des Gesamtüberblickes und
der Kürze der Zeit viele Punkte nur an der Oberfläche behandelt bzw.
gestreift werden können.

Einleitend darf ich Ihnen die Organisationsstruktur der Datenverarbeitung der Klöckner-Werke AG zeigen (Anlage 1). Unter der Hauptabteilung
sehen Sie 5 Abteilungen mit Kompetenz für den gesamten Konzern.

Die installierte Hardware stellt sich folgendermaßen dar (Anlage 2).
Sie sehen, daß der Schwerpunkt in Bremen liegt.

Auf die Notwendigkeit einer DV-Kostenrechnung brauche ich in diesem
Kreise nicht einzugehen. Als Hauptgründe seien genannt:

   Abrechnung der Kunden mit dem daraus resultierenden Kostenbewußt-
   sein des Management und der Fachabteilungen;

   Möglichkeit eines optimalen Programm-Mix;

   Möglichkeit eines optimalen Programm-Tuning.

Die Hauptziele müssen sein:

   verursachungsgerechte Abrechnung, um wirtschaftliche Inanspruchnah-
   me zu gewährleisten;

   Reproduzierbarkeit der Kosten;

   vernünftiges Verhältnis zwischen Aufwand und Erfolg.

Unter Außerachtlassen des Gewinns müssen unter der Maßgabe einer ko-
stendeckenden Arbeitsweise des Rechenzentrums die den Kunden in Rechnung gestellten Kosten (verrechnete Kosten) in einer bestimmten Periode (Geschäftsjahr) die Istkosten decken. Da die Istkosten am Anfang
eines Geschäftsjahres noch nicht bekannt sind, kommt den Plankosten
große Bedeutung zu.
In unserem Hause werden die Abteilungsbudgets der Datenverarbeitung
kostenartenweise je Quartal geplant und in einer komprimierten Art

dargestellt (Anlage 3).

Aufgrund dieser Planung können wir Plankosten = Istkosten setzen. Ein maschineller Budgetvergleich, der für die Istkosten auf den Kostenstellenbogen zurückgreift, weist die tolerierbaren Unterschiede aus (Anlage 4). Beim Festsetzen der Verrechnungspreise kann somit auf eine abgesicherte Grundlage zurückgegriffen werden.

II. Abrechnung der Organisation und Programmierung

In unserem Hause unterscheiden wir 3 verschiedene Abrechnungsverfahren.

Auf die Darstellung der Datenerfassung möchte ich in diesem Rahmen verzichten.
Das Job-Accounting werde ich im Anschluß an die Abrechnung der Organisation und Programmierung ausführlicher darstellen.

Die Kostenrechnung der Organisation und Programmierung ist eingebettet in einem Planungs- und Kontrollsystem eines namhaften Softwarehauses. Dieses System beinhaltet u.a., daß die verfahrenen Stunden der Organisation und Programmierung nach allen erforderlichen Kriterien aufbereitet und fortgeschrieben werden. Solche Kriterien sind neben der eigentlichen Unterteilung der Arbeit in Grobplanung, Feinplanung, Codieren etc. unter dem Aspekt der Kostenrechnung u.a. Werk, Kostenstelle, Auftragsnummer, Projektart einmalig und laufend (entsprechend Herstellungs- und Erhaltungsaufwand). Die Auftragsnummer gewährleistet eine auftragsweise Abrechnung.

Planungs- und Kontrollberichte werden unterschieden nach Zeiten, Kosten und Terminen und beinhalten bei voraussichtlichen Abweichungen ein Frühwarnsystem. Eine variable Planungs- und Kontrollhierarchie paßt sich für die Berichterstattung der Managementhierarchie an. Durch Parameterangaben läßt sich die Signalgröße für Abweichungen variabel gestalten.

Es liegt auf der Hand, daß bei diesen Möglichkeiten die Kostenrechnung auf einem vorzüglichen Mengengerüst aufbauen kann.
Zur Bewertung dieses Mengengerüstes sieht das System die Möglichkeit sowohl externer wie interner Kostensätze vor.

Die durchschnittliche Leistungsanwesenheit der Organisatoren und Programmierer in Zeit bezogen auf das Budget ergibt den Kostensatz je

Leistungseinheit.

Über die Auftragsnummer läßt sich bei Neuentwicklungen oder Programm-
pflegearbeiten die Verbindung zum Job-Accounting herstellen, so daß
die Organisations- und Programmierarbeiten einschließlich der entsprechenden Testkosten abgerechnet werden können.

III. Abrechnung des Rechenzentrums

Grundsatzüberlegungen

Der Rechenzentrumsbetrieb wird als Dienstleistungsbetrieb für inner-
betriebliche Fachabteilungen (Kostenstellen) bzw. externe Werke gesehen.
Als bewertbare Dienstleistungseinheit dient die maschinelle Ausführung
einer Arbeit (= Job). Die RZ-Kosten werden über die Gesamtheit aller
maschinell ausgeführten verrechenbaren Jobs auf die Kostenstellen bzw.
Werke verteilt.

Die Basis der Bewertung eines Jobs (besser eines Joblaufes) soll
letztlich das Zeit-/Mengengerüst sein, das auf Stepebene (= Programm-
ebene) aus maschinellen Systemaufschreibungen gewonnen wird.

In unserem Bremer Rechenzentrum benutzen wir eine Auswahl der jobbezogenen Aufschreibungen (Job-Accounting-Daten) der SMF (System Management Facilities)-Einrichtung des VS1-Betriebssystems.

Wenn wir die wesentlichen Kostenfaktoren, z.B. Zentraleinheit, Kernspeicher oder Peripherie unter der Zielsetzung einer verursachungsge-
rechten Jobkostenermittlung betrachten, läßt sich leicht zeigen, daß
weder eine rein mengenmäßige noch eine Abrechnung auf reiner Zeitbasis den Gegebenheiten gerecht wird. Aus Zeitgründen darf ich in diesem
Kreise auf nähere Einzelheiten verzichten und annehmen, daß Sie mit
mir der Meinung sind, daß moderne Lösungen dieses Problems sich zumindest an die sog. Guide-Lösung anlehnen.

Den Kostenfaktoren werden in Anlehnung an diese Formel Bewertungseinheiten zugeordnet, die eine verursachungsgerechte Abrechnung ermöglichen. Solche Bewertungseinheiten sind z.B. Sek. CPU-Zeit, Sek. Processing-Zeit oder Anzahl E/A-Operationen.
Mit Processing-Zeit ist eine fiktive Zeit gemeint, die aus CPU-Zeit
und Kanalzeiten des Programms ermittelt wird. Man kann sie als die

Zeit betrachten, die ein Programm verursacht, wenn es die Anlage allein benutzt.

Die Kosten eines Steps bzw. die Spool-Kosten ergeben sich aus der Summe der Multiplikation von Menge je Bewertungseinheit mit dem entsprechenden Kostensatz. Bei der Peripheriebelegung kommt die Anzahl der belegten Einheiten als Faktor hinzu.
Die Summe aller Stepkosten zuzüglich der jobbezogenen Spool-Kosten macht die Kosten eines Jobs aus.

Einzelkostenermittlung

Bei der Ermittlung der Kostensätze geht es darum, die Kosten des Rechenzentrumsbetriebes den Kostenfaktoren sachlogisch zuzuordnen. Wir nehmen dabei keine Trennung nach unseren beiden Anlagen vor; d.h. alle Jobs tragen die Kosten für beide Anlagen unabhängig davon, auf welcher sie laufen.

Die Übersicht ' RZ-Kosten ' (Anlage 5) zeigt unsere Einteilung der RZ-Kosten nach Kostenarten.

Die Übersicht ' Kosten-Zuordnung ' (Anlage 6) zeigt unsere Lösung der Zuordnung dieser RZ-Kosten zu den Kostenfaktoren. In der Spalte 8 findet sich jeweils die lfd. Nr. der Kostenarten aus der Übersicht RZ-Kosten. Der Buchstabe A bedeutet anteilige Kostenverrechnung.

Die Spalten 4-7 der Übersicht ' Kosten-Zuordnung ' geben die einzelnen Schritte der Einzelkostenermittlung wieder.

Je Kostenfaktor ergeben sich monatliche Gesamtkosten. Die Kosten je Bewertungseinheit müssen nun so gestaltet sein, daß die anfallenden Einheiten je Kostenfaktor die Gesamtkosten je Kostenfaktor auch erbringen. Damit wird die Auslastung der Systemkomponenten je Kostenfaktor (Spalte 5) ins Spiel gebracht.
Die Auslastung ist für die auf Zeitbasis zu bewertenden Kostenfaktoren in % und für die mengenmäßig zu bewertenden in Stückzahlen angegeben.

In unserem Hause werden die Platten noch so behandelt, als seien sie für den Processing-Zeitraum exclusiv belegt, da wir noch keine eindeutige Trennung nach exclusiv und shared belegten Platten haben. Aufgrund dieser Annahme kann und wird die Auslastung der Platten im Multiprogramming-Betrieb höher als 100 % liegen. (Bei uns ca. 214 % / Spalte 5).

Zur Vereinfachung der Berechnung der Einzelkosten werden die monatlichen Gesamtkosten je Faktor, die mit der jeweiligen Auslastung erreicht
werden müssen, auf Basiskosten bei 100 % Auslastung hochgerechnet.

Die Einzelkosten werden dann nach folgender Formel berechnet:

$$\text{Einzelkosten} = \frac{\text{Basiskosten je Faktor}}{\text{Sek. (auf Basis 100 \% Auslastung)}}$$

bzw.

$$\text{Einzelkosten} = \frac{\text{Gesamtkosten}}{\text{Mengenangabe (Spalte 5)}}$$

Im Rahmen der monatlichen Abrechnung wird die ' Übersicht der Kostenfaktoren ' geschrieben (Anlage 7). Sie weist die tatsächlich im Monat
über die einzelnen Faktoren verteilten Kosten aus und bietet somit
einen Vergleich zu Spalte 3. Die Zahlen sind einem Testbeispiel entnommen.

IV. Preispolitik, Preisgestaltung, Belastung der Kostenstellen

Eine wesentliche Frage ist, ob Preise durch eine Vor- oder Nachkalkulation gewonnen werden.
Der einzige Vorteil der Nachkalkulation, also einer reinen Kostenver-
teilungsrechnung im Sinne einer Division: " Istkosten / Leistungs-
menge ", liegt in der einfachen Abrechnungsart. Meines Erachtens ist
der Vorkalkulation der Vorzug zu geben. Bei einer guten Budgetplanung
halten sich die entstehenden Verrechnungsgewinne und -verluste in
Grenzen.
Der Vorteil einer solchen Rechnung liegt darin, daß Verbesserungen
der DV ihr wiederum zu Gute kommen und somit einen Leistungsanreiz
darstellen. Darüber hinaus bieten die festen Preise für die Benutzer
eine gute Grundlage für eigene Kalkulationen im Rahmen ihres Budgets.

Für die Zeitdauer der Gültigkeit solcher Preise gibt es m.E. keine
Patentlösung. Theoretisch liegt das Optimum sicherlich darin, die
Preise kurzfristig zu ändern. Wegen der Kalkulationsgrundlage für die
Benutzer sollten die Preise aber für ein Geschäftsjahr gelten.
Eine oft diskutierte Frage liegt darin, ob die Preise anwenderbezogen
sein sollten oder nicht. Anwenderbezogen wäre z.B. der Preis für eine
Gehaltsabrechnung oder eine Ausgangsrechnung. Wenn die anwenderbezoge-

nen Preise nicht zu global werden sollen, darf man auf alle Fälle den
Aufwand für solche Preise nicht unterschätzen. In großen Rechenzentren
kann nämlich die Zahl aussagefähiger Preise leicht bei einigen Hundert
liegen. Auf alle Fälle sollten solche Preise nicht in Rechenzentren
eingeführt werden, die aufgrund von neu auf die Anlage übernommenen
Anwendungen laufend ihr Mengengerüst ändern, was wiederum direkte Auswirkungen auf die Preisrelationen hat. Hier genügt schon der Aufwand
zur Pflege der EDV-bezogenen Preise.
Im einzelnen sollte die Kostenrechnung folgende Möglichkeiten vorsehen:

Verrechenbare / Nicht verrechenbare Kosten

Bei dem Betrieb eines großen Rechenzentrums fallen viele Auswertungs-
und Statistikprogramme an, die der Steuerung und Kontrolle des Rechenzentrums selbst dienen. Diese Programme werden zwar auch kostenmäßig
erfaßt, sind aber nicht verrechenbar, nicht weiterbelastbar.

Wir unterscheiden also neben den ' Kunden ' interne Kostenstellen,
deren Belastungen nicht direkt weitergegeben werden können. Der interne Verwaltungsaufwand muß jedoch indirekt von den Kunden mitgetragen
werden und geht bei uns in die Gestaltung der Einzelpreise ein. Aus
meiner Erfahrung empfehle ich, gerade diesen Kosten größte Aufmerksamkeit zu schenken und durch Vergabe interner Sachgebietsschlüssel erhöhte Transparenz anzustreben.

Praxis- / Testkosten

Innerhalb der verrechenbaren Arbeiten sind zwei große Gebiete zu unterscheiden: Die Praxis- und die Testarbeiten.
Diese Unterscheidung ist notwendig, um die lfd. Kosten der eingeführten Projekte von den Testkosten der Programmpflege und der Neuentwicklungen zu trennen.
In unserem Rechenzentrum haben wir den Grundsatz angewandt, daß das
Rechenzentrum kostenmäßig von den Praxisarbeiten allein getragen werden muß. Damit sind wir unabhängig von den schwankenden Testarbeiten
und können mit einer gleichmäßigen Kostendeckung über das Jahr rechnen. Die Testarbeiten, die mit gleichen Preisen bewertet werden,
bringen also einen Überschuß, der prozentual auf den Gesamtumsatz der
' Kunden ' als Bonus zurückvergütet wird.
Die Kunden können mit festen Brutto-Preisen rechnen; Kostenschwankun-
gen bei einem bestimmten Job innerhalb verschiedener Monate sind nur
vom Mengengerüst abhängig. Wir haben dieses Verfahren gewählt, da wir

einerseits als Abteilung keine Überschüsse erwirtschaften sollen und andererseits Praxis- und Testarbeiten gleichwertig behandeln, um bei Neuanwendungen hinsichtlich der zu erwartenden Kosten dieselben Maßstäbe anzulegen wie bei bereits eingeführten Projekten.

Möglichkeit des Preistabellenprinzips

Grundsätzlich soll für gleiche Leistung der gleiche Preis in Rechnung gestellt werden. In diesem Sinne bedeuten unterschiedliche Preistabellen, daß an die Wirtschaftlichkeit unterschiedliche Maßstäbe angelegt werden. Trotzdem können eigene Preistabellen sinnvoll sein, wenn z.B. ein bestimmtes Peripherie-Gerät nur von bestimmten Jobs benötigt wird; dann sollen diese Jobs auch die Kosten für das Gerät allein tragen. Das gleiche kann auch für ein bestimmtes Software-Produkt gelten. Auch besteht die Möglichkeit, einen besonders umfangreichen Job, der zu einer günstigen Auslastung der Anlage beiträgt (z.B. in einer sonst schwachen Belegungsperiode), mit einem Sonderpreis zu versehen.

Anteilige Kosten

Da es bei uns eine Anzahl von Jobs gibt, die für mehrere Fachabteilungen laufen, teilweise sogar für mehrere Werke, mußten wir eine anteilige Kostenverteilung vorsehen. Jede Jobkarte enthält Felder für die zuständigen Kostenstellen mit Werksnummern, in die auch der Prozentanteil für die Kostenverteilung eingetragen werden muß; die entsprechende Rechnungsstellung erfolgt dann vom System automatisch.

Wo dieses etwas starre Prozentsystem nicht ausreicht, z.B. beim Abrechnen rechtlich selbständiger Werke mit unterschiedlichem Datenanfall in einem gemeinsamen Job, werden die jeweiligen Eingabedaten, die als Bewertungsgrundlage dienen sollen, gezählt und die Belegzahlen in einer Werkstabelle gespeichert. Die bei jedem Joblauf neu ermittelte Prozentverteilung ist in diesen Fällen Grundlage der wiederum vom System automatisch vorgenommenen variablen Kostenverteilung.

V. Behandlung von Wiederholläufen

Jeder Step und jeder Job wird maschinell erfaßt und ausgewiesen (Anlagen 8, 9). Diese sogenannten Job- und Step-Listen sind praktisch der Tätigkeitsnachweis des Rechenzentrums und beinhalten u.a. Tag, Uhrzeit, Mengengerüst, Completion- und Verrechnungscode (Buchungsschlüssel).

Bei Fehlerklärungen sind sie eine wichtige Unterlage der Arbeitsvorbereitung. Sie ermöglichen die Aufklärung von Abbruchursachen und somit
die Unterteilung in produktive und unproduktive Arbeiten. Die produktive Arbeit ist der normal durchgeführte Job, dessen Kosten der oder
den in der Job-Karte angegebenen Kostenstelle(n) belastet werden.

Der Abbruch eines Jobs - aus welchen Gründen auch immer - ist keine
produktive Arbeit und kann nicht ohne weiteres der Fachabteilung ange-
lastet werden. Es muß zunächst geprüft werden, welche Gründe den Abbruch verursacht haben. Aus diesem Grunde wird in Bremen ein Job, der
ein Abbruchkennzeichen trägt, maschinell auf ein sogenanntes Verwahr-
konto kontiert und mit allen wichtigen Merkmalen auf der Liste der
' Maschinellen Umbuchungen ' (Anlage 10) ausgedruckt, damit entschieden werden kann, wer die Kosten für diesen Abbruch zu tragen hat.

Die Liste selbst ist ablochbar, manuell werden nur der Buchungsschlüssel, der auch den Fehlerschlüssel enthält, und die Fehler verursachen-
de Kostenstelle, die den Abbruch zu tragen hat, eingetragen.
Auf jeden Fall muß der abgebrochene Job wiederholt werden und wird zur
produktiven Arbeit. Um diese Wiederholung als solche zu kennzeichnen,
gibt der Operator - falls sofort wiederholt - bzw. der Arbeitsvorbereiter über eine Wiederholkarte den vermutlichen Grund der Wiederholung an. Damit erscheint dieser Job auch auf der erwähnten Liste der
' Maschinellen Umbuchungen ' und erleichtert die Prüfung und Umbuchung
des Abbruchjobs. Das eingesetzte Fehlerkennzeichen wird maschinell
wieder auf ' 0 ' (Normallauf) gesetzt, damit für spätere Auswertungen
nur die Fehlläufe das Fehlerkennzeichen tragen; die Wiederholläufe
selbst sind ja produktive Arbeit! In der Regel erhält der zugehörige
abgebrochene Job den Fehlerschlüssel des Wiederhollaufes; es sei denn,
es wurde inzwischen eine andere Fehlerursache ermittelt.

Das ' Umbuchungsprotokoll ' (Anlage 11) dient als Nachweis für durchgeführte Umbuchungen. Fehlerhafte und damit nicht durchgeführte Umbuchungen (Ablochfehler oder logische Fehler) werden ebenfalls ausgewiesen. Über eine lfd. Nr. können diese Fälle in der ebenfalls ablochba-
ren Liste ' Fehlerhafte Umbuchungen ' (Anlage 12) gefunden und durch
manuelles Berichtigen der entsprechenden Daten erneut nach dem Ablochen zur Umbuchung gebracht werden.

Eine andere unproduktive Arbeit, die aber maschinell nicht ohne weiteres zu erfassen ist, ist ein Job, der normal abgeschlossen wurde, aber
logisch falsch ist. Auch dieser Job muß wiederholt werden, und hier ist

die Eingabe des Wiederhol-Kennzeichens von besonderer Wichtigkeit, weil
nur dieses Kennzeichen einen Hinweis darauf gibt, daß vor diesem Job
ein ungekennzeichneter Job lief, der unproduktiv war und in jedem Fall
- es sei denn, die Fachabteilung hat den Wiederhollauf zu vertreten -
umgebucht werden muß.

Speziell die Kosten des zuletzt geschilderten Falles verdienen höchste
Aufmerksamkeit. Denn im Gegensatz zu den Abbrüchen, die 100 %ig erfaßt
werden, ist man bei diesen Fällen auf die Mitarbeit der Arbeitsvorbereitung angewiesen. Ein gewisses Kontrollmittel bietet das Periodenkennzeichen. Wenn der Job 4711 z.B. das Periodenkennzeichen " monatlich " trägt und die Jobauswertung 2 Monatsläufe ergibt, dann muß in
der Regel ein Wiederhollauf vorliegen.
Ich bin sicher, daß viele Rechenzentrumsleiter bei systematischem
Nachgehen dieser Fälle über die entsprechende Dunkelziffer überrascht
wären.

VI. Darstellung des Output

Abschließend darf ich Ihnen einen kurzen Überblick des monatlichen Output geben. Die einzelnen Listen sind hinsichtlich des ausgewählten
Jobs und des dazugehörigen Sachgebietes aufeinander abgestimmt.

a) ' Aufriß nach Job-Läufen ' (Anlage 13)

   Angabe der Jobläufe je Kostenstelle mit Datum, Uhrzeit und Kosten,
   nach Buchungsschlüssel und Sachgebiet sortiert.

b) ' Aufriß nach Jobs ' (Anlage 14)

   Angabe der Jobs je Kostenstelle; nach Buchungsschlüssel und Sachgebiet sortiert.

c) ' Rechnung ' je Kostenstelle (Anlage 15)

   Angabe der Summe je Buchungsschlüssel und Sachgebiet; Gesamtkosten,
   Bonus und verrechnete Kosten.

d) ' Aufriß nach Sachgebieten ' (Anlage 16)

   Angabe der Summe je Sachgebiet innerhalb der jeweiligen Kostenstelle; einschließlich Gesamtkosten ./. Bonus.

Die Anlagen 14-16 (bei Bedarf auch 13) dienen als Unterlagen für die Fachabteilung.

In Sonderfällen besteht die Möglichkeit, über ein gesondertes Programm gezielte Einzelrechnungen zu erstellen, wenn ein Kunde einen Einzelkostennachweis je Kostenfaktor wünscht.

Daneben kennen wir noch Management-Listen, in denen die Gesamtkosten je Kostenstelle bzw. weiter komprimiert je Werk ausgewiesen werden. Die letztgenannte Liste weist darüber hinaus auch die nicht verrechenbaren Kosten aus. Wie bereits erwähnt, verdient die Gegenüberstellung verrechenbare - nicht verrechenbare Kosten höchste Aufmerksamkeit.

Damit möchte ich meine Ausführungen schließen und mich bei Ihnen für Ihre Aufmerksamkeit bedanken.

Organisationsplan der
Hauptabteilung Datenverarbeitung

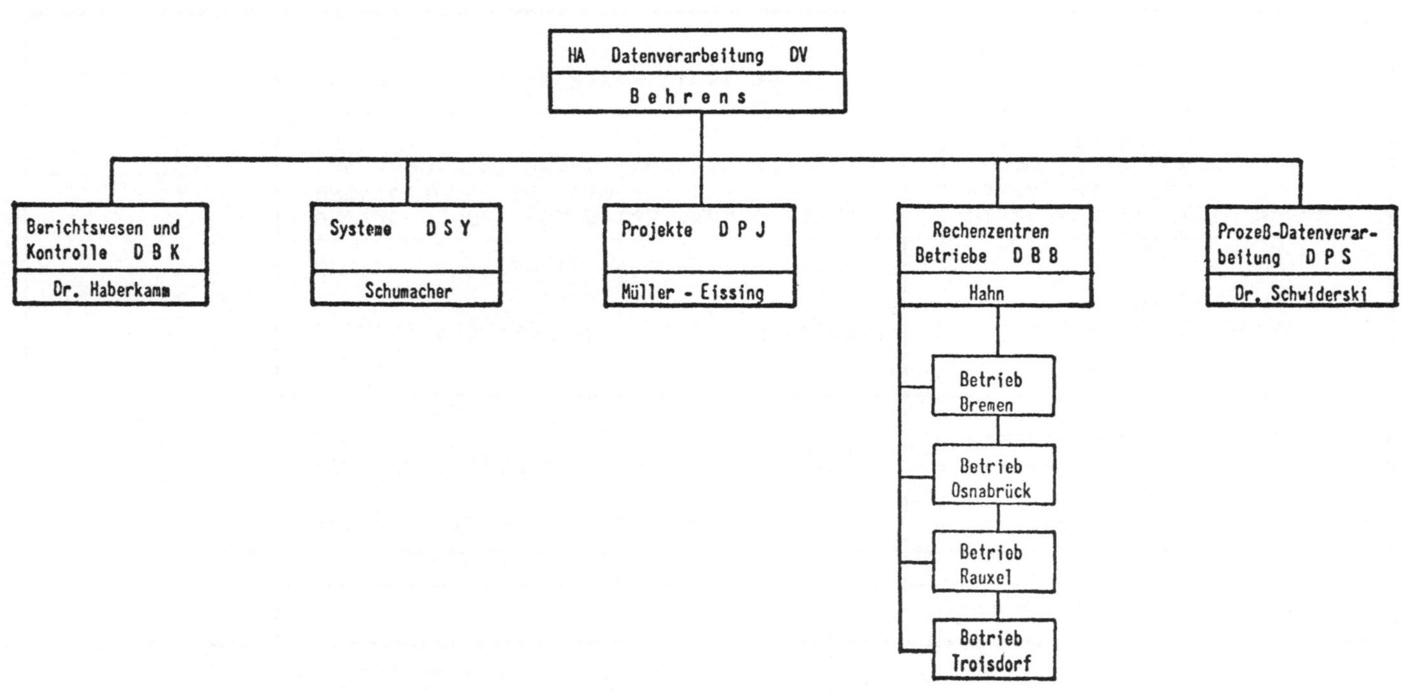

Datenverarbeitung Klöckner-Werke AG
Rechner-Installationen (Stand 01.9.1975) ohne Prozeß-Rechner

Lfd. Nr.	Rechenzentrum	Anlage	Rechner-Konfiguration
		a	b
1	Bremen	IBM 370/145 512K Bytes (Inst.1972) IBM 370/145 1024K Bytes (Inst.1973)	4 Platten a 100 Mill.Bytes *) 4 Bänder 200 KB/s **) 4 Platten a 100 Mill.Bytes 8 Platten a 200 Mill.Bytes 6 Bänder 200 bzw. 320 KB/s
2	Osnabrück	Siemens 4004-35, 64K Bytes (Inst.1970) UNIVAC 1004 (Inst.1964)	7 Platten a 7 Mill.Bytes 4 Bänder 30 KB/s
3	Troisdorf	UNIVAC 9480, **192K Bytes (Inst. 1974)** UNIVAC 1004 (Inst.1964) UAC 1600, 32K Bytes (Inst.1972)	**4 Platten à 25 Mill. Bytes** **4 Bänder 34 KB/s** 1 Trommel 512 K Worte 2 Bänder 15 KB/s
4	Rauxel	IBM 360-40, 196K Bytes (Inst.1972)	7 Platten a 28 Mill.Bytes 4 Bänder 15 KB/s

*)   1 Byte ist die Rechner-interne Darstellung eines alphanumerischen Zeichens

**) KB/s = Kilobytes pro Sekunde ist die Lese- und Schreibgeschwindigkeit der Magnetbänder

Datenverarbeitung
Istkosten und Budget

TDM

Lfd. Nr.	Kostenarten	Istkosten 1974/1975	Budget 1975/1976					Veränderung 1974/75 zu 1975/76	
			1.Quartal	2.Quartal	3.Quartal	4.Quartal	Gesamt	Betrag	%
		a	b	c	d	e	f	g	h
1	Personalaufwand								
2	Mieten,Wartung EDV-Anlagen								
3	Kapitaldienst EDV-Anlagen								
4	Summe Kosten EDV-Anlagen								
5	Gebäude-Kosten,Brennst.,Energie								
6	Vordrucke und Papier								
7	Bürokosten								
8	Reise- und Bewirtungskosten								
9	Fremde EDV-Kosten								
10	Umlagen, Steuern								
11	Ausbildungskosten								
12	Verschiedenes								
13	Summe der sonstigen Kosten								
14	Gesamt-Kosten								
15	Erlöse von Dritten								
16	verbleibende EDV-Kosten(Konzern)								
17	Erlöse von Konzerngesell - schaften								

KLOECKNER WERKE AG   LISTE NR. CSI060D2   B U D G E T K O N T R O L L E - BEREICH PROJEKTE BREMEN   SUMME   BLATT GC5

DATENVERARBEITUNG   MONAT JULI   1975   WERTE IN TDM

LFD NR.	K O S T E N A R T E N	B U D G E T JAHR	QUART.	1/3 DES QUART.	ISTKO. MONAT	BUDGET AUFGEL.	ISTKOST. AUFGEL.	A B W E I C H U N G E N AUFGEL. TDM	QUART. PROZ.	M O N A T TDM	PROZ.	RESTBUDGET JAHR
01	PERSONALAUFWAND	1.968,5	495,7	165,2	159,5	1.638,0	1.659,8	5,7	3,5	5,7	3,5	308,7
02	MIETEN, WARTUNG EDV-ANLAGEN											
03	KAPITALDIENST EDV-ANLAGEN											
04	SUMME KOSTEN EDV-ANLAGEN											
05	GEBAEUDE-KOSTEN, BRENNST. ENERGIE	52,4	13,1	4,4	5,4	43,7	61,8	1,0-	22,7-	1,0-	22,7-	9,4-
06	VORDRUCKE UND PAPIER				,8		,8	,8-		,8-		,8-
07	BUEROKOSTEN	65,6	16,4	5,5	4,2	54,7	22,6	1,3	23,6	1,3	23,6	43,0
08	REISE-UND BEWIRTUNGSKOSTEN	71,1	16,5	5,5	3,5	60,1	34,1	2,0	36,4	2,0	36,4	37,0
09	FREMDE EDV-KOSTEN	10,0				10,0	28,2					18,2-
10	UMLAGEN, STEUERN	40,0	10,0	3,3	2,0	33,3	27,3	1,3	39,4	1,3	39,4	12,7
11	VERSCHIEDENES	82,3	18,2	6,1	14,5	70,2	49,8	8,4-	137,7-	8,4-	137,7-	32,5
12	SUMME DER SONSTIGEN KOSTEN	321,4	74,2	24,8	30,4	272,0	224,6	5,6-	22,6-	5,6-	22,6-	96,8
13	GESAMT-KOSTEN	2.289,9	569,9	190,0	189,9	1.910,0	1.884,4	,1	,1	,1	,1	405,5
14	ERLOESE VON DRITTEN											
15	VERBLEIBENDE EDV-KOSTEN (KONZERN)	2.289,9	569,9	190,0	189,9	1.910,0	1.884,4	,1	,1	,1	,1	405,5

		BUDGET TDM	ISTKOSTEN TDM	A B W E I C H U N G E N PROZ.	TDM
16	1. QUARTAL	546,7	535,1	2,1	11,6
17	2. QUARTAL	582,1	572,9	1,6	9,2
18	3. QUARTAL	591,2	586,7	,8	4,5
19	4. QUARTAL	569,9			

Übersicht 'RZ-Kosten'

Nr.	Kostenarten	Kosten [1] / DM
1	**Hardware**	
1.1	2x CPU	
1.2	8x 128 K	
1.3	Kanäle	
	(6 Selektorkanäle)	
	Einheiten incl. Steuereinheiten (STE)	
1.4	4 Drucker	
	4 STE	
1.5	2 Systemdrucker	
1.6	2 Lese-Stanzer incl. STE	
1.7	2 Diskettenleser	
1.8	6 Plattenlaufwerke incl. 2 STE	
1.9	10 Bandlaufwerke incl. 2 STE	
1.10	2 Konsolen	
2	**Datenträger**	
2.1	Papier normal	
2.2	Papier Formular	
2.3	Lochkarten	
3	**Software**	
4	**Personal**	
4.1	Arbeitsvorbereitung	
4.2	Systempflege	
4.3	Archiv	
4.4	Operating (Maschinensaal)	
4.5	Expedition	
4.6	Verwaltung	
Gesamt:		

1) Nicht direkt zuordenbare Kosten werden nach Kostenschlüsseln verteilt.

Übersicht 'Kosten-Zuordnung'

1	2	3	4	5	6	7	8
Kosten-faktor	Kostenart	Kosten je Monat/DM	Gesamt-kosten	Ausla-[*] stung	Basis-kosten	Kostenj‹ Einheit in DM	Unaus Übers. RZ-Kon
CPU-Zeit	Miete 2x CPU	124.282,-	124.282,-	20 %	621.410,-	0,241	1.1
Kanal-Zeit	Miete 6 Selektor-kanäle	10.176,-	10.176,-	49 %	20.767,-	0,008	1.3
Platten-Benutzung	Miete 13 Platten-laufwerke incl. Anteil STE Anteil Personalk. Operating	53.913,- 7.200,-	61.113,-	214 %	28.557,-	0,011	A 1.8 A 4.4
Band-Benutzung	Miete 10 Band-laufwerke incl. STE Pers. Archiv Anteil Operating	30.675,- 4.205,- 7.200,-	42.080,-	54 %	77.926,-	0,030	1.9 4.3 A 4.4
UR-Eingabe Benutzung			•				
UR-Ausgabe Benutzung			•				
(Druck- Stanz-Ausgabe)							

[*] 100 % Auslastung = 720 Std. = 2.592.000 Sek.

UEBERSICHT DER KOSTENFAKTOREN WERK 01

KOSTEN-FAKTOREN	PRAXIS		TEST		GESAMT (A)
C P U - Z E I T	113.200,35 DM	71,91 P ZU-A 20,76 P ZU-B	44.227,85 DM	28,09 P ZU-A 28,15 P ZU-C	157.428,23 DM
KANAL - Z E I T	9.140,60 DM	81,17 P ZU-A 1,68 P ZU-B	2.120,10 DM	18,83 P ZU-A 1,35 P ZU-C	11.260,70 DM
PLATTEN-BENUTZG	54.988,86 DM	75,96 P ZU-A 10,09 P ZU-B	17.404,70 DM	24,04 P ZU-A 11,08 P ZU-C	72.393,56 DM
BAND- BENUTZUNG	34.953,06 DM	91,84 P ZU-A 6,41 P ZU-B	3.104,10 DM	8,16 P ZU-A 1,98 P ZU-C	38.057,16 DM
UR-EING-BENUTZG	2.684,54 DM	99,81 P ZU-A 0,49 P ZU-B	5,14 DM	0,19 P ZU-A 0,00 P ZU-C	2.689,68 DM
UR-AUSG-BENUTZG	4.433,28 DM	100,00 P ZU-A 0,81 P ZU-B	0,00 DM	0,00 P ZU-A 0,00 P ZU-C	4.433,28 DM
TERMINAL-BENUTZ	0,30 DM	0,00 P ZU-A 0,00 P ZU-B	0,00 DM	0,00 P ZU-A 0,00 P ZU-C	0,00 DM
SONSTIG E/A-BEN	0,00 DM	0,00 P ZU-A 0,00 P ZU-B	0,00 DM	0,00 P ZU-A 0,00 P ZU-C	0,00 DM
CORE- BENUTZUNG	52.826,27 DM	76,10 P ZU-A 9,69 P ZU-B	16.590,61 DM	23,90 P ZU-A 10,56 P ZU-C	69.416,88 DM
SYSTEM- BENUTZG	35.455,92 DM	78,24 P ZU-A 6,50 P ZU-B	9.862,70 DM	21,76 P ZU-A 6,28 P ZU-C	45.318,62 DM
SOFTW - BENUTZG	19.338,31 DM	78,24 P ZU-A 3,55 P ZU-B	5.378,93 DM	21,76 P ZU-A 3,42 P ZU-C	24.716,94 DM
STEP- BEARBEITG	67.448,70 DM	78,59 P ZU-A 12,37 P ZU-B	18.369,45 DM	21,41 P ZU-A 11,69 P ZU-C	85.818,15 DM
RUEST - AUFWAND	40.771,20 DM	95,93 P ZU-A 7,48 P ZU-B	1.728,00 DM	4,07 P ZU-A 1,10 P ZU-C	42.499,20 DM
SPOOL - EINGABE	12.156,28 DM	68,29 P ZU-A 2,23 P ZU-B	5.645,50 DM	31,71 P ZU-A 3,59 P ZU-C	17.801,78 DM
SPOOL - AUSGABE	97.844,70 DM	74,98 P ZU-A 17,95 P ZU-B	32.654,99 DM	25,02 P ZU-A 20,79 P ZU-C	130.499,69 DM
	(B)		(C)		(D)
T O T A L	545.241,77 DM	77,63 P ZU-D	157.092,10 DM	22,37 P ZU-D.	702.333,87 DM

JOB-NAME	STEPNAME	PROGRAMM	STEP/JOB-BEZ. LT. JOB-KARTE / ACCOUNTING – SCHLUESSEL / FORTSETZUNG ACC-SCHL.	DATUM BEGINN DURATION CPU-ZEIT	DEVICES	ANZ. EXCP	PART-NR. PART-GR. NOTW.GR. JOB-PRTY	COMP-CODE VERR-CODE JOB-CLASS OUT-SPOOL	EXCP GES. STEPKOST. JOB-KOST. ANZ.SYSIN
BDCJOSO	*******	***B***	MITTERHOLZER	07.05.75	-CLASS 0 *Flatter*	1.313	P02	0020	1.313
			L0000,MT,01092100.000	17.14.42	-CLASS 1 *Zünder*	0	256	L0001	-
				00.12.54	-CLASS 2 *Karten-,Beleg-l.*	0	152	N	0,00
				00.00.17	-CLASS 3 *Drucker,Stanzer*	0	6	406	3
					-CLASS 4 *Terminals*	0			
					-CLASS 5 *Sonst.Peripherie*	0	(SPOOL-KLASSEN S,1)		
BDCJOSO	START	SETCOND	PRAXIS-STEP	09.05.75			-	----	0
				11.03.22			256	-	0,00
				00.00.02			58	-	-
				00.00.00			-	-	-
BDCJOSO	DCR03020	CALLUTIL	PRAXIS-STEP	09.05.75	152-3330	0	-	0000	1
				11.03.24	155-3330	1	256	-	0,00
				00.00.20	158-3330	0	152	-	-
				00.00.03	15A-3330	0	-	-	-
BDCJOSO	DCR03030	OCR030A	PRAXIS-STEP	09.05.75	152-3330	2	-	0000	190
				11.03.45	156-3330	2	256	-	0,00
				00.00.24	159-3330	92	72	-	-
				00.00.03	15A-3330	94	-	-	-
BDCJOSO	DCR03040	DVSUTIL	PRAXIS-STEP	09.05.75	152-3330	5	-	0000	191
				11.04.09	155-3330	91	256	-	0,00
				00.00.25	156-3330	3	62	-	-
				00.00.02	159-3330	92	-	-	-
BDCJOSO	DCR02045	CALLUTIL	PRAXIS-STEP	09.05.75	152-3330	2	-	0000	2
				11.04.34	155-3330	0	256	-	0,00
				00.00.07			78	-	-
				00.00.01					-
BDCJOSO	DCR02050	DVSUTIL	PRAXIS-STEP	09.05.75	152-3330	5	-	0000	7
				11.04.41	155-3330	2	256	-	0,00
				00.01.18	281-3420	0	80	-	-
				00.00.01					-
BDCJOSO	*******	***B***	MITTERHOLZER	09.05.75	-CLASS 0	391	P01	0020	391
			L0000,MT,01092100.000	11.03.10	-CLASS 1	0	256	L0001	-
				00.02.38	-CLASS 2	0	152	0	0,00
				00.00.10	-CLASS 3	0	6	395	3
					-CLASS 4	0			
					-CLASS 5	0	(SPOOL-KLASSEN S,1)		
BDCJOSO	START	SETCOND	PRAXIS-STEP	09.05.75			-	----	0
				23.10.58			256	-	0,00
				00.00.02			60	-	-
				00.00.00			-	-	-
BDCJOSO	DCR03020	CALLUTIL	PRAXIS-STEP	09.05.75	152-3330	0	-	0000	1
				23.11.00	155-3330	1	256	-	0,00
				00.00.17	158-3330	0	152	-	-
				00.00.03	15A-3330	0	-	-	-
BDCJOSO	DCR03030	OCR030A	PRAXIS-STEP	09.05.75	152-3330	2	-	SOC7	9

JOB-NAME	STEPNAME	PROGRAMM	STEP/JOB-BEZ. LT. JOB-KARTE ACCOUNTING - SCHLUESSEL FORTSETZUNG ACC-SCHL.	DATUM BEGINN DURATION CPU-ZEIT	DEVICES	ANZ. EXCP	PART-NR. PART-GR. NDTW.GR. JOB-PRTY	COMP-CODE VERR-CODE JOB-CLASS OUT-SPOOL	EXCP GES. STEPKOST. JCB-KOST. ANZ.SYSIN
BOCJO30	******	***B***	MITTERHOLZER L0000,MT,01092100.000	07.05.75 17.14.42 00.12.54 00.00.17	-CLASS 0 -CLASS 1 -CLASS 2 -CLASS 3 -CLASS 4 -CLASS 5	1.313 0 0 0 0 0	P02 256 152 6 (SPOOL-KLASSEN S,1)	0020 L0001 N 406	1.313 - 0,00 3
BOCJO30₅	******	***B***	MITTERHOLZER L0000,MT,01092100.000	09.05.75 11.03.10 00.02.38 00.00.10	-CLASS 0 -CLASS 1 -CLASS 2 -CLASS 3 -CLASS 4 -CLASS 5	391 0 0 0 0 0	P01 256 152 6 (SPOOL-KLASSEN S,1)	0020 L0001 0 395	391 - 0,00 3
BOCJO30	******	***B***	MITTERHOLZER L0000,MT,01092100.000 L090A,01999900.000 *** MASCH. UMBUCHUNG ***	09.05.75 23.10.46 00.00.51 00.00.09	-CLASS 0 -CLASS 1 -CLASS 2 -CLASS 3 -CLASS 4 -CLASS 5	10 0 0 0 0 0	P01 0 152 6 (SPOOL-KLASSEN 1,S)	S0C7 L090A 0 932	10 - 0,00 3
BOCJO30	******	***B***	MITTERHOLZER L0000,MT,01092100.000	10.05.75 00.01.43 00.00.42 00.00.07	-CLASS 0 -CLASS 1 -CLASS 2 -CLASS 3 -CLASS 4 -CLASS 5	291 0 0 0 0 0	P01 0 152 6 (SPOOL-KLASSEN 1,S)	0020 L0001 0 282	291 - 0,00 3
BOCJO30	******	***B***	MITTERHOLZER L0000,MT,01092100.000 *** KEINE VERBUCHUNG ***	10.05.75 01.18.23 00.00.15 00.00.00	-CLASS 0 -CLASS 1 -CLASS 2 -CLASS 3 -CLASS 4 -CLASS 5	0 0 0 0 0 0	P01 0 60 6	---- ---- 0 224	0 - 0,00 3
BOCJO30	******	***B***	MITTERHOLZER L0000,MT,01092100.000 *** KEINE VERBUCHUNG ***	10.05.75 02.15.22 00.00.01 00.00.00	-CLASS 0 -CLASS 1 -CLASS 2 -CLASS 3 -CLASS 4 -CLASS 5	0 0 0 0 0 0	P01 0 0 6	---- ---- 0 207	0 - 0,00 3
BOCJO30	******	***B***	MITTERHOLZER L0000,MT,01092100.000	10.05.75 10.35.04 00.01.57 00.00.05	-CLASS 0 -CLASS 1 -CLASS 2 -CLASS 3 -CLASS 4 -CLASS 5	258 0 0 0 0 0	P01 256 80 6 (SPOOL-KLASSEN 1,S)	0040 L0001 0 341	258 - 0,00 3
BOCJO30	******	***B***	MITTERHOLZER L0000,MT,01092100.000	10.05.75 12.46.58 00.00.50 00.00.08	-CLASS 0 -CLASS 1 -CLASS 2 -CLASS 3 -CLASS 4 -CLASS 5	263 0 0 0 0 0	P01 0 152 6 (SPOOL-KLASSEN S,1)	0020 L0001 0 290	263 - 0,00 3

SYF01CBS/F1005/PA003   AUSWERTUNG DER JOB-STREAMS   JOBKOSTEN-VERRECHNUNG/12.05.75   12.SEITE

MASCHINELLE UMBUCHUNGEN

```
L3:4-   00 0    0        1    1    1    1    2    2    2    2   3    3         4    4        4 5 5   5        6 6 6   6        7 7 7
SPALTEN = 12 3  4......1  2....7 8....3 4...8 9...3 4......1 2......9 0.2     3......0 1.3   4......1 2.4
INHALTE = KA ANL JOB-NAME DATUM= ZEIT=  BUCH- BUCH-  STEPNAME KOSTEN- PRZ-   KOSTEN- PRZ-   KOSTEN- PRZ-
                          JJMMTT HHMMSS ALT   NEU             STELLE  ANT.   STELLE  ANT.   STELLE  ANT.
```

INHALTE=	KA	ANL	JOB-NAME	DATUM= JJMMTT	ZEIT= HHMMSS	BUCH-ALT	BUCH-NEU	STEPNAME	KOSTEN-STELLE	PRZ-ANT.	KOSTEN-STELLE	PRZ-ANT.	KOSTEN-STELLE	PRZ-ANT.	
s222..	10	B	BOCJ015	750510	120549	L090A	*L0504*		*DBB* ..../...		........./...		........./...		/JOB
....	10	B	BOCJ015	750510	120549	L090A	.....	OCR01020	........./...		...... /....		......,../...		/STEP
sB13..	10	B	BOCJ020	750506	133614	L090A	*L050A*		*DBB* ..../...		........./...		........./...		/JOB
....	10	B	BOCJ020	750506	133614	L090A	.....	OCR02020	........./...		........./...		........./...		/STEP
SB13..	10	B	BOCJ020	750506	133958	L090A	*L050A*		*DBB* ..../...		........./...		........./...		/JOB
....	10	B	BOCJ020	750506	133958	L090A	.....	OCR02020	........./...		........./...		........./...		/STEP
sCC7..	10	B	BOCJ030	750509	231046	L090A	*L0001*		*VK*..../...		........./...		........./...		/JOB
....	10	B	BOCJ030	750509	231046	L090A	.....	OCR03020	........./...		........./...		........./...		/STEP
....	10	B	BOCJ030	750509	231046	L090A	*L0404*	OCR03030	*DSY*.../...		........./...		........./...		/STEP
s222..	10	B	BUTJ000	750506	140031	L090A	.....		........./...		........./...		........./...		/JOB
....	10	B	BUTJ000	750506	140031	L090A	.....	BUT00020	........./...		........./...,		........./..,		/STEP
s222..	10	B	BUTJ000	750509	133739	L090A	.....		........./...		........./...		........./...		/JOB
....	10	B	BUTJ000	750509	133739	L090A	.....	BUT00020	........./...		........./...		........./...		/STEP
sOC1..	10	B	BUTJ001	750506	124015	L090A	*L0001*		*VK*.../...		........./...		........./...		/JOB
....	10	B	BUTJ001	750506	124015	L090A	.....	BUT00020	........./...		........./...		........./...		/STEP
....	10	B	BUTJ001	750506	124015	L090A	.....	BUT00225	........./...		........./...		........./...		/STEP
....	10	B	BUTJ001	750506	124015	L090A	.....	BUT00430	........./...		........./...		........./...		/STEP
sOC1..	10	B	BUTJ001	760509	210641	L090A	*L0001*		*VK*.../...		........./...		........./...		/JOB

Handwritten annotations: "Programmfehler" (after the BOCJ030 / OCR03030 group); "Beleglesungsdifferenz" (before the first BUTJ001 group and again before the last BUTJ001 line).

SYF32081 F2001/PA003,23.06.75   JOBKOSTENVERRECHNUNG / UMBUCHUNGEN   BLATT 0043

WERK   01

                                    - U M B U C H U N G S - P R O T O K O L L -

```
         KA A JOS-NAME DATUM  ZEIT=  BUCH- BUCH- STEPNAME KOSTEN- PRZ- KOSTEN- PRZ- KOSTEN- PRZ- F  B E M E R K U N G E N   FEHLER
                       JJMMTT HHMMSS ALT   NEU            STELLE  ANT. STELLE  ANT. STELLE  ANT. G                          LED NR
------------------------------------------------------------------------------------------------------------------------------------
EINGABE  10 B BOCJ020 750506 133614 L090A L050A          DBB     /                                  UMBUCHUNG ERFOLGREICH
------------------------------------------------------------------------------------------------------------------------------------
ERGEBNIS    B BOCJ020 750506 133614 L050A       OCR02020 019999C0/000 01076100/000
************************************************************************************************************************************
EINGABE  10 B BOCJ020 750506 133958 L090A L050A          DBB     /                                  UMBUCHUNG ERFOLGREICH
------------------------------------------------------------------------------------------------------------------------------------
ERGEBNIS    B BOCJ020 750506 133958 L050A       OCR02020 01999900/000 01076100/000
************************************************************************************************************************************
EINGADE  10 B BOCJ020 750523 092547 L090A L050A          DBB     /                                  UMBUCHUNG ERFOLGREICH
------------------------------------------------------------------------------------------------------------------------------------
ERGEBNIS    B BOCJ020 750523 092547 L050A       OCR02020 01999900/000 01076100/000
************************************************************************************************************************************
EINGABE  10 B BOCJ020 750609 094418 L090A L050A          DRB     /                                  UNPAARIG JOBLOG-NR      122
------------------------------------------------------------------------------------------------------------------------------------
EINGABE  10 B BOCJ030 750509 231046 L090A L0001          VK      /                                  UMBUCHUNG ERFOLGREICH
         10 B BOCJ030 750509 231046 L090A L040A OCR03030 DSY     /                                  UMBUCHUNG ERFOLGREICH
------------------------------------------------------------------------------------------------------------------------------------
ERGEBNIS    B BOCJ030 750509 231046 LC001       OCR03020 01999900/000 01092100/000
            B BOCJ030 750509 231118 L040A       OCR03030 01999900/000 01075100/000
************************************************************************************************************************************
EINGABE  10 B BOCJ030 750523 140616 L090A L050A          DBB     /                                  UMBUCHUNG ERFOLGREICH
------------------------------------------------------------------------------------------------------------------------------------
ERGEBNIS    B BOCJ030 750523 140616 L050A       OCR03020 01999900/000 01076100/000
                                                OCR03030
                                                OCR03040
                                                OCR02045
```

F E H L E R H A F T E   U M B U C H U N G E N

LOCH-SPALTEN=	00 12	0 3	0 4......1	1 2....7	1 8....3	1 2 4...8	2 9...3	2 3 4......1	3 4	4 2......9	4 5 5 0.2	5 3......0	6 6 6 1.3	6 4......1	7 7 7 2.4	7 8
INHALTE = FEHLER-NR	KA	ANL	JOB-NAME	DATUM= JJMMTT	ZEIT= HHMMSS	BUCH-ALT	BUCH-NEU	STEPNAME	KOSTEN-STELLE	PRZ-ANT.	KOSTEN-STELLE	PRZ-ANT.	KOSTEN-STELLE	PRZ-ANT	F G
27	10	A	DRDJ060	750601	161201	L090A	L0001		VK	/	....		....		/JOB
28	10	A	DBDJ060	750601	161204	L090A	L040A	DBD18030	DPJ	/	....		....		/STEP
29	10	A	DBDJ060	750601	161714	L090A	L0001		VK	/	....		....		/JOB
30	10	A	DBDJ060	750601	161714	L090A	L040A	DBD18030	DPJ	/	....		....		/STEP
31	10	A	DBDJ060	750605	035831	L090A	L0001		VK	/	....		....		/JOB
32	10	A	DBDJ060	750605	035831	L090A	L060A		DBB	/	....		....		/JOB
33	10	A	DBDJ060	750605	072402	L0401	L0601		VK	/	....		....		/JOB
34	10	A	DRDJ060	750606	034623	L0401	L0601		VK	/	....		....		/JOB
35	10	A	DBDJ070	750601	162629	L090A	L040A		DPJ	/	....		....		/JOB
36	10	A	DBDJ070	750605	032826	L090A	L040A		DPJ	/	....		....		/JOB
37	10	A	DKOJ0560	750603	181920	L090A	L0701		VK	/	....		....		/JOB
38	10	A	DLSJ010	750516	090704	L0401	L0001		VK	/	....		....		/JOB
39	10	A	DLSJ010	750525	013926	L090A	L050A		DBB	/	....		....		/JOB
40	10	A	DLSJ010	750601	022329	L090A	L010A		DBB	/	....		....		/JOB
41	10	A	DLSJ010	750605	090744	L090A	L060A		DBB	/	....		....		/JOB
42	10	A	DLSJ010D	750605	095154	L0901	L060A		DBB	/	....		....		/JOB
43	10	A	DSAJ010D	750526	140822	L090A	L050A		DBB	/	....		....		/JOB
44	10	A	DWJ060-2	750581	106406	090AL	020AD	WV17050	DRB	/	....		....		/STEP
45	10	A	DWKJ010S	750603	210658	L090A	L060A		DBB	/	....		....		/JOB
46	10	A	DWKJ010Y	750520	105343	L0201	L0001		VK	/	....		....		/JOB
47	10	A	DWKJ010T	750520	110247	L0201	L0001		VK	/	....		....		/JOB
48	10	A	DWKJ055D	750603	112507	L090A	L060A		DBB	/	....		....		/JOB
49	10	A	DWKJ80MA	750601	092053	L090A	L0701		VK	/	....		....		/JOB
50	10	A	DWKJ80MA	750601	131016	L090A	L0401		DPJ	/	....		....		/JOB
51	10	A	DWSJ040	750523	082304	L0601	L0001	DWS08050			....		....		/STEP
52	10	A	DWTJ800	750602	071528	L090A	L0701		VK	/	....		....		/JOB

SYF06081,F6001/PA003,16.07.75   JOBKOSTENVERRECHNUNG FUER DEN ZEITRAUM VOM 01.05.75 BIS 31.05.75   BLATT 149

JERK   01

KOSTENSTELLE 0921-00   - A U F R I S S   N A C H   J O B L A E U F E N -

SACH-GEB.	BUCK.-SCHL.	JOB-NAME	DATUM TT.MM.JJ	ZEIT HH.MM.SS	ANL	ANZAHL STEPS	ANZAHL LAEUFE	P. KZ	KOSTEN GESAMT	PROZ-ANTEIL	ANTEIL IN DM - FUER.KOSTENST.	PROZ. V. GES. DV
BOC	L0001	BOCJ030	05.05.75	13.23.15	R	5		MT	36,25	100,0	36,25	
			05.05.75	19.33.30	R	5		MT	39,74	100,0	39,74	
			06.05.75	12.00.51	B	5		MT	38,73	100,0	38,73	
			07.05.75	10.48.57	B	5		MT	33,95	100,0	33,95	
			07.05.75	14.54.42	B	5		MT	35,08	100,0	35,08	
			07.05.75	17.14.42	B	5		MT	39,22	100,0	39,22	
			09.05.75	11.03.10	B	5		MT	34,10	100,0	34,10	
			09.05.75	23.10.46	B	1		MT	20,91	100,0	20,91	
			10.05.75	00.01.43	B	2		MT	22,01	100,0	22,01	
			10.05.75	10.35.04	B	3		MT	24,35	100,0	24,35	
			10.05.75	12.46.58	B	2		MT	27,60	100,0	22,60	
			12.05.75	09.38.32	B	3		MT	23,72	100,0	23,72	
			12.05.75	18.15.21	D	2		MT	21,51	100,0	71,51	
			13.05.75	02.05.55	R	5		MT	40,80	100,0	40,80	
			15.05.75	10.14.32	R	5		MT	40,86	100,0	40,86	
			15.05.75	21.10.40	B	5		MT	34,35	100,0	34,35	
			16.05.75	16.43.50	B	5		MT	45,35	100,0	45,35	
			16.05.75	20.48.12	D	5		MT	33,50	100,0	33,50	
			20.05.75	12.23.09	B	5		MT	37,40	100,0	37,40	
			21.05.75	11.26.20	B	5		MT	37,86	100,0	37,86	
			22.05.75	10.39.12	B	5		MT	38,66	100,0	38,66	
			26.05.75	08.07.19	R	5		MT	45,32	100,0	45,32	
			27.05.75	10.47.23	B	5		MT	42,49	100,0	42,49	
			27.05.75	15.01.31	B	5		MT	31,51	100,0	31,51	
			28.05.75	12.44.39	B	5		MT	48,84	100,0	48,84	
			29.05.75	08.32.20	B	5		MT	32,81	100,0	32,81	
			30.05.75	09.55.25	B	5		MT	42,96	100,0	42,96	
BOC	L0001	BOCJ030					27	MT	944,88	100,0	944,88	0 *
BOC	L0101	BOCJ050	22.05.75	13.43.59	B	1		MT	44,97	100,0	44,97	
			23.05.75	15.23.37	A	2		MT	51,09	100,0	51,09	
			26.05.75	08.09.22	B	2		MT	41,02	100,0	41,02	
			27.05.75	10.52.16	B	2		MT	48,56	100,0	48,56	
			28.05.75	12.53.13	B	2		MT	66,86	100,0	66,86	
			29.05.75	09.28.17	B	2		MT	63,41	100,0	63,41	
			30.05.75	10.13.37	B	2		MT	54,59	100,0	54,59	
BOC	L0101	BOCJ050					7	MT	370,50	100,0	370,50-	0 *
BOC	L0101	********					7		370,50		370,50	0 **

SYF060B2.F6002/PA003.16.07.75   JOBKOSTENVERRECHNUNG FUER DEN ZEITRAUM VON 01.05.75 PIS 31.05.75   BLATT   27

WERK   01

KOSTENSTELLE 0921-00   - A U F R I S S   N A C H   J O B S -

SACH-GEB.	BUCH.-SCHL.	JOB-NAME	B E Z E I C H N U N G	ANZAHL LAEUFE	KZ	KOSTEN GESAMT	PROZ-ANTEIL	ANTEIL IN DM FUER KOSTENST.	PROZ. V. GES. DV	
BAJ	L0001	BAJJ330		2	AA	348,47	100,0	348,47	0	*
BAJ	L0001	BAJJ400		1	AA	97,26	100,0	97,26	0	*
BAJ	L0001	BAJ880		1	AA	55,97	100,0	55,97	0	*
BAJ	L0001	********		4		501,70		501,70	0	**
BAJ	L10T1	TBAJ830		2	00	20,34	100,0	20,34	0	*
BAJ	L10T1	********		2		20,34		20,34	0	**
BAJ	*****	********		6		522,04		522,04	0	***
BAM	E10T1	TBAM210		1	00	31,54	100,0	31,54	0	*
BAM	E10T1	********		1		31,54		31,54	0	**
BAM	L0001	BAMJ010		3	MO	121,28	100,0	121,28	0	*
BAM	L0001	BAMJ020		3	MO	93,63	100,0	93,63	0	*
BAM	L0001	BAMJ030		1	MO	247,69	100,0	247,69	0	*
BAM	L0001	BAMJ040		1	MO	37,54	100,0	37,54	0	*
BAM	L0001	********		8		500,14		500,14	0	**
BAM	L0201	BAMJ020		1	MO	22,35	100,0	22,35	0	*
BAM	L0201	********		1		22,35		22,35	0	**
BAM	*****	********		10		554,03		554,03	0	***
BOC	L0001	BOCJ010		51	MT	2.923,54	100,0	2.923,54	0	*
BOC	L0001	BOCJ015		69	MT	361,68	100,0	361,68	0	*
BOC	L0001	BOCJ020		26	MT	506,56	100,0	506,56	0	*
BOC	L0001	BOCJ030		27	MT	944,88	100,0	944,88	0	*
BOC	L0001	BOCJ050		19	MT	818,07	100,0	818,07	0	*
BOC	L0001	********		192		5.554,73		5.554,73		**
BOC	L0101	BOCJ050		7	MT	370,50	100,0	370,50	0	*
BOC	L0101	********		7		370,50		370,50	0	**
SVR	L0001	SVRJ010		2	AA	153,52	100,0	153,52	0	*
SVR	L0001	SVRJ020		3	AA	118,42	100,0	118,42	0	*
SVR	L0001	SVRJ020D		3	AA	19,93	100,0	19,93	0	*
SVR	L0001	SVRJ040		1	MO	79,47	100,0	79,47	0	*
SVR	L0001	********		9		371,34		371,34	0	**
SVR	*****	********		9		371,34		371,34	0	***
****	*****	********	SUMME KOSTENSTELLE	134		45.747,03		45.747,03.		*****

BONUS 14 PROZ V. KST   6.232,11-
                                                                                              —
SUMME VERRECHNET   39.514,92
                                                                                            =========

SYF060B3,F6003/PAC03,16.07.75   JOBKOSTENVERRECHNUNG FUER DEN ZEITRAUM VOM 01.05.75 BIS 31.05.75   BLATT 14

WERK   01

KOSTENSTELLE 0921-00   - RECHNUNG -

SACH-GEB.	BUCH.-SCHL.	JOB-NAME	BEZEICHNUNG	ANZAHL LAEUFE	KZ	KOSTEN GESAMT	PROZ-ANTEIL	ANTEIL IN DM FUER KOSTENST.	PROZ. V. GES. DV	
BAJ	L0C01	*******		4		501,70		501,70	0	**
BAJ	L10T1	*******		2		20,34		20,34	0	**
BAJ	*****	*******		6		522,04		522,04	0	***
BAM	E10T1	*******		1		31,54		31,54	0	**
BAM	L0001	*******		8		500,14		500,14	0	**
BAM	LD201	*******		1		22,35		22,35	0	**
BAM	*****	*******		10		554,03		554,03	0	***
BOC	L0001	*******		192		5.554,73		5.554,73		**
BOC	L0101	*******		7		370,50		370,50	0	**
BOC	L0501	*******		11		184,11		184,11	0	**
BOC	L0601	*******		6		514,14		514,14	0	**
BOC	*****	*******		216		6.623,48		6.623,48		***
BUF	L0C01	*******		25		1.979,16		1.979,16	0	**
BUF	*****	*******		25		1.979,16		1.979,16	0	***
BUJ	L0001	*******		1		13,29		13,29	0	**
BUJ	L0401	*******		1		566,97		566,97	0	**
BUJ	*****	*******		2		580,26		580,26	0	***
BUM	E10T1	*******		1		49,50		49,50	0	**
BUM	L0001	*******		27		7.146,15		7.146,15		**
BUM	L0301	*******		1		40,99		40,99	0	**
BUM	*****	*******		29		7.236,64		7.236,64		***
BUS	L0001	*******		11		487,43		487,43	0	**
BUS	*****	*******		11		487,43		487,43	0	***
HSA	L0001	*******		12		545,75		545,75	0	**
HSA	*****	*******		12		545,75		545,75	0	***
IND	L0C01	*******		1		3,53		3,53	0	**
IND	*****	*******		1		3,53		3,53	0	***
KUR	L10T1	*******		7		392,44		392,44	0	**
KUR	*****	*******		7		392,44		392,44	0	***
KUZ	L10T1	*******		16		1.220,19		1.220,19	0	**
KUZ	*****	*******		16		1.220,19		1.220,19	0	***
OCR	L10T1	*******		44		2.199,89		2.199,89	0	**
OCR	*****	*******		44		2.199,89		2.199,89	0	***
SVR	L0001	*******		9		371,34		371,34	0	**
SVR	*****	*******		9		371,34		371,34	0	***
****	*****	*******	SUMME KOSTENSTELLE	834		45.747,03		45.747,03		*****

BONUS 14 PROZ V. KST   6.232,11-

SUMME VERRECHNET   39.514,92

SYF060B4,F6004/PA003,16.07.75   JOBKOSTENVERRECHNUNG FUER DEN ZEITRAUM VOM 01.05.75 BIS 31.05.75   BLATT   10

WERK   01

KOSTENSTELLE 0921-00   - A U F R I S S   NACH   S A C H G E B I E T E N -

SACH-GEB.	BUCH.-SCHL.	JOB-NAME	B E Z E I C H N U N G	ANZAHL LAEUFE	KZ	KOSTEN GESAMT	PROZ-ANTEIL	ANTEIL IN DM FUER KOSTENST.	PROZ. V. GES. DV
BAJ	*****	*******		6		522,04		522,04	0 ***
BAM	*****	*******		10		554,03		554,03	0 ***
BOC	*****	*******		216		6.623,48		6.623,48	***
BUF	*****	*******		25		1.979,16		1.979,16	0 ***
BUJ	*****	*******		2		580,26		580,26	0 ***
BUM	*****	*******		29		7.236,64		7.236,64	***
BUS	*****	*******		11		487,43		487,43	0 ***
BUT	*****	*******		427		20.770,46		20.770,46	***
CSI	*****	*******		1		138,55		138,55	0 ***
CSO	*****	*******		12		392,45		392,45	0 ***
CTL	*****	*******		2		7,56		7,56	0 ***
DRU	*****	*******		2		1.667,38		1.667,38	0 ***
FRL	*****	*******		2		54,45		54,45	0 ***
HSA	*****	*******		12		545,75		545,75	0 ***
IND	*****	*******		1		3,53		3,53	0 ***
KUR	*****	*******		7		392,44		392,44	0 ***
KUZ	*****	*******		16		1.220,19		1.220,19	0 ***
OCR	*****	*******		44		2.199,89		2.199,89	0 ***
SVR	*****	*******		9		371,34		371,34	0 ***
****	*****	*******	SUMME KOSTENSTELLE	834		45.747,03		45.747,03	*****

BONUS 14 PROZ V. KST   6.232,11-

SUMME VERRECHNET   39.514,92

<u>Weiterbelastung von RZ-Kosten</u>
Klaus-Peter Gruber - Ciba-Geigy GmbH, Wehr / Baden

1. Allgemeines

Seit Oktober 1974 wird im Rechenzentrum der Ciba-Geigy GmbH, Wehr, ein Programm-
system zur Kontrolle und Steuerung der auf der DV-Anlage laufenden Arbeiten eingesetzt. Dieses System nennt sich "Computer Scheduling and Control System" und
ist in vier Teilsysteme gegliedert. Eines dieser Teilsysteme, das "Job Costing",
dient zur Erstellung von Unterlagen für die Weiterbelastung von RZ-Kosten.

Bei Ciba-Geigy ist zur Zeit eine Anlage IBM /370-145 mit 512K Hauptspeicher installiert, die im Betriebssystem OS-VS1 Release 3.0 betrieben wird.

Das Rechenzentrum erbringt seine Dienstleistungen für insgesamt 5 Divisionen,
4 Zentrale Funktionen und 2 Tochtergesellschaften.

2. Verrechnungsgrundsätze

Die Verrechnung von RZ-Leistungen basiert auf folgenden Grundsätzen:

- die für einen Joblauf ermittelten Kosten müssen weitgehend reproduzierbar sein;

- die Ermittlung der Kosten basiert auf der Benutzung der einzelnen Systemkomponenten durch die betreffenden Arbeiten;

- die Belastung von Systemkomponenten, deren Erfassung mit unverhältnismäßig
  hohem Aufwand verbunden ist, unterbleibt;

- direkt zuordnungsfähige Hardwarekosten werden nicht in dieses Abrechnungsverfahren einbezogen.

3. Kosten/Leistungen/Verrechnungselemente

Mit Ausnahme der direkt zuordnungsfähigen Hardwarekosten werden alle für das RZ
budgetierten Kosten bei der Ermittlung der Kostensätze berücksichtigt.

Die Kosten setzen sich hauptsächlich zusammen aus:

- Mieten, Wartung für DV-Anlagen

- Personalkosten

- Kosten für Endlosformulare und Lochkarten.

Weitere Grundlage für die Bildung der Kostensätze bilden die in Anlage 3.1 genannten erwarteten Leistungsdaten des DV-Systems.

Anlage 3.2 zeigt in der 1. Spalte die für die Weiterbelastung herangezogenen Verrechnungselemente.

4. <u>Ermittlung der Kostensätze</u>

Die Kosten pro Leistungseinheit errechnen sich durch Division der budgetierten Kosten eines Jahres durch die erwartete Jahresleistung des betreffenden Verrechnungselementes.

Die Kosten eines Verrechnungselementes ergeben sich aus den Mietkosten für das betreffende Verrechnungselement - bei den Druckern werden die Kosten für Endlosformulare hinzugerechnet - und einem im Verhältnis der Mietkosten errechneten Zuschlag für Personal-, Energie- und sonstige Kosten.

Eine Zusammenstellung der Kostensätze ist in Anlage 3.2 zu finden. Die Kostensätze werden einmal jährlich zur Zeit der 1-Jahres-Planung errechnet und bleiben das ganze Abrechnungsjahr über unverändert.

5. <u>Kostenformel</u>

Die Kosten für die Verarbeitung eines Jobs errechnen sich durch Addition der Produkte aus tatsächlich verbrauchten Leistungseinheiten und Kosten pro jeweiliger Leistungseinheit.

Die ausführliche Kostenformel zeigt Anlage 5.1.

6. <u>Auswertungen</u>

Grundlage aller Auswertungen ist die Job-Stammdatei, die täglich durch Daten ergänzt wird, die vom Betriebssystem automatisch registriert werden (SMF).

Die auf der DV-Anlage durchgeführten Jobs werden anhand des Jobnamens und des Minor-Codes, der auf der Jobkarte angegeben ist und aus Projektcode und Verarbeitungsschlüssel besteht, auf der Job-Stammdatei verbucht. Außerdem erfolgt eine Zusammenfassung der Minor-Applications (Projekte) zu Major-Applications (Systeme, Systemgruppen). Die zugehörige Struktur zeigt Anlage 6.1.

Jeweils zum Quartalsende werden dann von der Job-Stammdatei zwei Auswertungen erstellt, die an die RZ-Benutzer (Divisionen, Zentrale Funktionen) weitergeleitet werden:

- Run-Utilisation-Report (Anlage 6.2)
- Application-Utilisation-Report (Anlage 6.3)

Der Run-Utilisation-Report enthält sämtliche jobbezogenen Daten, gruppiert nach Major-, Minor-Code und Jobname, während der Application-Utilisation-Report nur einen Auszug auf Minor-Application-Basis darstellt.

Eine weitere Auswertung, der Cost-Feedback-Report (Anlage 6.4), dient dem RZ dazu, die Güte der verwendeten Kostensätze zu beurteilen.

7. Wiederholungsarbeiten

Sämtliche Produktionsarbeiten, die aus einem nicht vom Benutzer zu vertretenden Grund wiederholt werden müssen, werden vor der Verbuchung auf der Job-Stammdatei mit dem Verarbeitungsschlüssel für Wiederholungen versehen und damit unter getrennten Minor-Codes verbucht.

Diese Kosten werden, wie auch die Kosten für RZ-interne Arbeiten, nicht weiterbelastet.

8. Schlußbemerkungen

Die Kostensätze haben sich in den vergangenen drei Quartalen gut bewährt. Schwankungen in der Benutzung der einzelnen Systemkomponenten haben sich im Hinblick auf die Kostenweiterbelastung jeweils nahezu ausgeglichen.

Zielsetzung des Einsatzes von "Job Costing" war, eine gerechte und reproduzierbare Weiterbelastung von RZ-Kosten zu erreichen, die es dem Benutzer zudem erlaubt, seine im RZ durchgeführten Arbeiten einer Kosten-Nutzen-Analyse zu unterziehen. Wir meinen, dieses Ziel mit geringem Aufwand - es werden nur SMF-Daten zur Auswertung herangezogen - erreicht zu haben.

MONATLICHE LEISTUNGSDATEN /370-145

- CPU-ZEIT: 200 H

- PROCESSOR-ACTIVE-ZEIT: 450 H

- RESOURCE-ZEIT: 530 H

- MAGNETPLATTEN: 40 MIO EXCP'S

- MAGNETBAENDER: 14 MIO EXCP'S

- DRUCKER: 12 MIO EXCP'S
                                    (≙ 16 MIO ZEILEN)

- KARTENLESER: 800.000 KARTEN

- KARTENSTANZER: 100.000 KARTEN

Anlage 3.1

VERRECHNUNGSELEMENTE	LEISTUNGSEINHEIT	KOSTEN/LEISTUNGSEINHEIT
CPU 44,4 % CPU-KOSTEN	CPU-ZEIT	3,85 DM/MIN. CPU-ZEIT
BASISKONFIGURATION 55,6 % CPU-KOSTEN 1 PLATTENLAUFWERK	RESOURCE-ZEIT	2,00 DM/MIN. RES.-ZEIT
MAGNETPLATTEN 6 PLATTENLAUFWERKE	EXCP'S AUF PLATTE	0,90 DM/1000 EXCP'S
MAGNETBAENDER	EXCP'S AUF BAND	1,25 DM/1000 EXCP'S
DRUCKER PAPIERKOSTEN	DRUCKZEILEN	5,60 DM/1000 EXCP'S ($\hat{=}$ 4,20 DM/1000 ZEILEN)
KARTENLESER	GELESENE KARTEN	4,45 DM/1000 KARTEN
KARTENSTANZER	GESTANZTE KARTEN	21,50 DM/1000 KARTEN

Anlage 3.2

VERRECHNUNGSFORMEL :

```
JOBKOSTEN           =   VERARBEITUNGSKOSTEN  +  I/O-KOSTEN
VERARBEITUNGS-
KOSTEN              =   CPU-ZEIT             X   KOSTENANSATZ FUER CPU-AKTIVITAET
                      + ANZ. TAPE-EXCP       X         "        "  TAPE-AKTIVITAET
                      + ANZ. DISK-EXCP       X         "        "  DISK-AKTIVITAET
                      + RESOURCE-ZEIT        X         "        "  BASISKONFIGURATION


I/O-KOSTEN          =   ANZ. GELESENE KARTEN X   KOSTENANSATZ FUER KARTEN LESEN
                      + ANZ. DRUCKZEILEN     X         "        "  ZEILEN DRUCKEN
                      + ANZ. GESTANZTE KAR-
                        TEN                  X         "        "  KARTEN STANZEN


RESOURCE-ZEIT       =   CPU-ZEIT
                      + ANZ. TAPE-EXCP.  X  30 MS
                      + ANZ. DISK-EXCP   X  20 MS
```

Anlage 5.1

CONFIGURATION
Konfiguration 01
/370-145
MAJOR
FI 1
FI 7
FP 1
KA 1
PH 1
RRN
MINOR
Dateiauszug
S10101
Handling
S10102
Tagesjobs
S10103
Control
S10104
Logistik
S10105
Statistik
S10106
RZ-Produktion
S1010601
Test
S1010602
SE-Produktion
S1010604
RUN
FP195J
FP195JP
FP195M
FP195S

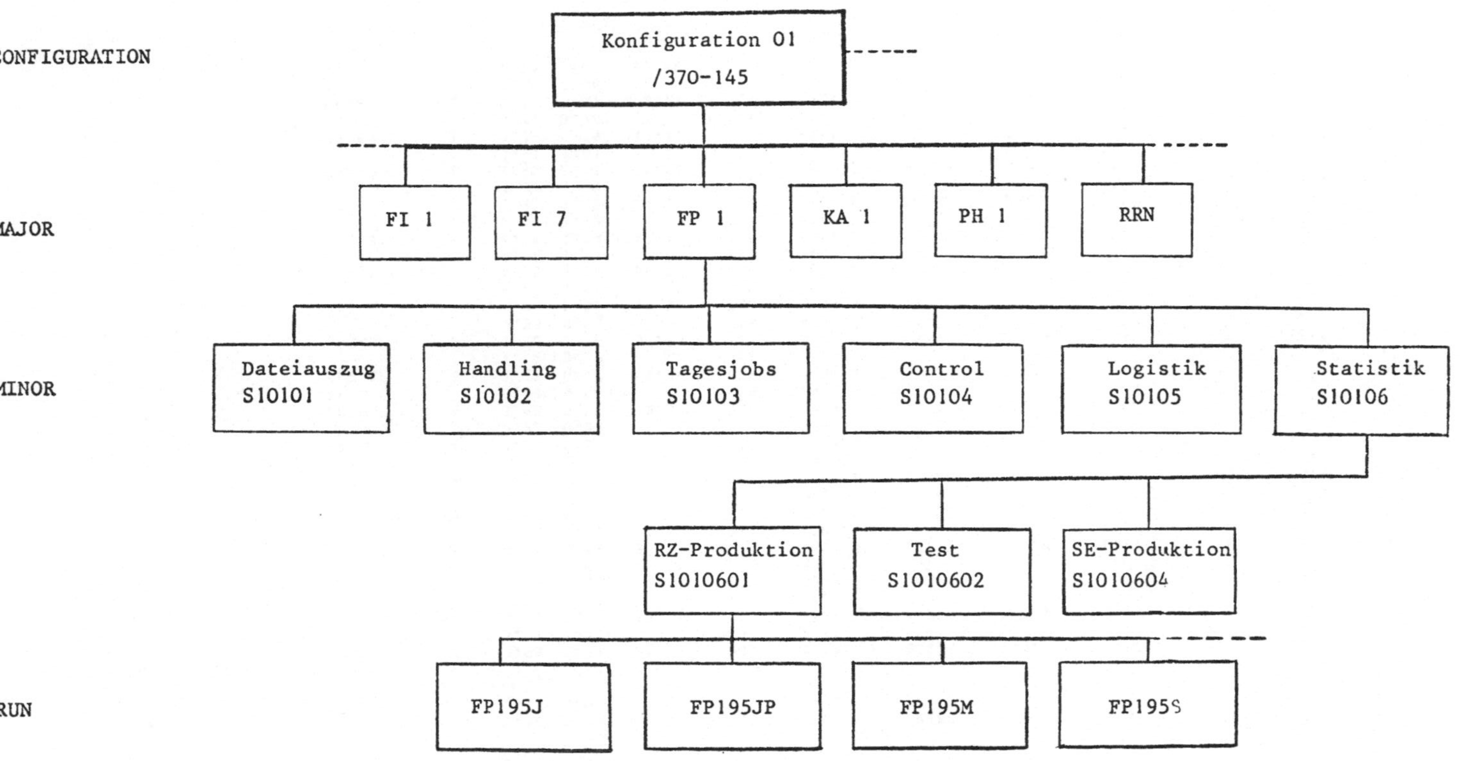

Anlage 6.1

CIBA-GEIGY GmbH, 7867 Wehr / Baden   COMPUTER BILLING REPORT FOR   MONTH ENDING 04/01/75   PAGE 69

RUN UTILIZATION REPORT - MAJOR APPL = DIVISION FC   FF1

MINOR APPL DESCRIPTION	MINOR APPL CODE	ASSOC RUN NAME	TIMES RUN	ELAPS XEQ TM	AVG	CPU MINUTES	PG IN / PG CUT	REQ USED	C	DISK ACT / DISK MNT	TAPE ACT / TAPE MNT	LINES / CLASSES	CARD RD / CARD PCH	CORE HRS / RES TIME	COST
LOGISTIK	S1010502														
		FP120B	3	0.18	0.06	2.76	553	576*	1	3173		7414	33	151	61.14
				0.15	0.05		310	278				3		3	
		FP320	1	0.00	0.00	.02		192*	1	15		54	2		
				0.00	0.00			68				1			0.40
MINOR	TOTAL		4	0.18	0.05	2.8	553	768		3188		7468	35	151	61.54
				0.15	0.04		310	346				4		3	
STATISTIK	S1010601														
		FP195J	2	3.08	1.34	46.58	271	384*	1	62116	173915	657	6	1607	164.27
				3.06	1.33		146	298				4		154	
		FP195JP	4	0.39	2.40	11.44	1427	256	1	20	73217	52534		686	513.76
				10.38	2.40		1834	242				4		47	
		FP195M	2	2.14	1.07	21.07	430	384*	1	6376	36998	601	6	849	210.49
				2.12	1.06		275	300				4		42	
		FP195S	5	4.42	0.56	36.05	3684	960*	1	12817	144358	1517	18	1557	565.38
				4.23	0.53		2471	738				10		113	
		FP195SP	5	3.35	0.43	4.50	477	448*	1	25	37139	16156		269	153.23
				3.35	0.43		359	306				5		22	
		FP220	4	1.10	0.18	27.93	780	768*	1	10780	31315	1380	8	1624	253.15
				1.07	0.17		401	536				8		47	
		FP240	4	2.28	0.37	28.95	2931	768*	1	72173	22013	837		1101	334.64
				2.25	0.36		2039	576				4		63	
		FP240P	4	3.43	0.56	3.57	266	512*	1	20	18351	18502		214	163.33
				3.43	0.56		94	246				4		14	
		FP241P	6	1.12	0.12	1.36	479	768*	1	30	6391	6608		80	51.24
				1.12	0.12		461	362				6		4	
		FP245	3	2.53	0.58	60.78	177	576*	1	269592	21568	312	9	3646	827.38
				2.53	0.58		86	444				3		161	
		FP245P	4	4.24	1.06	4.56	280	384*	1	20	26915	21736		274	221.94
				4.24	1.06		233	244				4		19	
		FP250	4	4.50	1.13	59.17	7831	768*	1	135194	45300	1663	8	2196	611.47
				4.48	1.12		5163	546				4		126	
		FP250P	5	6.59	1.24	17.10	765	576*	1	25	30527	30717		2160	376.03
				6.54	1.23		782	306				5		51	
		FP260	1	1.30	1.30	28.97	53	192*	1	127641	8457	118	3	101	389.66
				1.30	1.30		14	140				1		76	
		FP260P	1	1.41	1.41	1.62	22	64	1	5	8459	8496		97	76.40
				1.41	1.41		10	60				1		6	
		FP280	1	0.29	0.29	10.21	53	192*	1	20544	5561	602	11	587	108.08
				0.28	0.28		10	140				2		20	
		FP281	1	0.07	0.07	2.77	12	192*	1	2	593	42238	1	166	253.04
				0.06	0.06			66				2		3	
		FP390	2	1.23	0.42	10.38	1610	384*	1	31306	10599	542		548	136.12

Anlage 6.2

CIBA-GEIGY GmbH, 7867 Wehr / Baden   CCMPUTER BILLING REPORT FOR   MCNTH ENCING 04/01/75   PAGE 141

APPLICATICN LTILIZATICN REPORT - MAJCR AFPL = CIVISICN FC

MAJOR APPL CODE	NC RUNS	TCTAL TIME	TCTAL XEC TIME	TOTAL CPU MINS	CCST	MINCR APPL CESC	MINCR APPL CODE	NO RUNS	TOTAL TIME	TCTAL XEQ TIME	TCTAL CPU MINS	COST
FP1	X	X	X	X	X	CATEIAUSZUC	S1010101					
						CATEIAUSZLG	S1010102					
						CATEIAUSZLG	S1C10104					
						HANCLING	S1010201					
						HANCLING	S1010202					
						TAGESJOBS	S1010201					
						TAGESJOBS	S1010302					
						CCNTRCL	S1C10401					
						CCNTRCL	S1010402					
						CCNTRCL	S1010404					
						LOGISTIK	S1010501					
						LCGISTIK	S1010502					
						STATISTIK	S1010601	60	57.38	56.55	377.37	6,157.61
						STATISTIK	S1010602	43	3.54	3.21	32.70	658.23
						STATISTIK	S1010604	4	.36	0.34	6.37	246.40

Anlage 6.3

ČIBÁ-GEIGY GmbH, 7867 Wehr / Baden   COMPUTER BILLING REPORT FOR   MONTH ENDING 04/01/75   PAGE 151

COST FEEDBACK REPORT FOR SYSTEM A

*****TOTALS - NUMBER OF RUNS = 17469,   TIME USED = 4341 HRS 25 MINS,   COST = 734,126   *****

	TOTAL	COST	PCT TOTAL COST
CPU MINUTES	40100	154388.00	21
EXECUTION MINS	241977	0.00	
PAGES IN	10409834	0.00	
PAGES OUT	5651860	0.00	
EXCPS CLASS 1 CARD RD	1913558	8515.30	1
EXCPS CLASS 2 LINES	40936717	229245.45	31
EXCPS CLASS 3 CARD PCH	239298	5144.93	1
EXCPS CLASS 4 TAPE ACT	35700414	44626.52	6
EXCPS CLASS 5 DISK ACT	112265734	101039.39	14
USER FIELD 7 RES TIME	95583	191166.00	26

Anlage 6.4

<u>Leistungsmessung mit Hilfe von Accounting-Daten</u>
von G. Deecke und B. Lortz, Rechenzentrum der Universität Karlsruhe

Bei modernen Grossrechenanlagen erweist es sich als eine wichtige
Aufgabe, die Leistung zu überwachen, da durch Massnahmen zur Leistungs-
optimierung erfahrungsgemäss erhebliche Durchsatzsteigerungen erzielt
werden können. Die Aufgabe wird allerdings erheblich dadurch erschwert,
dass es üblicherweise kein Mass für die Rechenleistung gibt. Statt
dessen ist man darauf angewiesen, eine Reihe von Leistungskomponenten
zu beobachten, wie z.B. CPU-Auslastung, Kanalauslastungen, Hauptspeicher-
belegung u.a. Die Folge davon ist, dass verschiedene beobachtete Ma-
schinenzustände bezüglich der Rechenleistung nicht vergleichbar sind.
So beobachtet man bei steigender CPU-Auslastung normalerweise einen
Rückgang der Kanalauslastungen und umgekehrt. Es ist nun naheliegend,
eine eindeutige Rechenleistung L zu definieren:

$$L = f(L_1, \ldots, L_n) \, ,$$

wobei $L_1, \ldots, L_n$ die betrachteten Leistungskomponenten sind; f ist
eine geeignet gewählte Funktion.

Für diese Vorgehensweise gibt es bereits ein Vorbild. Zur Abrechnung
der Rechenleistung wird heute nämlich häufig eine derartige Funktion
verwendet. Für den Betreiber einer Rechenanlage drückt sich ihre Leistung im eingespielten Ertrag aus. Es ist allerdings eine Frage, ob
die übliche Accounting-Funktion ein geeignetes Mass für die System-
optimierung ist. Im Regelfall wird das Accounting-Ergebnis noch starken periodischen Schwankungen unterliegen, die durch entsprechende
Änderungen im Job-Profil (z.B. Tag- und Nachtbetrieb) verursacht sind.
Für das Mass L der Rechenleistung wäre dagegen zu fordern:

1) L soll wachsen, wenn die Leistungskomponenten $L_1, \ldots, L_n$ eindeutig
   einen besseren Zustand der Maschine erkennen lassen.
2) L soll nicht von den normalen Schwankungen des Jobprofils abhängen.

Es sei hier darauf hingewiesen, dass eine solche Funktion auch eine
Grundlage für ein gerechtes Accounting-System ist.

Es ist sicher kaum möglich, eine Funktion anzugeben, die die obigen
Bedingungen in idealer Weise erfüllt. Im folgenden soll am Beispiel
der UNIVAC 1108 des Rechenzentrums der Universität Karlsruhe gezeigt
werden, dass man in der Praxis schon durch einfache Überlegungen zu

einer befriedigenden Leistungsfunktion kommen kann. Die hier verwendete Funktion ist in das Accounting-System der Rechenanlage integriert und dient der Abrechnung und Leistungsmessung zugleich. Sie stützt sich auf Accounting-Daten, die folgende zentrale und periphere Leistungsanteile erfassen:

zentrale Anteile	CPU-Belegung
	Kanalbelegungen bzw. I/O-Zeit
	Hauptspeicherbelegung
periphere Anteile	Massenspeicherbelegungen
	Gerätebelegungen

Die Leistungsfunktion berücksichtigt nur die Belegung der zentralen Komponenten, da diese entscheidend die Leistungsfähigkeit der gesamten Anlage bestimmen. Bei der Abrechnung ist allerdings die Nutzung der Rechnerperipherie wegen der nicht unerheblichen Kosten dazuzurechnen. Hier soll nur die Leistungsfunktion näher erläutert werden, die auf dem folgenden Ansatz beruht:

$$L = \int (A\ t_{CPU} + B\ t_{I/O})\ g\ (K)\ dt$$

mit		
	t_{CPU}	CPU-Zeit des Programms
	$t_{I/O}$	I/O-Zeit des Programms
	K(t)	Programmgrösse
	g(K)	Hauptspeichergewichtsfunktion
	A,B	Gewichtsfaktoren
	t	Zeit

Bei der Festlegung der Gewichte gingen wir von heuristischen Überlegungen aus, die ihre Begründung in der konkreten Situation am Rechner finden: Es handelt sich um eine Multiprozessoranlage mit drei Zentraleinheiten und maximal konfiguriertem Hauptspeicher. Das Job-Profil zeigt folgenden charakteristischen Verlauf:

tagsüber	zahlreiche I/O-intensive Kurzläufer
	verbunden mit starkem Dialogbetrieb
nachts	CPU-intensive Langrechner
	mit erhöhtem Hauptspeicherbedarf.

Der nicht erweiterbare Hauptspeicher ist der entscheidend die Leistung begrenzende Engpass, wie sich im praktischen Betrieb immer wieder herausstellte. Von ausschlaggebender Bedeutung ist daher neben der Programmgrösse die Speicherverweilzeit eines Programms, so dass CPU- und I/O-Anteil als gleichwertig betrachtet werden können. Diese Überlegung ergab:

$$A \ = \ B$$

Die Programmgrösse wird über die Hauptspeichergewichtsfunktion $g(K)$ erfasst. $g(K)$ wurde als lineare Funktion gewählt, die Koeffizienten ergaben sich aus zwei Eigenschaften der Rechenanlage:

1) Bei reiner Stapelverarbeitung gewonnene Erfahrungen zeigten, dass unter den gegebenen Verhältnissen optimales Arbeiten bei 8 gleichzeitig aktiven Jobs erreicht wird. Ein Programm, das also den achten Teil des zur Verfügung stehenden Hauptspeichers k_{max} belegt, soll durch die Gewichtsfunktion nicht zusätzlich belastet werden:

$$g \ (\tfrac{1}{8} \ k_{max}) \ = \ 1$$

2) Dagegen ist von einem sehr grossen Programm, das keinen Speicherplatz für andere Benutzer übrig lässt, zu verlangen, dass es allein die Werte für volle Auslastung erbringt. Wir gingen davon aus, dass die Anlage als voll ausgelastet anzusehen ist, wenn alle drei Zentraleinheiten dauernd beschäftigt sind und eine geringe I/O-Tätigkeit stattfindet. Bei Belegung des gesamten verfügbaren Hauptspeichers ist demnach ein Gewichtsfaktor von etwa 3,5 anzusetzen:

$$g \ (k_{max}) \ = \ 3,5$$

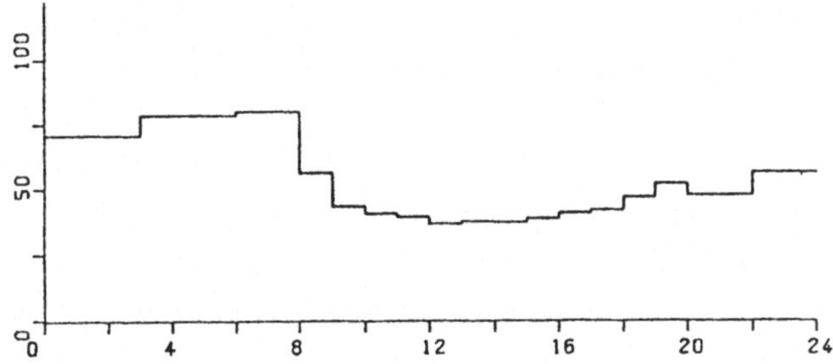

<u>Bild 1</u>   Mittlerer Tagesverlauf der CPU-Auslastung in % (Mai 75)

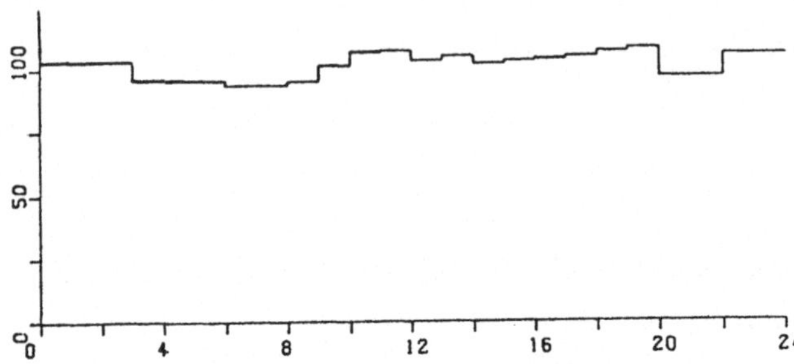

<u>Bild 2</u>   Mittlerer Tagesverlauf der Leistungsfunktion (Mai 75)

Die hier angestellten Überlegungen beruhen zum Teil auf Erfahrungen
und Schätzungen, deren Gültigkeit noch im laufenden Betrieb überprüft werden musste. Bild 2 zeigt den durchschnittlichen Tagesverlauf der so bestimmten Leistungsfunktion im Monat Mai 1975, aufge-
tragen über der Uhrzeit. Vergleicht man dieses Ergebnis mit dem
Verlauf der CPU-Auslastung (Bild 1), so lässt sich deutlich erkennen, in welchem Masse es gelungen ist, die starken periodischen
Schwankungen des Job-Profils auszugleichen. Am Rande sei erwähnt,
dass auftretende Leerzeiten ohne ausreichende Benutzeranforderung
durch Idle-Programme ergänzt wurden, die zusätzlich arithmetische
Tests auf dem Rechner durchführen.

Das Verfahren der Leistungsmessung mit Hilfe von Accounting-Daten
birgt einige Probleme in sich, auf die an dieser Stelle näher eingegangen werden soll:

1) Accounting-Daten liegen als akkumulierte Werte für u.U. recht lange Bearbeitungsabschnitte eines Jobs vor, z.B. bei Task- oder Job-
   Ende. Diese Summenwerte werden zur Darstellung des zeitlichen
   Verlaufs der zugehörigen Komponentenbelegung anteilmässig auf vorher festgelegte Zeitintervalle verteilt. Da für einen Bearbei-
   tungsabschnitt eines Jobs nur der Mittelwert bekannt ist, wurde
   in erster Näherung eine lineare Verteilung angenommen. Der dadurch
   entstehende Fehler ist gering, wenn die Verweilzeiten der beteiligten Jobs im Vergleich zu den Messintervallen nicht zu gross sind.
   Aus diesem Grunde wurden nachts grössere Intervalle gewählt (2 bzw.
   3 Stunden), da zu dieser Zeit überwiegend Langrechner bearbeitet
   werden (vergl. Bild 1 und 2).

2) Weiterhin ist zu beachten, dass die Leistungsfunktion zwar ein
brauchbares Mittel für das Anzeigen von Leistungsschwächen des
Systems ist, selbst aber keine Rückschlüsse über deren Art und Ursache zulässt. Für eine genauere Analyse sind Zusatzinformationen
erforderlich, die z.B. dem zeitlichen Verlauf spezieller Accounting-
Daten entnommen werden können (CPU-Zeit, I/O-Zeit, mittlerer Hauptspeicherbedarf u.a.). Ausserdem können als begleitende Massnahme
Ergebnisse von Hardware- und Software-Monitoren herangezogen werden. Es zeigt sich, dass bereits wenige stichprobenartig ausgege-
bene Informationen über den Zustand des Systems eine wertvolle Hilfe bei der Untersuchung des Leistungsverhaltens sind (Warteschlangen, Massenspeicherbelegung).

3) Schliesslich ist zu berücksichtigen, dass durch Änderungen des Betriebssystems oder der Konfiguration sich die Qualität der Funktion
verschlechtern kann, so dass eine Neufestlegung der Gewichte erforderlich wird (es ist nicht sicher, dass eine Anpassung in allen
Fällen gelingt). Dadurch entfällt ein direkter Vergleich mit vor-
herigen Ergebnissen, so dass längerfristig gesehen kein einheitliches Leistungsmass existiert. Für derartige Fälle steht allerdings nach wie vor die Möglichkeit offen , einzelne Leistungskomponenten zu beobachten und miteinander zu vergleichen. Insbesondere
erscheint hierfür der Vergleich der Mittelwerte der CPU-Auslastung
über grössere Zeiträume (etwa 1 Monat oder grösser) als ein brauchbares Hilfsmittel.

<u>**SYSTEM MIGRATION AND MIGRATION TOOLS**</u>

A.J. van der Korst (Corporate ISA, N.V. Philips, Eindhoven)
P.K. Schrammel (ISA-S&S, Österr.Philips Industrie GmbH, Wien)

<u>**EINLEITUNG**</u>

In einem operationellen Rechenzentrum muß stets dafür gesorgt werden, daß es neben den gegenwärtigen auch zukünftigen Anforderungen gerecht wird. Nur so ist eine Verbesserung und Weiterentwicklung der zu bewältigenden Datenverarbeitung gewährleistet. Dazu ist es immer wieder notwendig, Hardware zu erweitern oder auszutauschen, von dem laufenden Betriebssystem auf ein anderes zu wechseln, Datenorganisationen zu verändern oder sogar die gesamte Systemphilosophie durch eine neue zu ersetzen.

Sobald man feststellt, daß die gegenwärtige Systemkonfiguration für die Lösung kommender Aufgaben nicht mehr ausreicht und daher beschlossen wird, auf ein neues System überzugehen, darf eines nicht vergessen werden: neben dem Problem der Auswahl und Installation neuer Hard - und/oder Software muß die möglichst wirtschaftliche Umstellung und Weiterführung der bestehenden Applikationen sichergestellt werden. Alle dafür notwendigen Aktivitäten faßt man unter der Bezeichnung Migration zusammen.

MIGRATION

Sie soll einen reibungslosen Übergang auf das neue System gewährleisten, ohne daß die laufenden DV-Aktivitäten unterbrochen oder beeinträchtigt werden.

Man kann sie in vier Phasen unterteilen:

Konvergenz

* Standardisierung und Modernisierung der Applikationen
* Vervollständigung der Dokumentation

Vorbereitung

* Studium der Hard- und/oder Softwarespezifikationen
* Anpassung der Applikationen an diese Spezifikationen
        (gerichtete Konvergenz)
* Einsatz von Analyse-, Quantifizierungs- und Planungshilfsmitteln
* Detailplanung
* Schulung
* Bereitstellung der Jobstreams, Programme und Datenbestände
* "Einfrieren" der Applikationen für die Zeit der Umstellung
* Hardware-Installationen und/oder Betriebssystemgenerierung

Umstellung

* Einsatz von conversion-tools für mechanische Umsetzung
* Händischer Eingriff für nicht automatisch durchführbare Adaptierung
* Test

Übernahme

* Einsatz der umgestellten Applikationen
* Parallel-Lauf zur Kontrolle der Ergebnisse und Sicherstellung der Produktion
* Implemetierung auf neuem System

Die Migration ist ein umfangreicher und komplizierter Vorgang und muß daher sorgfältig vorbereitet, geplant und überwacht werden. Sie umfaßt gleichermaßen organisatorische wie technische Probleme, deren Lösung Voraussetzung für einen erfolgreichen Ablauf dieser schwierigen Aufgabe ist. In den nachfolgenden Check-lists sind die wesentlichen Aspekte angeführt.

ORGANISATORISCHE ASPEKTE

* Nominierung eines Projektleiters für die gesamte Migration
* Bestandsaufnahme sämtlicher Applikationen, die von der Migration betroffen sind
* Erstellung eines Migrationplanes unter Berücksichtigung der wirtschaftlichen und technischen Realisierbarkeit
* Festlegung der Vorgangsweise und Aufgabenverteilung
* Erfassung aller Hilfsmittel (Menschen, Maschinen, Geld, Methoden)
* Definition der benötigten Umstellungshilfen (conversion - tools/ procedures)
* Sicherstellung, daß die Migration mit einem Minimum an Benutzerstörung abgewickelt wird
* Koordination sämtlicher Aktivitäten im Rahmen der Migration
* Kontakte mit allen Beteiligten (Information, Koordination)
* Kontrolle des Projektfortschrittes
* Berichterstattung an das Management in regelmäßigen Abständen mit Soll-Ist-Vergleich
* Dokumentation aller mit der Migration zusammenhängenden Daten und Vorgänge

<u>**TECHNISCHE PROBLEME**</u>

* Fehlen einer vollständigen und verständlichen Dokumentation
* Uneinheitlichkeit in Design und Programmierung aufgrund fehlender Standards
* Veraltete Applikationen, deren Anpassung an die neuen Gegebenheiten unwirtschaftlich oder unmöglich ist
* Unterschiede in der Konstruktionsphilosophie von vorhandener und geplanter Maschine
* Unterschiede in den Betriebssystemen
* Unterschiede in den "Standard"-Programmiersprachen
* Unterschiede in der Datendarstellung auf internen und externen Speichermedien
* Unterschiede in der Sortierfolge von Zeichen
* Unterschiede in Aufbau und Organisation von Datenbeständen und Datenbanken

BEDARF AN HILFSMITTELN

Mannkapazität

* Migration-Team
* Applikationsgruppen
* Hardware/Software-Techniker
* RZ-Personal
* Schulungsfachleute

Hardware/Software

* Funktionstests und Performancemessungen
* Mechanische Umsetzung
* Testabwicklung und Überprüfung
* Implementierung

Geld

* Migrationaktivitäten
* Zusatzkosten

Methoden

* Planungs- und Kontrollinstrumente
* Programme und Prozeduren für Test, Überprüfung und Implementie-
  rung
* Utilities für Daten- und Programmverwaltung
* Umsetzung und Implementierung von Jobstreams, Programmen und Da-
  tenbeständen ────► Bridgeware

BRIDGEWARE

Da dieser Aspekt das Kernproblem jeder Migration darstellt, soll darauf
ausführlicher eingegangen werden.

Unter dem Begriff Bridgeware sind jene Techniken und Methoden zusammengefaßt, die das Instrumentarium zur Vorbereitung und Durchführung der
Umsetzung sowie der Implementierung von Jobstreams, Programmen und Datenbeständen bilden. Man kann hier drei Gruppen unterscheiden:

Konvergenz

Konvergenzaktivitäten werden während der Vorinstallationsphase durchgeführt, um einen reibungslosen Übergang sicherzustellen. Bestehende
Funktionen werden den neuen Spezifikationen angepaßt oder durch Alternativen ersetzt. Generelle Lösungen gleichartiger Probleme verschiedener Bereiche werden erarbeitet.

Emulation oder Simulation

Damit werden jene Mittel bezeichnet, mit deren Hilfe bestehende Applikationen auf dem neuen Computersystem laufen können, ohne funktionelle
Änderungen in Programmen oder Datenbeständen vornehmen zu müssen. Wenn
dies nur durch Software bewerkstelligt wird, spricht man von Simulation,
wenn auch die Hardware miteinbezogen ist, von Emulation.

Transformation

Unter diesem Begriff faßt man jene Prozesse zusammen, bei denen bestehende Applikationen so geändert werden, daß sie den Möglichkeiten und
Anforderungen des neuen Systems angepaßt sind. Transformation kann auf
drei Ebenen vorgenommen werden:

*   conversion: nicht - funktionale Änderungen, die wegen der Unter-
                  schiede der beiden Systeme nötig sind
*   restoration: kleinere Änderungen, die sicherstellen, daß von den
                  neuen Möglichkeiten Gebrauch gemacht wird
*   redesign: Neuentwicklung von Applikationen, die die bestehenden
                  ersetzen, um die Leistungsfähigkeit des neuen Systems
                  voll zu nützen

BEISPIEL

Umstellung von DOS auf DOS/VS

Aufgaben

* Umwandlung und Katalogisierung sämtlicher in Produktion stehender Programme
* Umstellung sämtlicher Jobstreams auf geänderte Steuerkarten-Inhalte
* Neue Aufteilung der Systemplattenbereiche
* Anpassung der Maschinenbelegungsplanung auf 5 (bisher 3) Partitions

Aktivitäten

* Bildung eines Projektteams
* Erstellung eines Termin- und Ablaufplans
* Aufgabenverteilung
* Herausgabe von Richtlinien
* Umstellungsaktivitäten laut Termin- und Ablaufplan
* Planung des Materialeinsatzes (Platten, Bänder, Karten, Papier)
* Regelmäßige Fortschrittskontrolle und Berichterstattung

Einige signifikante Daten

Umzustellen

	ANZAHL
Programme	1 945
Sourcekarten	811 000
Outputseiten	60 000
Jobs	1 500
Steuerkarten	48 000

Umwandlung und Katalogisierung

* auf 2 CPU's in 8 Partitions unter POWER
* mit 3 Lesern, 3 Druckern
* Bibliotheken: 2xSYSRES, 1xRL, 1xSSL
* Je Partition 1x SYSCLB, 1 ganze Platte für Workfiles
* Dauer insgesamt etwa 45 Stunden

Aufwand
 7 Mannmonate
95 Maschinenstunden

EINFÜHRUNG DOS/VS

Termin- und Ablaufplan

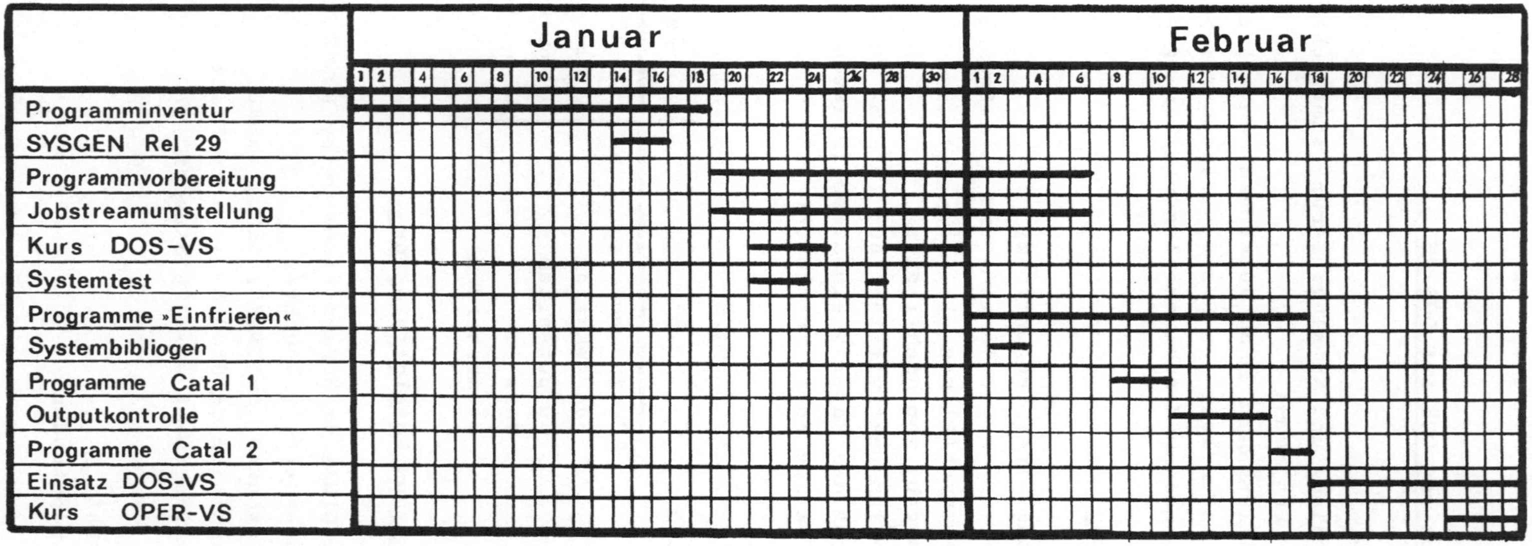
Januar
Februar
1 2 4 6 8 10 12 14 16 18 20 22 24 26 28 30
1 2 4 6 8 10 12 14 16 18 20 22 24 26 28
Programminventur
SYSGEN Rel 29
Programmvorbereitung
Jobstreamumstellung
Kurs DOS-VS
Systemtest
Programme »Einfrieren«
Systembibliogen
Programme Catal 1
Outputkontrolle
Programme Catal 2
Einsatz DOS-VS
Kurs OPER-VS

ZUSAMMENFASSUNG

Die Umstellung eines operationellen Rechenzentrums auf neue Hard- und/ oder Software ist eine sehr schwierige Aufgabe. Die vielfältigen Probleme bedingen einen hohen Aufwand an Arbeit und Geld. Organisatorisch gesehen ist eine minutiöse Planung und eine genaue Überwachung des gesamten Ablaufes absolut notwendig. Auf der technischen Seite ist großes Fachwissen und die Verfügbarkeit einer Reihe von Techniken und Methoden die Voraussetzung für eine erfolgreiche Abwicklung der Migration.

Umfang und Komplexheit eines solchen Vorhabens verlangen den Einsatz jeden einzelnen Mitarbeiters der EDV-Abteilung. Hohe Kosten und unvermeidliche Beeinträchtigung des normalen RZ-Betriebes erfordern die volle Unterstützung von Management und Benützer.

<u>Performance Evaluation by Monitoring</u>

Ir.L.J. Driessen - ISA-DPS, Philips-Eindhoven

1. <u>General</u>

   One of the most significant problems introduced by the advent of
   3rd generation, multiprogramming systems was the difficulty of
   'seeing' what was going on inside a system. The interaction of
   the system configuration and the specific workload, under control
   of a sometimes mysterious operating system did not produce the
   level of performance that the user was led to expect.

   Approaches to system performance evaluation may vary considerably,
   depending upon the purposes to be achieved.

   • at the <u>systems design</u> level, it is important to understand how
     to design for performance and how to evaluate the effects of
     system design changes.

   • a different class of problems confronts the <u>marketing</u> and
     system engineering functions, which must be able to characterize
     customers loads and configure systems to efficiently process
     such loads.

   • finally after a system has been designed, produced and
     configured to meet a customer's requirements, the <u>installation
     manager</u> must be able to measure and tune the performance of
     the system, identify and correct bottlenecks and evaluate its
     overall cost effectiveness.

     This presentation will, of course as ISA Philips Eindhoven is a
     user, discuss the installation management objectives.

<u>Why does a user decide to monitor his system</u>?
Generally speaking, the decision to monitor is mostly related to
an existing capacity, service or financial problem. If a computer
system is currently handling the workload in an adequate manner

and there are no financial pressures to reduce monthly expenditures, there is probably little need to go to the expense of monitoring the system.

Where there is a problem, monitoring may provide that kind of information needed to get greater productivity from current systems and configurations, without the need to expand hardware capacity and increase expenditures.

Before going on, let us first define what we call performance.

<u>Performance</u> means (in practice): the probability of completing
a given throughput of work in a given period of time.

Thus according to this definition, performance depends on 4 groups of factors associated with it, viz :

- the workload
- the intrinsic capabilities and reliabilities of the system (hard/software)
- the way the work is planned
- the behaviour of the people involved.

To get an optimal tuning of the systems you have to measure them.

Summarizing we can say :

Performance measurement of various components of computer systems is required in order to obtain data to :
- optimize systems utilization
- increase throughput
- reduce turn-around time
- reduce operating cost
- increase cost efficiency
- performance projection.

This presentation will discuss a seven week test period concerning the performance of the 370/168.

2. <u>Performance Session</u>

2.1 <u>Introduction</u>

Before discussing the performance session let me first describe
the hardware and software system.

<u>Hardware</u>
Besides some Philips computers our computer centre uses an IBM
370/168 computer system with a 370/158 as back-up machine.
The 370/168 is a 3 Megabyte machine with 5 channels.
Connected to it are (DC and slow peripherals not included):
   - a 2305 model 2 drum
   - 3 strings of 16 ✕ 3330 disk drives each
   - 8 ✕ 2314 disk drives
   - 20 ✕ 3420 tape units.
The channel attachment is the same for both the 370/168 and
370/158 except for the 2305 drum which is not attached to the
370/158.

<u>Software</u> :
Running on the 370/168 are :
                  - OS/MVT (Rel. 21.7)
                  - HASP
                  - TSO
                  - IMS
                  - TP-application.
Operations are working in 3 shifts. During the night TSO, IMS and
TP are stopped.

2.2 <u>Objectives</u>
In 1974 an economic evaluation of TSO was made. From this study
and from the results after implementing TSO it turned out that
the inpact of TSO on the system was unacceptable.

A discussion was held with IBM. This resulted in a team being
formed comprising the following persons :

- one with system programming experience
- one with TSO experience
- one with experience in performance and tuning.

This team was to receive full co-operation from IBM, and had the
following tasks :

- to define the influence of TSO on the system
- to discover the possibilities of improving the
  "throughput" of the total batch.

If this was at all possible, then to implement the required
changes in regards to :

- TSO : reduction and control of this influence
- Total system : improvement in the turn around time of
  "high speed" batch jobs.

2.3 Method

The technique in performing this study was as follow :

- the starting point was a profile of the 370/168 based on the
  day-situation.

- a testsystem was made by copying the productional system and
  all changes were affected on this system.
  A program was written which could activate or de-activate the
  changes as required.

- a synthetic test-batch was created. This job stream executes
  a variable number of EXCP's and then excutes a designated
  number of instructions in a loop. The program was run in
  various regions and was not more than about 6K in size.

The intention was that by adjusting the EXCP count, and the
number of times through the loop the multiple copies of this
job would match the resource usage of production as measured
by system monitors, both hardware and software, and laid down
in the system profile.

- with the <u>TSO terminal simulator</u> (BELL) we attempt to model a
real TSO environment which also makes use of CPU, channels,
devices and other system resources. Command lists were created
for input to the TSO simulator.
A "random user think time" generator has been built in. Times
between 0 and 90 secs, with an average of 16 secs,were genera-
ted.

- the standard IBM <u>trace routine</u> for TSO has been used to gather
more information. Tracing is done on event basis and output is
written to tape.

- both a <u>software monitor (CUE)</u> and <u>hardware monitor (MICRO-SUM)</u>
were used during the several tests to gather system component
utilization figures.

During several weekends (stand-alone time is needed) measurement
sessions were held to discover which features/changes were the
most useful. Those most useful were propogated through the series
of tests.

2.4 <u>Features investigated</u>

From experience and advice from others some features/changes were
chosen to test if they were worth while to implement.
Some changes were already implemented, viz.

- improved resident SVC list
- improved dataset distribution of system packs
- better balancing of channels by spreading fixed packs.

They gave already big improvements in throughput.

The following features were investigated :

1. <u>Dispatching Priority</u>
   After introducing TSO, it seemed that the logon time was too
   long. It was solved by putting the dispatching priority of
   TSO (+ regions) above that of the batch initiators. It had to
   be investigated if this has to be changed.

2. <u>Enqueue/Dequeue Sifter</u>
   This is a modification in the Enq./Deq. routine which takes
   care that a lot of enqueues for TSO will be sifted. Allocation
   wait-times should go down drastically.

3. <u>Track Stacking</u>
   A standard feature of the Operating System which decreases the
   number of accesses on the jobqueue during INIT/TERM, resulting
   in a shorter INIT/TERM time and low occupation of the jobqueue
   device.

4. <u>Swapping on drum</u>
   An investigation is done to check when the swap-dataset for
   TSO is on drum, this will not result in a too heavy loaded
   drum so that a performance degradation occurs.

5. <u>Priority Queuering</u>
   A possibility in queueing I/O request according to the priori-
   ties of the tasks. Besides an I/O request for a device with
   priority queueing has priority above a device without that
   feature.
   Priority queueing has been tested for :
   - 2305 drum
   - 3330 system packs
   - 3330 TSO-packs.

6. <u>Fixed Region Sizes</u>

A possibility to allocate core in multiples of, for instance, 64k in order to decrease 'waiting for core' and core fragmentation.

7. <u>Hasp Timing</u>

The algorithm, which takes care that users are cancelled when using more CPU and I/O than asked, has been tested on overhead. A new timing module has been developed.

8. <u>Hasp Commands</u>

The suspicion that given a lot of Hasp commands via operator-consoles and RJE terminals will cause a lot of overhead, has been investigated.

9. <u>General</u>

Some smaller features are :
- improved BLDL list
- new linklist (changing the sequence)
- jobqueue format adapted to tracklength of 2305 drum
- no background guarantee
- the TP-application uses a 2314 pack; this has been changed into a 3330 pack, because of the heavy load of the 2314 channel.

2.5 <u>Results</u>

During the seven week period in total 17 (A up to Q) tests are performed.

In appendix 7 you see an overview of these tests with their characteristics.

With CUE and Micro-Sum information is gathered during these tests. Measured functions are :

Micro-Sum	CUE
CPU-busy	CPU-busy
CPU only busy	CPU only busy
Problem state	Supervisor state
Supervisor state	Protect key = 0
Any channel busy	Protect key ≠ 0
Any channel only	Any channel busy
	Any channel only
Channel 1 busy	Channel 1 busy
" 2 "	" 2 "
" 3 "	" 3 "
" 4 "	" 4 "
" 5 "	" 5 "
	2305 channel
	3330 channel
	2314 channel
	3400 channel
	device activity

- <u>Influence TSO</u>

  Test A and Q are batch stand alone tests. Comparing these results with tests B and P give the inpact of TSO on the system in the old and new situation.

  The influence of TSO could be decreased by 50%.

- <u>Dispachting priority/Sifter active</u>

  Changing the dispatching priority gave worse results; but in combination with the sifter active (C↔D; B↔E) showed that the lowest batch elapsed time was the time of test D. (batch above TSO + sifter active).

- <u>Track stacking</u>
  No influence on batch, only on TSO. Drum utilization decreased,
  but drum channel utilization increased. (less EXCP's, but more
  data transfer). Supervisory state also increased.

- <u>Swap dataset on drum</u>
  A big improvement for response time as well as elapsed time
  was achieved. The main reason for this is a better balancing
  of the channels. The drum is also much faster than a 3330
  device.

- <u>Priority queueing on drum</u>
  Improvement response time from 2.1 sec to 1.5 sec. and elapsed
  time of 4.4%. The reason is that request for drum can be
  handled much faster.

- <u>Others</u>
  - priority queueing on TSO and system packs gave no improve-
    ment
  - fixed region sizes showed a batch elapsed time which was
    worse. Reason : higher "waiting for core" times
  - after the tests it turned out that the new HASP module
    didn't work
  - HASP commands were typed in continuously via one RJE terminal
    and two consoles. Elapsed time of batch and supervisory state
    increased (10%)
  - BLDL-list, LNKLST new, Jobqueue format changed and no
    background guarantee gave results which were difficult to
    interpret. It seemed to be better.

As an example of all output 3 graphs are shown in appendices
8, 9, 10.

- <u>Batch elapsed time</u> (appendix 8)
  The elapsed time in secs is given for each test. Also the
  relation to test B (%) is given.

- <u>TSO average response times</u> (appendix 9)

The response times in tenths of secs is given, together with the percentage of test B.

In both graphs you can see that the biggest improvement has been derived from
- sifter active (C → D)
- priority queueing on drum (F → G)
- swapping on drum (G → H)

- <u>CPU busy</u> (appendix 10)

The CPU busy figures in promiles are given with also the relation to test B.
Because of the fact that the elapsed times decreases, the CPU busy increases.

From the numerous test, it will be clear that test P gave the best results.

2.6 <u>Graphic Representions</u>

The results from the starting point (test B) and the final test (P) are presented in a system graph and channelgraph.

- <u>Kiviat graph</u>

The Kiviatgraph (or system average graph) is a circular graph presenting performance data. The superiority of using this graph is that it gives easy recognisable figures or patterns.

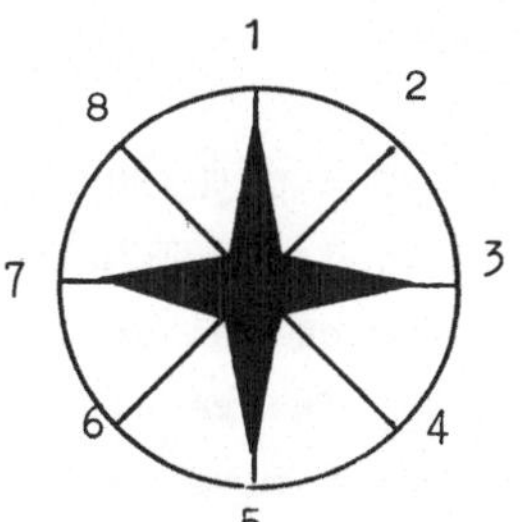

1. CPU busy
3. CPU/Any channel busy
5. Any channel busy
7. Problem state

2. CPU only
4. Channel only
6. CPU wait
8. Supervisor state.

<u>Kiviatgraph</u>

In a well tuned system the Kiviatgraph gives a star pattern.
the sharper the star becomes, the better the tuning of the
system.
We have to maximize the horizontal and vertical axis and
minimize the others.
All values are expressed in a percentage of the total time.
The Kiviatgraphs for test B en P are given (see appendix 11).

Channelgraph

The channelgraph gives you an indication of the channelbalancing and channeloverlap.

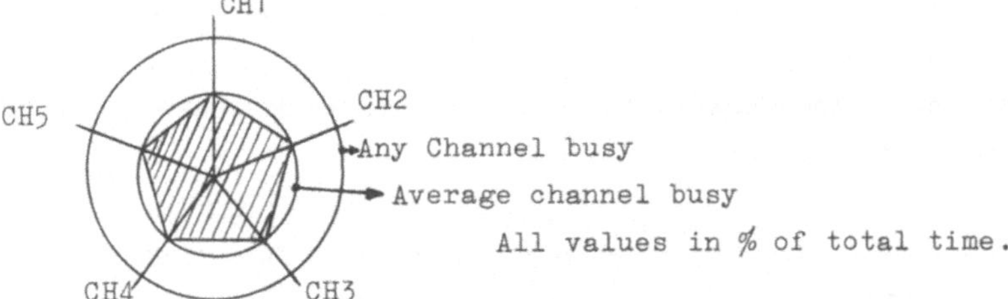

Channelgraph

If there is an ideal channelbalancing, then the average
channel busy = CH1 = CH2 = etc.
If there is an ideal channeloverlap, then any channel busy =
average channel busy. The channelgraphs for test B and P are
given in appendix 12.

2.7 Quickcell-modification

After finishing the whole performance session we acquired a new
modification, viz. the quickcell modification.

Quickcell-modification : in OS/MVT for each SVC a GETMAIN and
FREEMAIN has to be done for an SVRB. Especially for FREEMAIN a lot
of coding is used. Via this modification 'quick cells' are
allocated replacing GETMAINED areas in the SQA. The result is
reduction of coding in the supervisor state which gives a lower
CPU utilization.

This modification has also been investigated. It is called test
X and results are given in appendix 13.
As expected a decrease in CPU activity resulted.

The total results (elapsed time versus average CPU activity) are
shown in appendix 14.
Comparing test B with test X we can calculate the total improvement obtained.

3. <u>Conclusions and Recommendations</u>
From the numerous test, the following conclusions were made
(appendix 15). The results are excluding the quickcell-modification.
- In the beginning, the influence of TSO on the Batch was 30%.
  In the best situation, this has been reduced to 15%.
  This 50% reduction was due to :
    - ENQ/DEQ sifter   18%
    - Priority Queueing for drum   10%
    - TSO swap on drum   22%

- The gain in capacity was 30% in the best situation.

- The elapsed time of the test batch was reduced by 23%.

- The average response time for TSO was improved by 40%.

These results were achieved with a system which included the
following changes. (appendix 16)

- Dispatching priority of the batch above TSO.
- Active Enqueue/Dequeue sifter.
- Track stacking.
- Priority Queueing for the drum.
- Swap dataset on the drum.
- Modified BLDL and LNKLST.
- Jobqueue format altered to tracklength drum.

- No background guarantee provided.

These modifications/changes were implemented. Measurements in the real production environment gave a confirmation of the expectations.

CHARACTERISTICS	A	B	C	D	E	F	G	H	I	J	K	L	M	N	O	P	Q
BATCH	X	X	X	X	X	X	X	X	X	X	X	X	X	X	X	X	X
TSO		X	X	X	X	X	X	X	X	X	X	X	X	X	X	X	
BATCH ABOVE TSO			X	X		X	X	X	X	X	X	X	X	X	X	X	
BATCH UNDER TSO		X			X												
SIFTER ACTIVE				X	X	X	X	X	X	X	X	X	X	X	X	X	X
TRACK STACKING						X	X	X	X	X	X	X	X	X	X	X	X
SWAPPING ON 2305								X	X	X	X	X	X	X	X	X	
PRIORITY QUEUEING:																	
FOR 2305							X	X	X	X	X	X	X	X	X	X	X
FOR SYSTEM PACKS									X		X						
FOR TSO PACKS										X	X						
FIXED REGION SIZES												X					
HASP TIMING NEW													X				
HASP COMMANDS														X			
BLDL + LNKLST NEW															X	X	X
JOBQUEUEFORMAT = 19															X	X	X
NO BACKGROUND GUAR.																X	

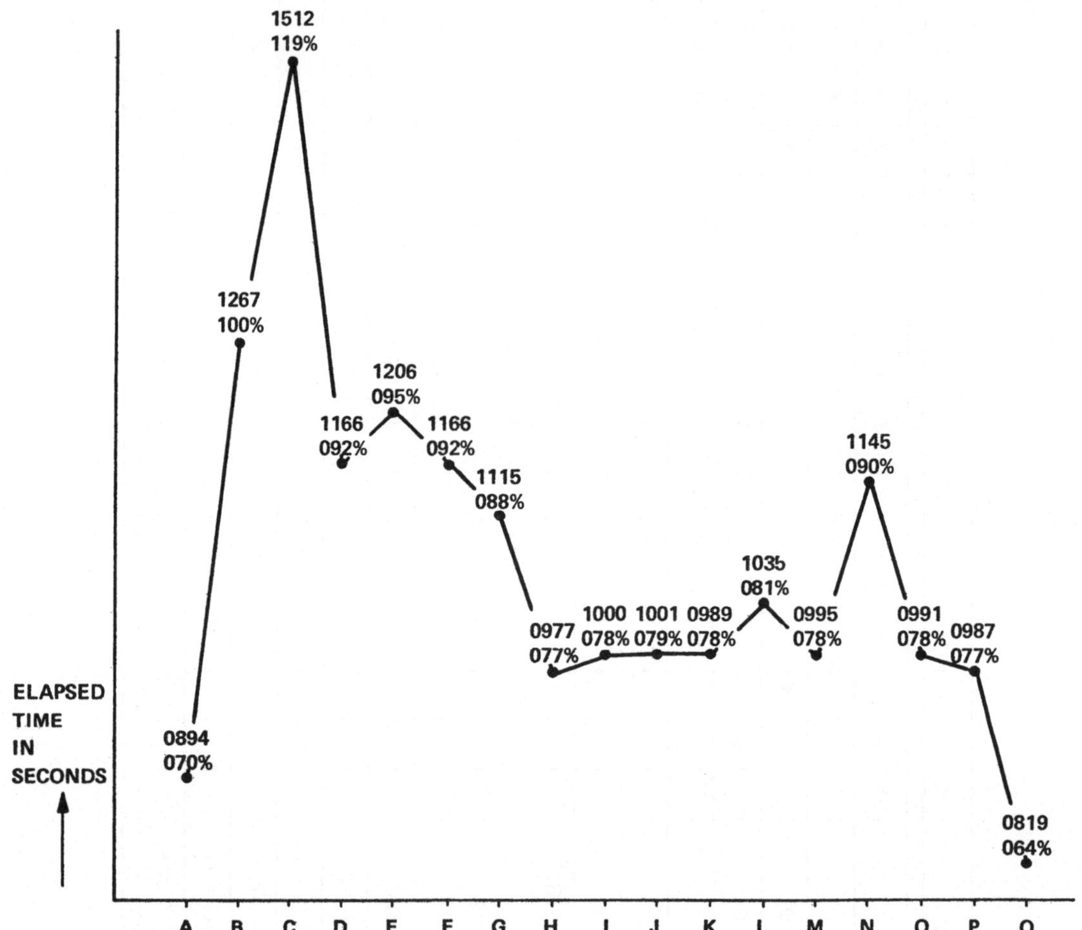

BATCH ELAPSED TIME
1512
119%
1267
100%
1206
095%
1166
092%
1166
092%
1115
088%
1145
090%
1035
081%
1000
078%
1001
079%
0989
078%
0995
078%
0991
078%
0987
077%
0977
077%
0894
070%
0819
064%
ELAPSED
TIME
IN
SECONDS
A B C D E F G H I J K L M N O P Q

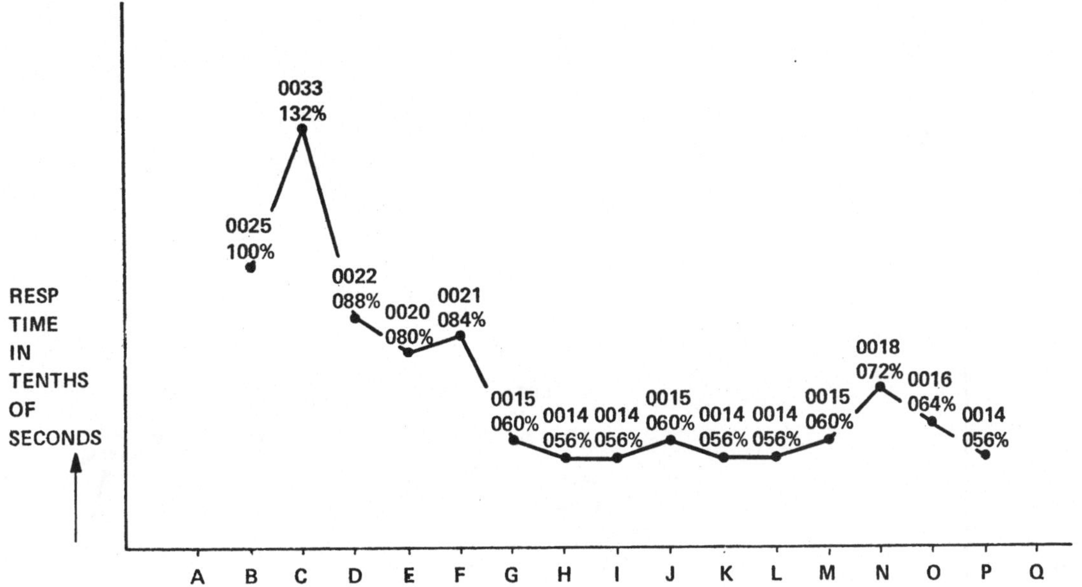

TSO   AVG   RESPONSE   TIMES
RESP
TIME
IN
TENTHS
OF
SECONDS
0033
132%
0025
100%
0022
088%
0020
080%
0021
084%
0015
060%
0014
056%
0014
056%
0015
060%
0014
056%
0014
056%
0015
060%
0018
072%
0016
064%
0014
056%
A   B   C   D   E   F   G   H   I   J   K   L   M   N   O   P   Q

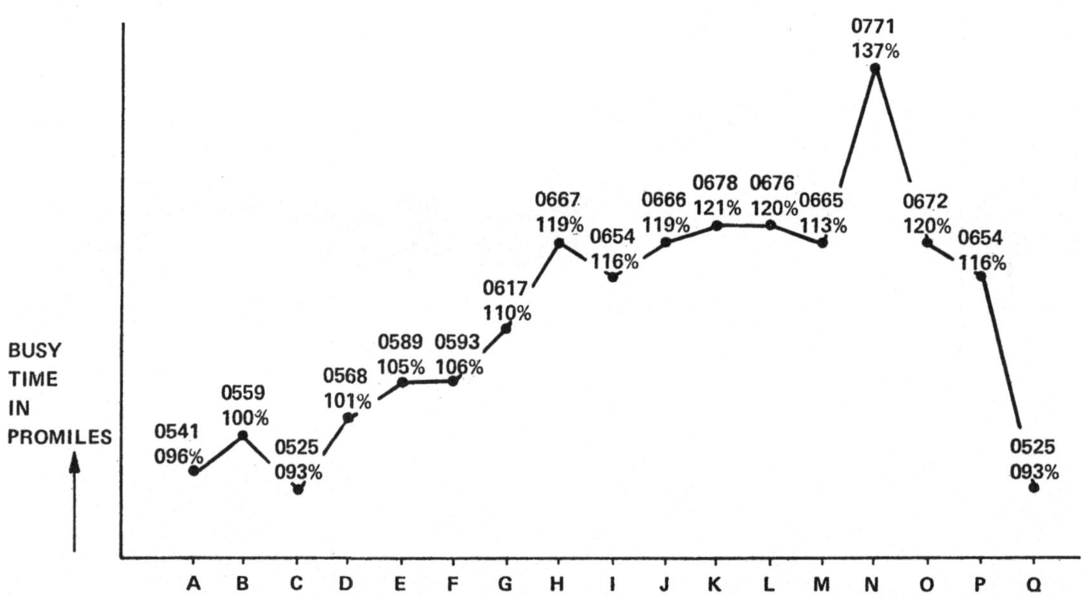

CPU BUSY STATE
BUSY
TIME
IN
PROMILES
0541 096%
0559 100%
0525 093%
0568 101%
0589 105%
0593 106%
0617 110%
0667 119%
0654 116%
0666 119%
0678 121%
0676 120%
0665 113%
0771 137%
0672 120%
0654 116%
0525 093%
A B C D E F G H I J K L M N O P Q

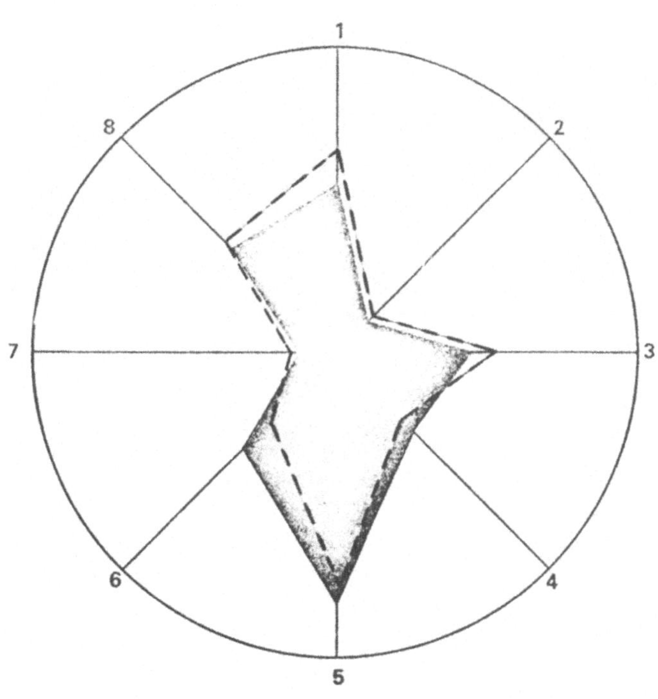

	TEST	B	P			B	P
1	CPU BUSY	55.9	65.3	2	CPU ONLY	12.4	13.8
3	CPU/CHAN. O'LAP	43.4	51.5	4	CHAN. ONLY	36.8	28.2
5	ANY CHAN. BUSY	80.2	79.7	6	CPU WAIT	44.1	34.7
7	PROBL. STATE	10.8	13.6	8	MON. STATE	45.1	51.7

KIVIATGRAPH

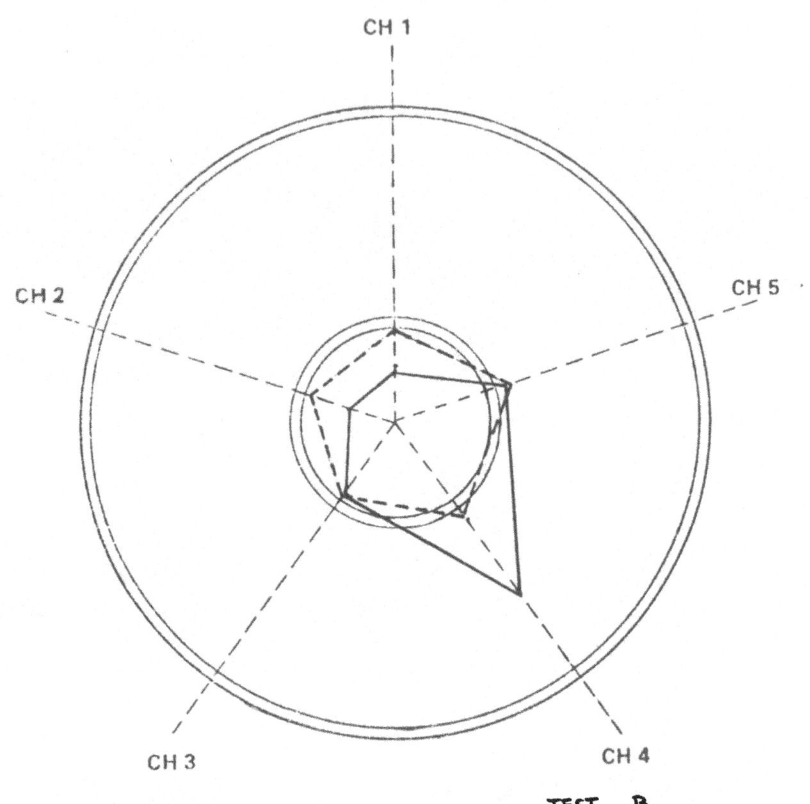

TEST P

CH 1	:	23.02%
CH 2	:	21.02%
CH 3	:	20.35%
CH 4	:	31.09%
CH 5	:	30.48%
ANY CH:		79.71%
AV. CH :		25.17%

TEST B

CH 1	:	12.58%
CH 2	:	10.53%
CH 3	:	20.62%
CH 4	:	52.95%
CH 5	:	27.74%
ANY CH:		80.23%
AV. CH :		24.88%

CHANNELGRAPH

TOTAL   RESULTS

FIGURES IN SECS	TEST B	TEST P	TEST X	X WITH REGARD TO B (%)
ELAPSED TIME	1267	987	922	27
CPU ACTIVITY	595	582	434	27
SUPERVISOR STATE	291	296	147	50
PROT. KEY = 0	393	384	221	44
PROT. KEY $\neq$ 0	215	197	193	10
BILLABLE HOURS/ HOUR	1.93	2.50	2.62	35

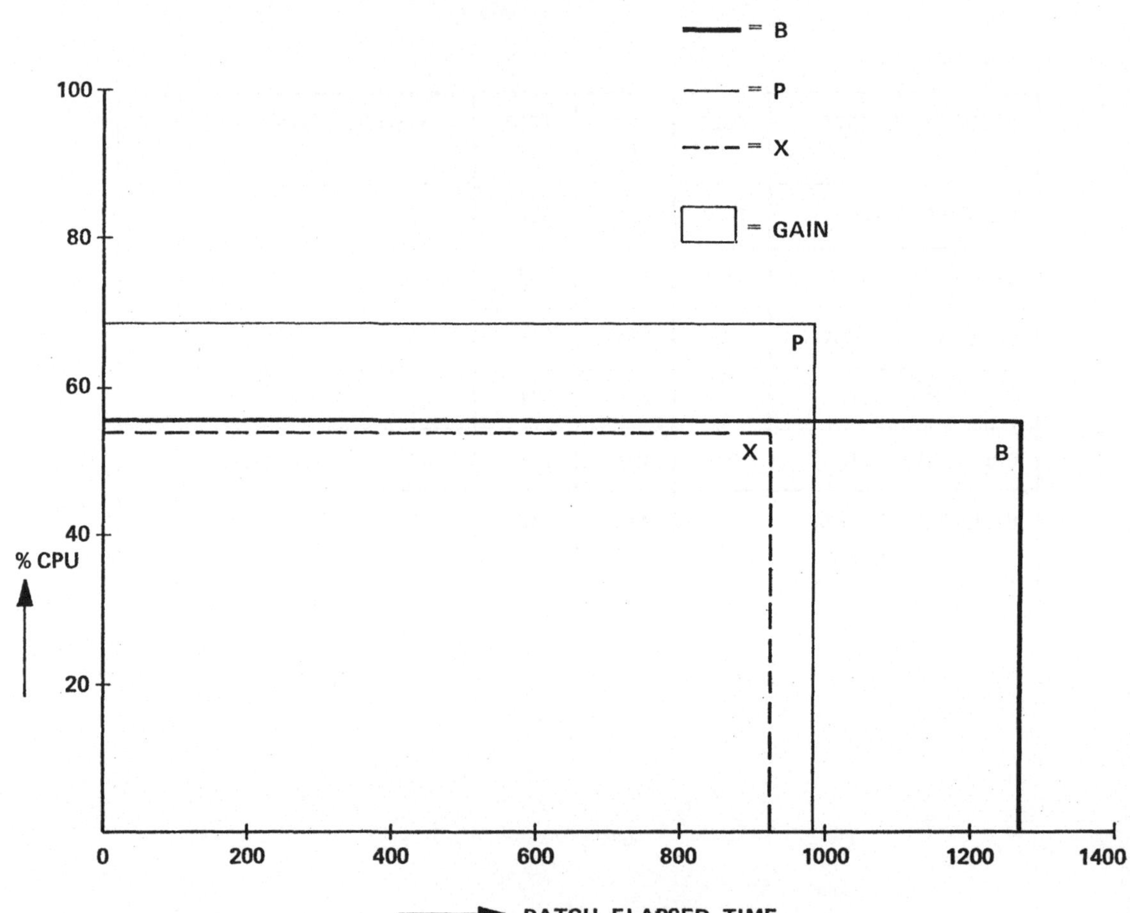

TOTAL RESULTS OBTAINED
= B
= P
= X
= GAIN
100
80
60
40
20
% CPU
P
X
B
0
200
400
600
800
1000
1200
1400
BATCH ELAPSED TIME

CONCLUSIONS

(IN TEST ENVIRONMENT)

- TSO INFLUENCE ON THE BATCH
  REDUCED BY 50 %

- ACHIEVED BY: ENQ/DEQ SIFTER   18 %

                 PRTY QUEUEING   2305-2   10 %

                 TSO SWAP   2305-2   22 %

- CAPACITY GAIN: 30 %
  (BILLABLE HOURS/HOUR)

- BATCH ELAPSED TIME
  REDUCED BY 23 %

- AVERAGE RESPONSE TIME FOR TSO
  IMPROVED BY 40 %

RECOMMENDATIONS

- BATCH DISPATCHING PRIORITY ABOVE THAT OF TSO

- ENQ/DEQ SIFTER MODIFICATION

- TRACK STACKING

- PRIORITY QUEUEING FOR 2305-2 DRUM

- PRIMARY SWAP DATA SET ON 2305-2

- MODIFIED BLDL AND LNKLST

- JOBQUEUEFORMAT 2305-2

- NO BACKGROUND GUARANTEE

- QUICKCELL MODIFICATION

- TRACE OFF

Systemoptimierung mit Hilfe von synthetischen Belastungsprofilen

Dr.-Ing. W. Zorn - Informatik-RZ, Universität Karlsruhe

1. Einleitung, Problemstellung

Bei dem zu optimierenden System handelt es sich um das Rechenzentrum
der Fakultät für Informatik an der Universität Karlsruhe. Hierbei
sollen folgende, in Wechselwirkung zueinander stehende Teilsysteme
unterschieden werden:

> Hardware
>
> Betriebssystem
>
> Benutzeraufträge

Den Kern der Hardware bildet eine BURROUGHS B6700 Doppelprozessor-
anlage mit 208 k Kernspeicher, 40 M Bytes Überlagerungsspeicher und
360 M Bytes Hintergrundspeicher. Daran angeschlossen sind über einen speziellen Datenkommunikationsprozessor ca. 60 Dialogstationen,
in der Mehrzahl alphanumerische und graphische Bildschirmgeräte. Besonderheiten der Hardware-Architektur sind Kellerstruktur mit Dis-
play-Registern, eintrittsinvariante Code in der Syntax der polni-
schen Notation, virtueller Speicher mit Deskriptortechnik.

Diese Hardware läuft unter der Kontrolle des Betriebssystems MCP,
das durch die vorgenannten Eigenschaften in starkem Maße unterstützt wird, insbesondere bei der Verwaltung des virtuellen Spei-
chers durch die sog. PRESENCEBIT- und WORKINGSET-Mechanismen. Eine
Besonderheit des Betriebssystems ist die ausschließliche Verwendung
höherer Systemprogrammiersprachen und das Fehlen eines Assemblers.

Das Auftragsprofil ist geprägt durch einen intensiven Dialogverkehr
über die angeschlossenen Bildschirmgeräte, von denen im Mittel 40
bis 45 aktiv sind. Es setzt sich im einzelnen zusammen aus Editie-
rungsaufträgen, Übersetzungen und Testläufen, Dialog mit interaktiven Benutzerprogrammen und im Hintergrund gestarteten Programmen.
Besonderheiten des Auftragsprofils bestehen in einer starken tages-
zeitabhängigen sowie einer kurzfristigen projektabhängigen Veränderung.

Die Anforderungen an das System aus Benutzersicht sind im wesentlichen zweifacher Art:

> kurze Reaktionszeiten im Dialog
>
> schnelle Bearbeitung der abgesetzten Aufträge

Diesen Anforderungen kann von Seiten des Rechenzentrums im Rahmen
des technisch und finanziell Realisierbaren nachgekommen werden
durch Reduzierung bestehender Engpässe und Leistungseinbußen, die
sich nachteilig auf den Systemdurchsatz und die mittleren Antwortzeiten auswirken. Hierbei bestehen folgende Ansatzpunkte für Optimierungen:

> Betriebssystemparameter
>
> Algorithmen, bzw. Strategien des Betriebssystems
>
> Konfiguration
>
> Übersetzer und Benutzerprogramme

Um die Auswirkung von Änderungen vor der Einführung in den Betrieb
abschätzen zu können und um Fehlentscheidungen zu vermeiden, ist es
erforderlich, eine möglichst genaue Untersuchung des voraussichtlichen Verhaltens des geänderten Systems durchzuführen. Eine Möglichkeit hierzu besteht in der Simulation des späteren Systemverhaltens.
Im vorliegenden Fall wurde so vorgegangen, daß auf das geänderte System außerhalb der normalen Betriebszeit synthetische Belastungspro-
file aufgebracht wurden, welche möglichst genau an die typische Ta-
gesbelastung angepaßt waren. Die wesentlichen Einflußgrößen wurden
parametrisiert, wozu auch solche gehören, die üblicherweise in der
Struktur der Programme und der Entscheidung der Programmierer liegen, jedoch einen erheblichen Einfluß auf die Systemleistung haben.
Diese Einflußgrößen sind bei den Rechenanlagen verschiedenen Typs
i.a. sehr unterschiedlich und betrafen bei den vorliegenden Untersuchungen die Speicherverwaltung, auf die sich die Mehrzahl der vorgenommenen Optimierungen bezogen.

In der vorliegenden Arbeit wird zum einen die Generierung der synthetischen Programme behandelt, zum anderen die Optimierungen nach
Art und Umfang erläutert, wobei die erzielten Leistungsverbesserungen anhand der aufgenommenen Kennlinien diskutiert werden.

2. Synthetische Belastungsprofile

2.1 Reales Belastungsprofil

Im Tagesmittel werden ca. 3000 Aufträge bearbeitet. Auf der statistischen Grundlage von System-Logbuchauswertungen (April 75) entfallen diese auf die verschiedenen Prozeßtypen entsprechend Tabelle 1.
Die in der Tabelle aufgeführten Ausführungen enthalten Dialog- und
Hintergrundprozesse der Benutzer ohne die Dienstprozesse des Systems (Steuersprachenentschlüssler, SPOOLING-Prozesse, UTILITIES),

	Häufigkeit		
Prozeßtyp	abs.	rel.$_1$	rel.$_2$ (%)
Ausführungen	1305	43.5	73.3
Übersetzungen	475	15.8	26.7
− ALGOL	−300		
− FORTRAN	− 22		
− COBOL	− 31		
− PL 1	− 15		
− BASIC	− 0		
− ESPOL	− 10		
− DCALGOL	− 29		
− CTALGOL	− 21		
− NDL	− 1		
− BINDER	− 27		
− Sonstige	− 19		
Dienstprozesse	1230	40.7	−
	3010	100.0	100.0

Tab. 1: Tageshäufigkeiten verschiedener Prozeßtypen (April 75)

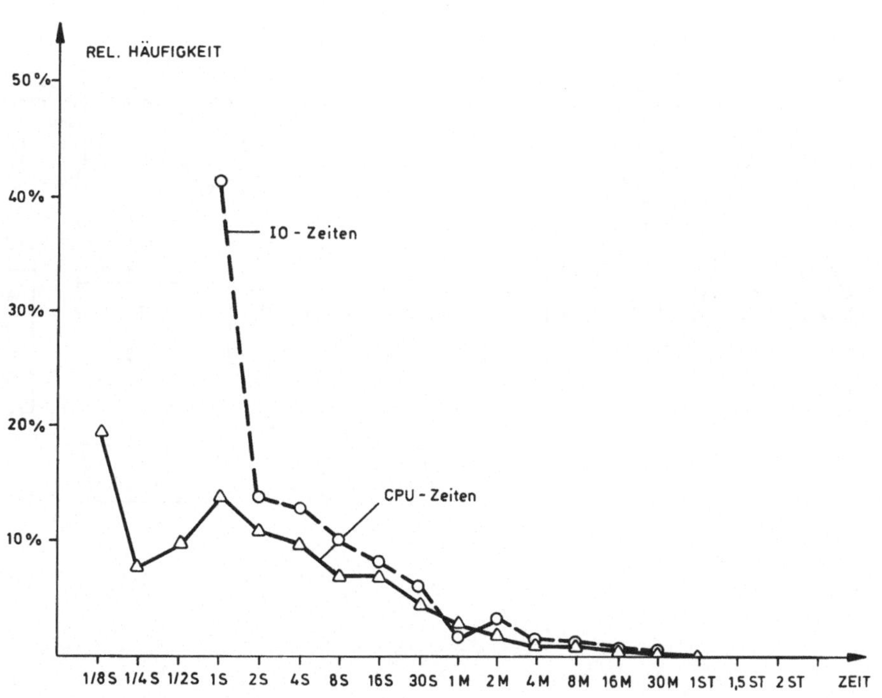

Bild 1: CPU- und IO-Zeitenverteilung zu Tab. 1

die getrennt ausgewiesen sind. Bild 1 zeigt die zugehörige CPU-
und IO-Zeitenverteilung, mit Maxima bei kurzen Zeiten und exponen-
tiell abfallender Tendenz bei längeren Zeiten. Im Mittel verbraucht
nur ein Prozeß mehr als 30 Minuten CPU-Zeit. Bei dem Maximum bei
CPU-Zeiten kleiner gleich 1/8 Sek. handelt es sich in erster Linie
um Prozesse, die noch vor der Initialisierung vom Benutzer bereits
terminiert wurden, sowie um Prozesse zur Steuersprachenentschlüs-
selung.

2.2 Generierung

Die Erzeugung eines synthetischen Mix geschieht in drei Schritten.

     Datenerfassung
     Definition der synthetischen Programme
     Ablaufsteuerung

Das Gesamtsystem mit den verschiedenen dabei benötigten Dateien
und Programmen zeigt Bild 2:

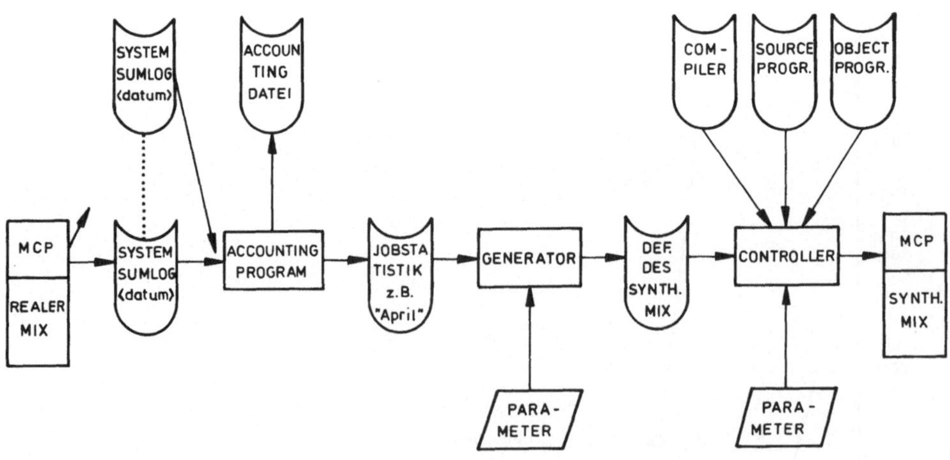

Bild 2: Blockdiagramm des gesamten Programmsystems

Im ersten Schritt werden vom ACCOUNTING-Programm aus dem täglichen
System-Logbuch, bzw. wahlweise aus mehreren, die Kenngrößen des re-
alen Mix ermittelt und in einer Datei JOBSTATISTIK abgelegt.
Auf diese greift ein GENERATOR-Programm zu, das abhängig von weite-
ren Steuerparametern eine Programmbeschreibung des synthetischen
Mix erzeugt und abspeichert. Mit Hilfe dieser Programmbeschreibung,
der vorhandenen Compiler sowie einer Bibliothek mit verschiedenen
Quellprogrammen und vorübersetzten Prozeduren startet der CONTROL-
LER die synthetischen Programme als asynchrone unabhängige Prozesse.
Eine Reihe weiterer Programme ermöglicht die Überwachung des Mix
und eine Korrelation von vorgegebenen Daten und Ergebnissen.
Die einzelnen Schritte sollen im folgenden näher erläutert werden.

2.2.1 Datenerfassung

Die Programme zur Generierung des synthetischen Mix basieren auf
der täglichen Auswertung des System-Logbuchs. Hierbei werden folgende Daten erfaßt:

    CPU/IO-Zeitverteilung in 16 x 14 Matrizen
    CPU-Zeitabhängigkeit in 16 x 1 Feldern für
        gedruckte, bzw. übersetzte Zeilen
        Größe des Programmcodes
        Größe der Daten
        Größe des Überlagerungsspeichers
    jeweils unterteilt nach
        Ausführungen
        Übersetzungen

Die Dienstprozesse werden hierbei unterdrückt, da sie später vom
Betriebssystem automatisch hinzugefügt werden.

Zur Datenerfassung zählt weiterhin die Ermittlung der Häufigkeit
verschieden langer Code- und Datensegmente. Diese Angaben sind
nicht im Logbuch enthalten und wurden daher mit Hilfe eines eigenen Segmentmonitors /1/ im laufenden Betrieb gemessen. Bild 3
zeigt eine typische Verteilung, basierend auf einer Stichprobe
von ca. 640.000 Segmenten. Dabei ergibt sich, daß das Maximum
bei Werten von etwa 20 Worten liegt, daß etwa die Hälfte aller
Segmente kürzer als 50 Worte sind bei einer mittleren Segmentlänge von 113 Worten über alles (s. auch /5/). Das Nebenmaximum
bei 256 Worten zeigt den Punkt der automatischen Segmentierung
längerer Felder durch das System an. Eine solche Verteilung wird
der späteren Generierung von Code- und Datensegmentvorgaben für

die synthetischen Programme zugrunde gelegt.

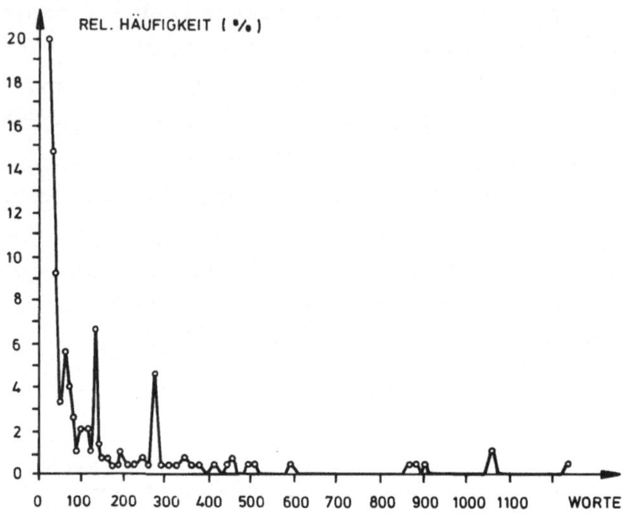

Bild 3: Segmentlängenverteilung im laufenden Betrieb

2.2.2 Generierung der Programmbeschreibungen

Das Programm zur Generierung der Programmbeschreibungen besitzt
zusätzlich zu den in 2.2.1 beschriebenen Eingabedaten u.a. folgende Parameter /2/:

- Zahl der zu generierenden Programme, bzw.
  zu erreichender Korrelationsfaktor zwischen
  statistischer Grundlage und Programmbeschreibung
- Multiplikator für Segmentlängen
- Aufrufabstand
- Name der Eingabedatei mit der statistischen Grundlage

Mit Hilfe von Pseudozufallszahlen approximiert der Generator die
statistische Grundlage im vorgegebenen Umfang, wobei für jedes
synthetische Programm, unterschiedlich für Ausführungen und Übersetzungen, folgende Parameter generiert werden:

Ausführungen	Übersetzungen
- CPU-Zeit	- Compilertyp, z.Zt.
- IO-Zeit	ALGOL
- Zu druckende Zeilen	FORTRAN
- Größe der Daten	PL/1
- Anzahl der Datensegmente	- Anzahl der zu überset-
- Größe des Codes (Typ O-9)	zenden Zeilen
- Aufrufintervall	- Aufrufintervall

Dabei ist die Abhängigkeit zwischen IO-Zeit und der Anzahl der
zu druckenden Zeilen berücksichtigt. Bei den Übersetzern wurde
bei der Zahl der zu übersetzenden Zeilen eine Abhängigkeit zwischen deren Wert und dem jeweiligen CPU-Zeitverbrauch ausgenutzt,
jedoch ist hierbei mit größeren Abweichungen der Größe der Daten-und Codesegmente zu rechnen. Auf eine genauere Annäherung
dieser Werte wurde aus Aufwandsgründen verzichtet.

Auf der Grundlage des Monats April zeigt Bild 4 die Korrelation
zwischen Ein- und Ausgabematrizen des Generators in Abhängigkeit
von der Zahl der generierten Prozesse. Aus den oben genannten
Gründen bleiben die Übersetzungen hierbei unberücksichtigt.

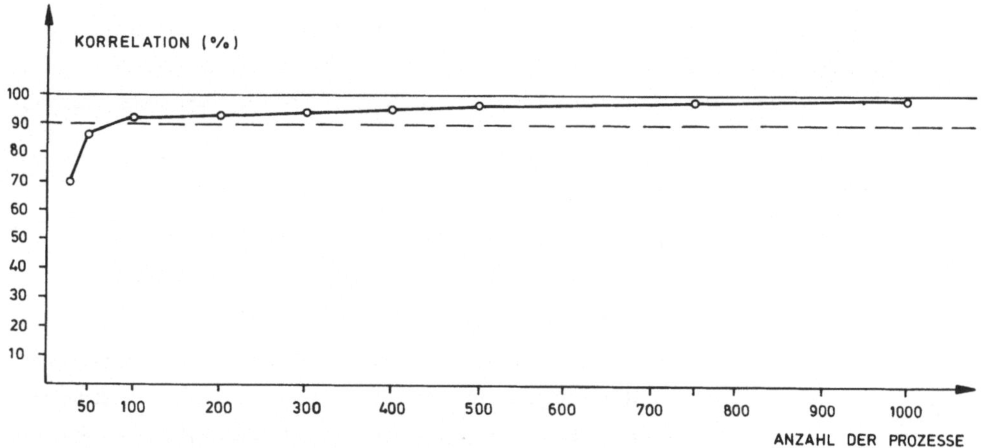

Bild 4: Korrelation zwischen Ein-/Ausgabematrizen

Bei 100 Prozessen wurden 75 Ausführungen und 25 Übersetzungen
generiert, wobei eine hinreichend gute Übereinstimmung mit den
in Tab. 1 (Spalte rel.$_2$) angegebenen Werten besteht.

2.2.3 Ablaufsteuerung

Das Starten der synthetischen Programme mit den vorgegebenen Betriebsmittelanforderungen wird von dem Programm CONTROLLER vorgenommen. Diesem stehen z.Zt. eine Bibliothek mit folgenden
Standardprogrammen zur Verfügung.

Ausführungen

20 vorübersetzte Programme mit
den Übergabeparametern

  CPU-Zeit

  IO-Zeit

zu druckende Zeilen

Größe der Daten

Anzahl der Segmente

<u>Übersetzungen</u>

ALGOL
FORTRAN } Quellprogramme
PL/1

Die vorübersetzten Programme unterschiedlicher Codegröße enthalten ein zweidimensionales Feld, das mit der vorgegebenen Segmentgröße und -anzahl dynamisch angelegt wird, sowie einen Kern, in dem zum einen die Segmente des Feldes zyklisch referriert werden, zum anderen die übrigen Betriebsmittelanforderungen inkrementell erbracht werden.

Unterschiedlich lange Übersetzungsläufe werden in ALGOL unter Ausnutzung einer speziellen Compiler-Steuersprache durch entsprechend häufige Übersetzung ein und desselben Kerns erreicht. In FORTRAN und PL/1 wurden typische Anwenderprogramme verwendet.

Folgende Eingabeparameter ermöglichen unterschiedliche Abläufe des synthetischen Mix:

Aufrufabstand: durch Variation lassen sich bei gleicher Größe des synthetischen Mix unterschiedliche Systembelastungen erzeugen.

ZIP : durch Setzen lassen sich die Programme als Hintergrundprogramme starten und in unterschiedliche Eingabewarteschlangen einreihen, deren Parameter beispielsweise optimiert werden sollen.

SWAP : durch Setzen lassen sich die Programme wie Dialogprogramme unter dem SWAPPER starten, wobei dies zur Untersuchung und Optimierung des SWAPIN/SWAPOUT-Verhaltens verwendet werden kann.

3. Systemoptimierungen

Für die weiteren Untersuchungen wurde ein synthetischer Mix von 100 Programmen auf der statistischen Grundlage des Monats April 75 verwendet, wobei diese Anzahl wegen der errechneten Korrelation von 91,1% als ausreichend erschien.

Mit Hilfe dieses Mix, dessen Bearbeitungszeit als Bewertungsmaß galt, wurde das Systemverhalten in vier verschiedenen Situationen untersucht:

Fall 1: STANDARD-Betriebssystem, nicht optimierte Parameter
Fall 2: STANDARD-Betriebssystem, optimierte Parameter
Fall 3: Optimiertes Betriebssystem, optimierte Parameter
      (Release II.6, Version IRA MCP/535)
Fall 4: wie Fall 3, jedoch mit vergrößerten Datensegmenten
      des synth. Mix

Alle Untersuchungen wurden bei verschiedenen Kernspeichergrößen
durchgeführt, von 144 k Worten aufsteigend bis 208 k Worten in 16 k
Schritten. Die Ergebnisse sind in den Tabellen 2 und 3 eingetragen,
sowie in Form von Kennlinien in den Bildern 5 und 6 veranschaulicht.

3.1 Parametereinstellung

Zum besseren Verständnis der Parameteroptimierung ist eine Er-
läuterung der Prinzipien der B6700-Speicherverwaltung notwendig:
die B6700 besitzt einen virtuellen Speicher, bestehend aus Kernspeicher und Platten als schnellem Hintergrundspeicher. Der Adreß-
raum erstreckt sich über beide Speichermedien, die Segmentgröße
ist variabel. Der Benutzer ist bei der Programmierung hinsichtlich
der Größe seiner Programme und Datenbereiche nahezu keinen Einschränkungen unterworfen, da ihm die Speicherverwaltung vom Betriebssystem abgenommen wird.

Wird innerhalb eines Programmteils ein Code- oder Datensegment angesprochen, das sich nicht im Kernspeicher befindet, so erfolgt
herdwaremäßig eine PRESENCEBIT-Unterbrechung, die über einen Aufruf des Betriebssystems für das Einlagern des betreffenden Seg-
mentes sorgt, wobei je nach Kernspeicherbelegung andere Segmente
verdrängt werden können. Abhängig von der Systembelastung ergibt
sich eine bestimmte Überlagerungsrate. Ist diese zu gering, so bedeutet das eine ungünstige Auslastung des Kernspeichers, ist sie
zu hoch, so sinkt der Nutzanteil der Prozessorleistung. Um das System bei einer geeignet einzustellenden Überlagerungsrate betreiben zu können, ist im Betriebssystem ein WORKINGSET-Mechanismus
/4/ implementiert. Dieser überwacht das Starten von Prozessen und
sorgt mit Hilfe des unabhängigen Systemprozesses WSSHERRIFF dafür,
daß durch asynchrones Auslagern von Segmenten eine bestimmte Auslagerungsrate gewährleistet und der Kernspeicher bereinigt wird,
bei Abweichungen von den Sollgrößen Prozesse suspendiert, bzw. reaktiviert werden. Dieser Mechanismus wird im wesentlichen von drei

Parametern gesteuert:

OLAY GOAL

AVAILMIN

FACTOR

OLAY GOAL: gibt den prozentualen Anteil des überlagerbaren
Kernspeichers an, der je Minute ausgelagert werden
soll.

AVAILMIN : gibt den minimal verfügbaren freien Kernspeicher an.
Oberhalb von AVAILMIN werden Prozesse reaktiviert
bzw. initialisiert, unterhalb werden Prozesse suspendiert.

FACTOR : gibt das Verhältnis zwischen physikalisch vorhan-
denem und logisch verwaltetem Kernspeicher an.

Bei nicht optimierten Parametern erhält man die in Tab. 2, Fall 1,
eingetragenen Bearbeitungszeiten für den synthetischen Mix. Be-
merkenswert ist dabei, daß trotz Vergrößerung des Kernspeichers
von 160 k auf 176 k die Systemleistung um ca. 14% abnimmt und damit noch geringer ist als bei 144 k. Der Grund hierfür liegt pri-
mär in einer zu hohen Auslagerungsrate, sowie einer im Verhältnis
zum vergrößerten Freispeicher zu hohen Initialisierungsrate. Die
Folge hiervon ist eine starke Unterschreitung von AVAILMIN, sowie
eine hohe Suspendierungsrate mit dem damit verbundenen großen Aufwand für Speicherverwaltung. Dieser Effekt läßt sich durch optimierte Parametereinstellungen vermeiden. Als optimale Werte z.B.
bei 144 k bzw. 208 k werden ermittelt:

$$OLAY\ GOAL_{144} = 40\% \qquad OLAY\ GOAL_{208} = 2\%$$
$$AVAILMIN_{144} = 7\% \qquad AVAILMIN_{208} = 6\%$$
$$FACTOR_{144} = 100\% \qquad FACTOR_{208} = 90\%$$

Diese Werte lassen sich wie folgt interpretieren: je größer der
Kernspeicher, desto geringer die erforderliche Auslagerungsrate.
Bei größerem Kernspeicher kann der rel. Mindestfreispeicher reduziert werden, jedoch ist eine zu hohe Initialisierungsrate und gegenseitige Verdrängung durch Reduktion des Kernspeicherfaktors zu
verhindern. Die Leistungsverbesserungen liegen hierbei im Bereich
von 25% bis 42% bezogen auf die zugehörigen Werte in Fall 1.

3.2 Betriebssystemänderungen

Die genauere Analyse des Systemverhaltens nach Optimierung der Parameter hat ergeben, daß einerseits die Auslagerungsrate für die

überlagerbaren Teile des Betriebssystems, andererseits die Suspendierungs-/Reaktivierungsraten mit großem Verwaltungsaufwand verbunden sind.

Die Anpassung des WORKINGSET's des Betriebssystems selbst, sowie insbesondere die Einführung eines zusätzlichen Systemparameters

DELTA AVAILMIN

hat diese Leistungsminderungen stark reduziert /1/. Der Einfluß des vierten Parameters besteht darin, daß anstelle der diskreten Schwelle AVAILMIN ein Toleranzbereich AVAILMIN $\pm$ 1/2 DELTA AVAILMIN für den Freispeicher existiert, innerhalb dessen sich die aktiven Prozesse dynamisch ausdehnen und verkleinern können, ohne daß dabei Suspendierungs- oder Initialisierungs- bzw. Reaktivierungsvorgänge ausgelöst werden. Die Bearbeitungszeiten für den synthetischen Mix sind in Tabelle 2 unter Fall 3 eingetragen, sowie in Bild 5 graphisch veranschaulicht. Die Leistungsverbesserungen liegen hierbei im Bereich von 22% bis 30% bezogen auf die zugehörigen Werte von Fall 2, von 31% bis 56% bezogen auf die Werte von Fall 1.

3.3 Vergrößerung der Segmentlängen

Eine weitere Möglichkeit der Steigerung der Systemleistung besteht in der Vergrößerung der Segmentlänge /3/. Bei sehr kleinen Segmenten, wie sie oftmals von Benutzern definiert und von den Compilern angelegt werden, steht der Gewinn an Kernspeicher in keinem Verhältnis zum Verwaltungsaufwand beim Ein/Auslagern solcher Segmente.

Eine Abschätzung der zu erwartenden Leistungssteigerungen des Systems bei Vergrößerung der Segmentlängen ist mit Hilfe des in Abschnitt 2.2.2 beschriebenen Multiplikators für die Segmentlängen möglich. Dieser Parameter gestattet die Simulation eines geänderten Benutzerverhaltens in der Weise, daß eine Strukturierung der Daten zugunsten längerer zusammenhängender Segmente vorgenommen wird. Entsprechendes gilt für die Übersetzer. Während bei Fall 3 noch 50% aller Datensegmente kleiner gleich 20 Worte waren, konnte in Fall 4 durch Segmentlängenvergrößerung dieser Anteil auf 10% reduziert werden, bei einem Anstieg der mittleren Datensegmentlänge von 64 auf 101 Worte. Die Leistungsverbesserungen entsprechend Fall 4 von Tab. 2 liegen zwischen 11% und 14,5% bezogen auf Fall 3.

3.4 Konfigurationsänderungen

Die Konfigurationsänderung bestand im vorliegenden Fall in einer
schrittweisen Vergrößerung des Kernspeichers. Es zeigt sich (s.
Bild 5), daß die Bearbeitungszeit anfangs deutlich sinkt, jedoch
mit größer werdendem Kernspeicher in den Fällen 2 bis 4 einem
Grenzwert zustrebt. Dies bedeutet, daß dort eine wesentliche Lei-
stungsverbesserung nicht mehr durch Speichervergrößerung, sondern
durch die oben beschriebenen Maßnahmen erreicht werden kann. Bei
dieser Aussage ist jedoch zu beachten, daß dies nicht unter allen
Betriebsbedingungen gilt. Dehnt sich beispielsweise der residente
Teil des Betriebssystems infolge starken Dialogverkehrs aus, so
verschieben sich die Kennlinien und damit der Arbeitspunkt des Systems zu ungünstigeren Werten hin.

Für die Aufnahme von Leistungskennlinien bei verschiedenen Konfigurationen und die Ermittlung der jeweils optimalen Systemparameter sprechen u.a. folgende Gründe:

1. Kennlinien ermöglichen durch Extrapolation eine
   Aussage über eine zu erwartende Leistungsänderung
   bei Anlagenerweiterungen.

2. Kennlinien ermöglichen bei reduzierter Anlagenkon-
   figuration, z.B. bei Ausfall von Komponenten, ein
   Nachstellen der Systemparameter.

3. Nicht optimale Systemeinstellungen können leichter
   erkannt werden als bei der Betrachtung singulärer
   Meßpunkte (s. Bild 5, Fall 1 und Fall 3, gestrichelter
   Zweig der Kennlinie).

Im folgenden sind die Bearbeitungszeiten und relativen CPU-Zeiten
tabellarisch und graphisch zusammenfassend dargestellt:

| Kernspeicher- | Bearbeitungszeiten bei | | | | |
größe k Worte	144	160	176	192	208
Fall 1	34 : 57	30 : 50	35 : 00	30 : 10	23 : 49
Fall 2	32 : 24	24 : 19	20 : 22	18 : 37	17 : 52
Fall 3	22 : 33	18 : 21	15 : 12	14 : 33	14 : 07
Fall 4	20 : 05	16 : 04	13 : 06	12 : 28	12 : 14

Tab. 2: Bearbeitungszeiten für den synthetischen Mix (Min.:Sek.)

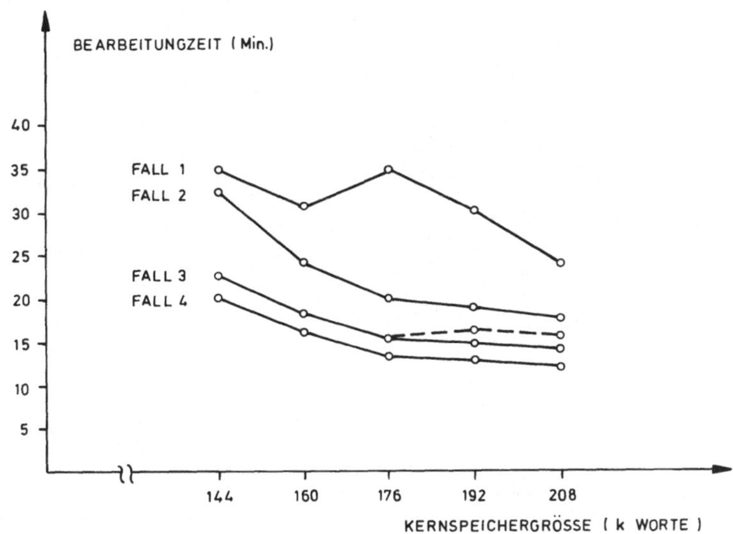

Bild 5: Graphische Darstellung der Ergebnisse von Tab. 2

In den Fällen 3 und 4 wurde die CPU-Auslastung gemessen (s. Tabelle 3), wobei zwischen Gesamtanteil, Benutzeranteil und Speicher-
verwaltungsanteil der Bearbeitungszeit unterschieden ist.

| | Kernspei-cher(k Worte) | Auslastung bei | | | | |
		144	160	176	192	208
Fall 3	Gesamt	62.1	69.7	83.2	88.5	94.4
	Benutzer	36.4	42.1	53.4	57.1	63.1
	Speicherverw.	8.0	11.2	11.9	13.5	17.8
Fall 4	Gesamt	73.9	77.2	92.6	95.4	97.8
	Benutzer	50.6	51.4	63.9	66.9	68.9
	Speicherverw.	5.3	6.3	6.8	7.0	9.1

Tab.3: CPU-Auslastung bei der Bearbeitung des synth. Mix (%),
       Fall 3 und 4

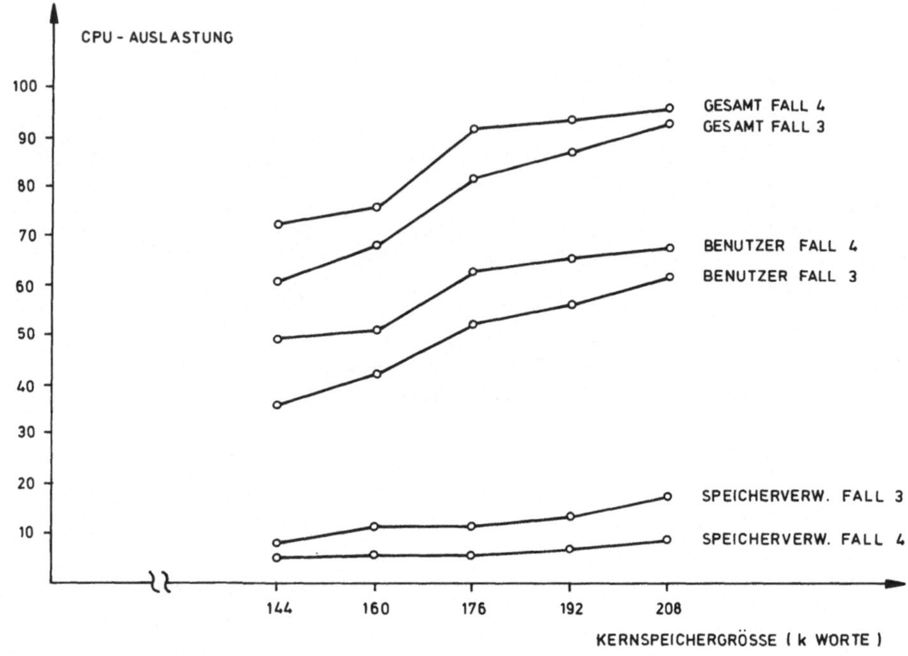

Bild 6: Graphische Darstellung der Ergebnisse von Tab.3

Diese Meßwerte bestätigen die Annahme, daß sich mit wachsendem
Kernspeicher der Engpaß vom Kernspeicher zu den Prozessoren hin
verschiebt, die bei 208 k in Fall 4 bereits zu 97.8% ausgelastet
sind. Eine weitere Leistungssteigerung ist nur noch durch Reduzierung des Verwaltungsaufwandes, wie beim Übergang von Fall 3 zu
Fall 4 angedeutet, zu erreichen.

4. Schluß

Die durchgeführten Untersuchungen haben gezeigt, daß die Leistung
komplexer Rechnersysteme wie der Burroughs B6700 in starkem Maße
von der Kernspeichergröße, dem eingestellten Arbeitspunkt, sowie
speziellen Eigenschaften der aufgebrachten Lastprogramme abhängen
können. Durch geeignete Optimierungsmaßnahmen ließ sich der Durchsatz um den Faktor 1.75 bis 2.75 steigern. Hierbei lagen die an-
teiligen Leistungssteigerungen durch Softwaremaßnahmen mit bis zu
50% in der gleichen Größenordnung wie diejenigen durch Kernspei-
chererweiterungen. Eine Erhöhung des Durchsatzes um weitere 10%
bis 15% ist durch eine Segmentoptimierung von Seiten der Benutzer
bzw. Übersetzer möglich.

Der Einsatz von synthetischen, an das Tagesprofil angepaßten Programmen hat sich bei diesen Untersuchungen bewährt. Hierbei bleiben
die quantitativen Aussagen zunächst auf den synthetischen Mix beschränkt. Der Nachweis der Optimierungserfolge im realen Tagesbe-
trieb durch Messung von Mix-Bearbeitungszeiten ist mangels Reproduzierbarkeit des Dialogbetriebs nicht in einfacher Weise möglich.
Vielmehr müssen hierzu interne Meßgrößen im Betriebssystem herangezogen, bzw. zusätzlich angebracht werden, wobei sich folgende Grös-
sen als besonders relevant erwiesen:

> Verhältnis zwischen Nutz- und Gesamt-CPU Auslastung
> PRESENCEBIT-Ereignisse je Zeiteinheit
> CORE TO CORE Überlagerungen je Zeiteinheit
>   (zur Reduzierung der Speicherzerstückelung)
> Anzahl der suspendierten Prozesse
> mittlere Software-Antwortzeit je Kanal

Auswertungen von Software-Monitormessungen über den Zeitraum von
mehreren Monaten hinweg, in dem die Systemoptimierungen durchgeführt wurden, haben ergeben, daß die obengenannten Größen um den
Faktor 1.5 bis 2 optimiert werden konnten. Wesentlich dabei ist,
daß aufgrund der Messungen bei synthetischen Belastungsprofilen optimale Sollwerte für interne Systemgrößen verfügbar sind, die im realen Betrieb überwacht und angenähert werden müssen. Hierzu sind
z.Zt. noch manuelle Eingriffe erforderlich. Anzustreben ist jedoch,
daß diese Funktionen vom Betriebssystem über die reine Betriebs-
mittelvergabe hinaus automatisch ausgeführt werden in der Weise,
daß Systemeinstellungen über eine Rückkoppelung lastabhängig gere-
gelt werden. Im Rahmen weiterführender Arbeiten ist die Einführung
solcher Regelungsmechanismen geplant.

5. Literaturverzeichnis

/1/ Mund, E.: "Messung und Optimierung des Systemverhaltens der B6700"
        Diplomarbeit, Universität Karlsrune, Sommer 75

/2/ Belz, A.: "Generierung eines Synthetischen Mix"
    Nebe, Th.   Software-Praktikum, Universität Karlsruhe, Sommer 74

/3/ Gehl, K.: "Untersuchung des Belastungsverhaltens der Rechenanlage
        B6700 in vorgegebenen Belastungssituationen"
        Diplomarbeit, Universität Karlsruhe, Sommer 75

/4/ Denning, P.J.: "The Working-Set Model for Program Behavior"
        CACM May 1968, pp. 323 - 333

/5/ Batson, A.   : "Measurement of Segment Size"
    et.al.   Proceedings of Second ACM Symposium on
                   Operating System Principles, 1969, pp. 25 - 29

<u>Datenschutz und Datensicherung</u>
Prof. Dr. Lindemann

<u>1. Das Problem des Datenschutzes</u>

Die Themen Datenschutz und Datensicherung, zwei Seiten einer Medaille,
sind in den letzten Jahren in den Mittelpunkt der Diskussion gerückt.
Man sollte sich aber zunächst einmal klar werden, worüber man spricht.
Zwischen den Begriffen Datenschutz und Datensicherung wird in der Literatur und auch in Diskussionen meist nicht klar unterschieden. Darunter leidet die Präzision der Aussagen.

Im Rahmen dieser Veröffentlichung halten wir uns an folgende Difini-
tionsvorschläge:

   Datenschutz ist der Schutz aller sich auf schutzbedürftige Tatbestände beziehenden   Daten bei manueller und maschineller Datenverarbeitung.

   Personenbezogener Datenschutz ist der Schutz der Daten der
   Privatsphäre natürlicher und juristischer Personen bei manueller und maschineller Datenverarbeitung.

   Datensicherung ist die Summe aller Vorkehrungen und Methoden,
   mit denen der Datenschutz realisiert und Datensicherheit erreicht werden kann.

Bis vor wenigen Jahren wurden Fragen des Datenschutzes und der Datensicherung nur in einem kleinen Kreis von Fachleuten diskutiert. Für
einen grösseren Kreis von Wirtschaftlern und Politikern wurden sie erst
bewusst und aktuell, als verschiedene Zeitschriften über Fälle von Com-
puterspionage berichteten. Das breite Publikum wurde erst angesprochen,
als es um den Aufbau öffentlicher Datenbanken und die Einführung der
Personenkennzeichen ging. Die meisten Diskussionen sind auch heute
noch emotionell stark aufgeladen, und das Negative, die Gefahr, steht
im Vordergrund:

   Der Computer kann Fehler machen.

   Mit Hilfe des Computers kann man betrügen.

   Wir liefern uns einer kleinen Gruppe von Computerfachleuten aus.

Der Computer erleichtert die Spionage.

Der Computer gefährdet die Freiheit der Individuums und
vermehrt die Macht der Herrschenden.

Dabei polarisieren sich die Standpunkte. Die einen, die Computerfans,
werden schon böse, wenn überhaupt mögliche Negativfolgen des Computer-
einsatzes erörtert werden. Nach ihrer Meinung kann durch die Com-
puterarbeit alles nur besser werden. Die anderen, die Skeptiker,
sehen vorwiegend die negativen Möglichkeiten. Sie haben nichts gegen
den Einsatz des Computers als Rechenroboter und Massenstatistiker,
sind aber allergisch gegen Informationssysteme über Menschen und
sonstige schutzbedürftige Tatbestände.

Nun stehen wir aber bei den politischen Führungsaufgaben im Vollzug
der öffentlichen Verwaltung, in Fragen der äusseren und inneren Sicherheit sowie bei den Aufgaben der Unternehmensführung und -steuerung in
einer Situation, in der wir ohne die Hilfe qualifizierter Informationssysteme einfach nicht mehr weiterkommen. Unsere Gesellschafts- und
Wirtschaftssysteme sind so komplex geworden, dass sie nur noch auf
hohem Informationsniveau und mit weitgehender Automation gesteuert und
weiterentwickelt werden können.

Damit kommen wir in das Dilemma konkurrierender Interessen: Einzel-
personen und Organisationen machen den rechtlich gesicherten Anspruch
auf die Unantastbarkeit ihrer Privatsphäre geltend. Sie wollen selbst
bestimmen, wann, in welchem Umfange und wem sie sich als Persönlich-
keit offenbaren. Die jeweils höhere Organisation aber, z.B. der Staat,
erhebt Anspruch auf die Informationen, die sie zur Erfüllung der ihr
übertragenen Aufgaben braucht.

Unter dem Problemkreis des Datenschutzes sind diese divergierenden
Interessen zum Ausgleich zu bringen.

2. Die Datenschutz-Gesetzgebung

In einer Reihe von Gesetzen sind Datenschutzvorschriften enthalten,
so z.B. im Wettbewerbsrecht , dem Betriebsverfassungsgesetz und dem
Strafrecht (§ 300; Berufsgeheimnis der Ärzte, Anwälte usw.). Besondere Datenschutzgesetze gibt es zur Zeit in der Bundesrepublik
nur in zwei Ländern: In Hessen seit Oktober 1970 und in Rheinland-

Pfalz seit Januar 1974. In fast allen übrigen Ländern gibt es Entwür-
fe, die aber zum Teil bewusst zurückgehalten werden, weil man auf das
Bundesdatenschutzgesetz wartet und die Ländergesetze diesem anpassen
möchte. Die Ländergesetze regeln, wie sich das aus der Gesetzgebungs-
kompetenz der Länder ergibt, nur die Datenverarbeitung bei Behörden
der Länder und Kommunen. Für die Bundesbehörden sowie für die Wirtschaft ist der Bundesgesetzgeber zuständig. Im Ausland hat nur Schwe-
den ein umfassendes Datenschutzgesetz. In den USA gibt es Teilrege-
lungen für die Kreditwirtschaft durch die "Fair Credit Reporting Akt"
und für die öffentliche Verwaltung durch die "Privacy Akt 1974".
Der erste Referentenentwurf zu einem Bundesdatenschutzgesetz (BDSG)
hat das Datum vom 15.8.1972. Dieser Entwurf wurde auf Wunsch des Bun-
desministeriums des Innern mit einem Fachgremium beraten, das als AWV-
Ausschuss gebildet war und dem Vertreter der Verbände, grosser Firmen
und der Herstellerfirmen von DV-Anlagen angehörten. Nach einem mehr-
tägigen Hearing in Bonn im November 1972 wurde der Entwurf in einigen
wesentlichen Punkten geändert und ging in dieser Form im Mai 1973 dem
Bundesrat zu. In der gleichen Fassung wurde er im September 1973
in den Bundestag eingebracht. Dieser Gesetzentwurf hat folgenden
Aufbau:

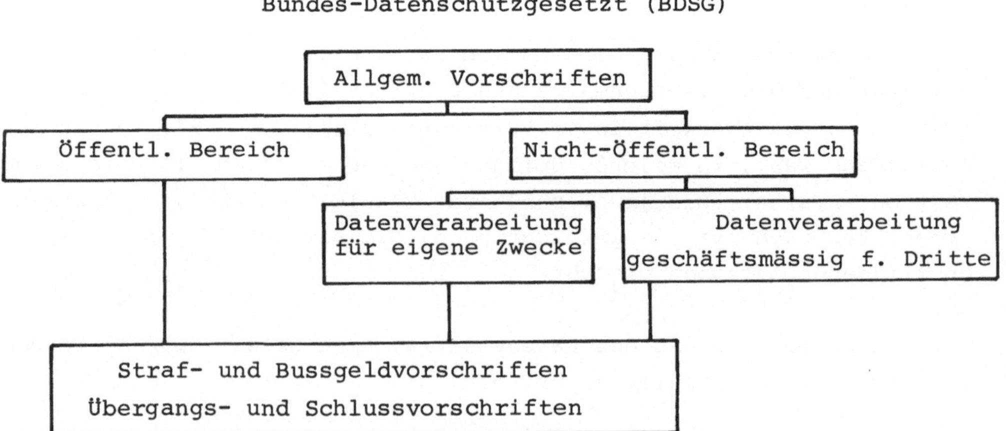

Nur zu den wichtigsten §§, welche die Wirtschaft betreffen und organisatorisch von Bedeutung sind, kann hier kurz Stellung genommen werden.

Betroffener
Nach § 2 schützt das Gesetz personenbezogene Daten, soweit sie

1. von Behörden oder sonstigen öffentlichen Stellen (§ 5),
2. von Personen, Gesellschaften oder anderen Personenvereinigungen des privaten Rechts für eigene Zwecke (§ 16),
3. von Personen, Gesellschaften oder anderen Personenvereinigungen des privaten Rechts geschäftsmässig für
   Dritte (§ 23)

in Dateien gespeichert und sonst verarbeitet werden, es sei denn, dass
die personenbezogenen Daten nicht für die Weitergabe an Dritte bestimmt sind.

Im § 3 wird der betroffene Personenkreis auf natürliche Personen eingeschränkt. Das ist insofern problematisch als

. in den Landesgesetzen von Hessen und Rheinland-Pfalz auch
  juristische Personen zum Kreis der Betroffenen zählen und damit
  ungleiches Recht geschaffen wird, und
. die Daten juristischer Personen, auch solche, die bei Behörden
  gespeichert sind, nicht dem Schutze durch dieses Gesetz
  unterliegen. Das kann nachteilig werden, wenn in öffentlichen
  Datenbanken immer mehr Einzeldaten juristischer Personen
  gespeichert werden.

Definition von Datenverarbeitung und Datei

Im § 3, Absatz (2) wird klargestellt:
(2) Im Sinne des Gesetzes ist

1. Datenverarbeitung (Verarbeitung von Daten), das Speichern,
   Verändern, Weitergeben oder Löschen von Daten,
2. Speichern (Speicherung), das Festhalten von Daten auf einem
   Datenträger zum Zwecke ihrer weiteren Verwendung,
3. Verändern (Veränderung), das inhaltliche Umgestalten gespeicherter Daten,
4. Weitergeben (Weitergabe), das Bekanntgeben gespeicherter oder
   durch Datenverarbeitung unmittelbar gewonnener Daten an Personen oder Stellen ausserhalb der speichernden Stelle (Dritte),
5. Löschen (Löschung), das Unkenntlichmachen gespeicherter Daten,

ungeachtet der dabei angewendeten Verfahren.

(3) Im Sinne dieses Gesetzes ist eine Datei eine gleichartig aufgebaute Sammlung von Daten, die nach bestimmten Merkmalen geordnet,

nach anderen bestimmten Merkmalen umgeordnet und ausgewertet werden kann, ungeachtet der dabei angewendeten Verfahren. Nicht hierzu gehören insbesondere Akten, Aktensammlungen und Bücher.
Auch hier ergibt sich eine Diskrepanz zu den Ländergesetzen, bei
denen nur computergestützte· Datenverarbeitung unter das Gesetz fällt.
In diesem Falle ist aber dem BDSG der Vorzug zu geben, da es klarer
ist. Es sollen Rechtsgüter geschützt und nicht besondere Verfahren
einer schärferen Kontrolle unterstellt werden.

<u>Weitergabe an Dritte</u>

Es unterliegen lt. § 2 nur solche Daten dem Gesetz, die zur Weitergabe an Dritte bestimmt sind. Hierbei ist der "Dritte" nicht klar
definiert. Ohne weiteren Kommentar ist aber unter dem Dritte jede
juristisch gesehene andere Person als der Datenhalter und der Betroffene zu verstehen.

Das würde bedeuten, dass die in einem Unternehmen, das eine juristische Einheit darstellt, durchgeführte Datenverarbeitung (Speichern,
Verändern, Weitergeben oder Löschen) nicht unter das Gesetz fiele.
Problematisch wird die Datenverarbeitung (soweit sie natürliche Personen betrifft) in Konzernen und Verbänden, die zwar wirtschaftliche
aber keine juristischen Einheiten sind. Allerdings werden die
Schwierigkeiten nicht so gross sein wie das auf den ersten Blick
aussieht!

Bei Mitarbeitern kann durch einen Passus im Anstellungsvertrag die
Zustimmung zur mit dem Vertragsverhältnis zusammenhängenden Daten-.
verarbeitung erteilt werden.

Im Kunden- und Lieferantenverkehr können in die Vertragsunterlagen
(Bestellungen) auf den Zweck begrenzte Zustimmungsformeln aufgenommen werden.

Im § 2, Absatz 3, wird nämlich bestimmt:
(3) Die Verarbeitung personenbezogener Daten, die von diesem Gesetz geschützt werden, ist nur zulässig, wenn
1. der Betroffene zugestimmt hat oder
2. dieses Gesetz oder eine andere Rechtsvorschrift sie erlaubt.

Die Zustimmung bedarf der Schriftform, soweit nicht wegen besonderer
Umstände eine andere Form angemessen ist; wird die Zustimmung zu-

sammen mit anderen Erklärungen schriftlich erteilt, ist der Betroffene hierauf besonders hinzuweisen.

Nach dem derzeitigen Stande der Diskussion (November 1975) sieht es so
aus, als sollte aus dem § 2, Absatz (1)   der Satzteil "... es sei
denn, dass die personenbezogenen Daten nicht für die Weitergabe an Dritte bestimmt sind." herausfallen. Dann wäre der Geltungsbereich des
Gesetzes wesentlich erweitert, nämlich auf alle personenbezogenen Daten
in Dateien. Ein Teil der Problematik mit dem "Dritten" wäre damit aber
weggefallen.

Freie Daten

Im Gesetzentwurf (§ 8, Abs. 2) werden Daten benannt, deren Weitergabe
ohne besondere Einschränkung zulässig ist.

(2) Abweichend von Abs. 1 ist die Weitergabe folgender Daten (frei
Daten) zulässig:

1. Namen,
2. Titel, akademische Grade,
3. Geburtsdatum,
4. Beruf, Branchen- oder Geschäftsbezeichnung,
5. Anschrift,
6. Rufnummer.

Von Vertretern der Wirtschaftsverbände wurde vorgeschlagen, analog
zur amerikanischen "Fair Credit Reporting Akt", Geschäftsdaten zu
freien Zahlen zu erklären. Das scheitert aber an Abgrenzungs-
schwierigkeiten. Es lässt sich nicht eindeutig und generell festle-
gen, welche Daten nur den Geschäftsverkehr, nicht aber die Privatsphäre betreffen.

Ausser den freien Daten sind auch solche Daten aus dem Schutzbe-
reich des Gesetzes herausgenommen (§ 2 Abs. 2), die unmittelbar aus
allgemein zugänglichen Quellen entnommen worden sind.

Technische und organisatorische Massnahmen

Im § 4 des Gesetzentwurfes wird bestimmt:
§ 4 Technische und organisatorische Massnahmen des Datenschutzes

(1) Wer im Rahmen des § 2 Abs. 1 personenbezogene Daten verarbeitet,

hat die erforderlichen und zumutbaren technischen und organisatorischen Massnahmen gegen Missbräuche bei der Datenverarbeitung, insbesondere gegen unzulässiges Abrufen, Weitergeben, Verändern und Löschen zu treffen. Zumutbar sind nur Massnahmen, deren Schutzwirkung in einem angemessenen Verhältnis zu dem Aufwand steht, den sie verursachen.

Daraus ergibt sich ganz klar die Verpflichtung zum Aufbau von Datensicherungssystemen. Dadurch, dass keine Aufzählung von Massnahmen erfolgt, bleibt im Rahmen dieser allgemeinen Norm die Organisationsfreiheit des Datenhalters in vollem Masse erhalten. Unnötig eingeengt wird sie aber durch die Protokollpflicht in § 7, Abs. 3, der nach § 18 auch für die Wirtschaft gilt:

(3) Können personenbezogene Daten durch selbsttätige Einrichtungen weitergegeben werden, so sind Vorkehrungen zu treffen, dass sie nur in dem zulässigen Umfang selbsttätig weitergegeben, insbesondere nicht durch Unbefugte abgerufen werden können. Durch Dokumentation der Datenverarbeitungsprogramme und erforderlichenfalls durch weitere Unterlagen ist nachzuweisen, an welche Stellen und in welchem Umfang Daten weitergegeben werden.

Wenn man bedenkt, daß der Dialogverkehr, bei dem der Datenempfänger aktiv wird, erst in den Anfängen steht, in der Zukunft aber die normale Art des Umganges mit Datenbeständen sein wird, kann man sich die Massen an Daten vorstellen, die protokollierungspflichtig werden. Das wird schon deshalb zum Unsinn, weil eine solche Fülle protokollierter Daten nicht mehr prüfbar ist.

Mitteilungspflicht und Auskunftserteilung

Nach den §§ 20 (Wirtschaft für eigene Zwecke) und 26 (Wirtschaft geschäftsmässig für Dritte) hat der Datenhalter dem Betroffenen Mitteilung zu machen; nach § 18 bei der erstmaligen Speicherung und nach § 26 bei der erstmaligen Weitergabe. Dieser Unterschied ist nicht ganz zu verstehen, es müsste generell die Mitteilung bei der ersten Weitergabe genügen. Auf Verlangen des Betroffenen ist der Datenhalter zur Auskunft über den Inhalt der gespeicherten Daten verpflichtet, wofür allerdings die entstandenen Kosten ersetzt werden müssen. Mit dieser Auskunft ist weiter verbunden das Recht des Betroffenen, Löschung zu verlangen, wenn die Datenspeicherung nicht zulässig ist, den Inhalt zu bestreiten, wenn er ihm unrichtig erscheint bzw. eine Gegendarstellung zur Aufnahme in den Datenbestand zu geben.

Durchführung des Datenschutzes

Grundsätzlich geht das Gesetz für die Datenverarbeitung bei öffentlichen Stellen und bei nicht-öffentlichen Stellen für eigene Zwecke von dem Prinzip der Selbstkontrolle aus. Bei nichtöffentlichen Stellen, welche die Datenverarbeitung gewerbsmässig für Dritte betreiben (Service-Rechenzentren, Auskunfteien) soll eine Fremdkontrolle durch eine Aufsichtsbehörde erfolgen.

Für die Wirtschaft ist der § 22 interessant, welcher die Berufung eines Datenschutzbeauftragten regelt und dessen Aufgaben beschreibt:

§ 22 Durchführung des Datenschutzes

(1) Die in § 16 Abs. 1 und 2 genannten Personen, Gesellschaften und andere Personenvereinigungen, die die Datenverarbeitung automatisch betreiben und hierbei in der Regel mindestens fünf Arbeitnehmer ständig beschäftigen, haben spätestens binnen eines Monats nach Aufnahme ihrer Tätigkeit einen Beauftragten für den Datenschutz zu berufen, der die Ausführung dieses Gesetzes sowie anderer Vorschriften über den Datenschutz sicherzustellen hat. Der Beauftragte für den Datenschutz ist insoweit dem Inhaber, dem Vorstand, dem Geschäftsführer oder dem sonstigen gesetzlich oder verfassungsmässig berufenen Leiter der Stelle unmittelbar unterstellt. Die Sätze 1 und 2 gelten auch, wenn die Datenverarbeitung nicht automatisch betrieben wird und soweit hierbei in der Regel mindestens zwanzig Arbeitnehmer ständig beschäftigt sind.

(2) Zu den Aufgaben des Beauftragten für den Datenschutz gehört es insbesondere,

1. eine Übersicht über die Art der gespeicherten personenbezogenen Daten und über die Geschäftszwecke und Ziele, zu deren Erfüllung die Kenntnis dieser Daten erforderlich ist, sowie über deren regelmässige Empfänger zu führen,

2. die ordnungsmässige Anwendung der Datenverarbeitungsprogramme,
   mit deren Hilfe personenbezogene Daten verarbeitet werden sollen,
   zu überwachen,
3. die bei der Datenverarbeitung tätigen Personen durch geeignete
   Massnahmen mit den Vorschriften dieses Gesetzes sowie anderer
   Vorschriften über den Datenschutz, bezogen auf die besonderen
   Verhältnisse in diesem Geschäftsbereich und die sich daraus erge-
   benden besonderen Erfordernisse für den Datenschutz, vertraut
   zu machen,
4. bei der Auswahl der in der Datenverarbeitung tätigen Personen
   beratend mitzuwirken.

Man kann über die Notwendigkeit des Datenschutzbeauftragten streiten.
In einer Reihe von Unternehmen aber, die bereits von sich aus einen
Datenschutzbeauftragten ernannt haben, hat sich die Institution auch
zur Koordinierung der für interne Zwecke notwendigen Datensicherungsmassnahmen als sehr zweckmässig erwiesen.

Das Thema Fremdkontrolle ist auch für die Wirtschaft noch nicht vom
Tisch, es darf aber angenommen werden, dass es bei der im Entwurf
vorgesehenen Regelung bleibt.

<u>3. Die Organisation der Datensicherung</u>
Um den Datenschutz realisieren zu können, sind Datensicherungssysteme
zu entwickeln. In herkömmlichen Systemen konnte die Datensicherung
weitgehend improvisiert erfolgen. In unserer heutigen und vor allem
in unseren für die Zukunft zu entwickelnden Informationssystemen
wird die Datensicherung zu einer bedeutenden organisatorischen Aufgabe.

Es sind vor allem sieben ganz wesentliche Grundvoraussetzungen zu
erfüllen:

1. Definition der schutzbedürftigen Tatbestände. Es genügt hier,
   wenn alle schutzbedürftigen Tatbestände katalogisiert und eindeutig benannt werden. Da Datenschutz bisher improvisiert und
   kasuistisch betrieben wurde, bringt schon die Schaffung dieser
   Unterlage Schwierigkeiten mit sich.
2. Klassifikation der schutzbedürftigen Tatbestände. Der Katalog
   muss nach sinnvollen Klassen geordnet werden, die an den Datenschutz (Vertraulichkeit, Sicherheit) unterschiedliche Anforderun-

gen stellen. Ohne diese Klassifizierung kann ein organisier-
ter Datenschutz nie vollständig sein, und es lassen sich vor allem
neu auftretende Schutzfälle nicht systemkonform einordnen.

3. Qualifizierung der schutzbedürftigen Tatbestände. Meist gibt es
keine quantenmässige Vorstellung darüber, welchen Schutzwert die
Daten über einen Tatbestand haben. Zum Aufbau eines wirtschaftlich gerechtfertigten Schutzsystems muss man aber wissen, bis zu
welcher Wertgrenze man jeweils Sicherungsaufwand betreiben kann.

4. Definition der Sicherungsmöglichkeiten. Analog zu den schutzbedürftigen Tatbeständen müssen auch die Sicherungsmöglichkeiten
(maschinelle, programmierte, organisatorische) katalogisiert
werden.

5. Klassifikation der Sicherungsmöglichkeiten. Auch hierbei ist
eine Klassenbildung nach der Sicherungsart, dem Schutzwert, dem
Sicherungsaufwand u.a. notwendig.

6. Quantifizierung der Sicherungsmöglichkeiten. Es müssen klare
Aussagen vorliegen über den technischen, räumlichen, personellen,
zeitlichen und finanziellen Aufwand.

7. Zuordnung von Sicherungsmassnahmen zu Schutzbedürfnissen. Erst
wenn all dieses getan ist, wird es möglich, den schutzbedürftigen
Tatbeständen geeignete und angemessene Sicherungsmöglichkeiten
zuzuordnen.

Erst wenn all dieses getan ist, wird es möglich, den schutzbedürftigen
Tatbeständen geeignete Sicherungsmassnahmen zuzuordnen.

Schematisch sieht das so aus:

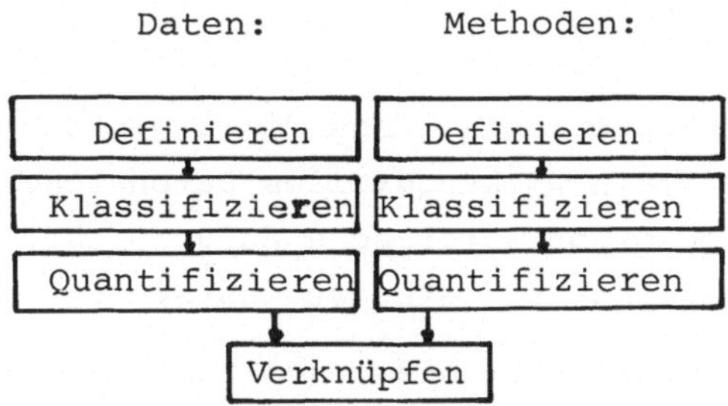

Aus der Aufzählung dieser Grundvoraussetzungen geht klar hervor,
dass ein grosser Teil zur Realisierung des Datenschutzes von denen
geleistet werden muss, die für die Tatbestände sachlich zuständig
sind und sie zu verantworten haben.

Spezialisten, das sind Techniker, Programmierer, Organisatoren und
DV-Experten, können nur dann brauchbare Sicherungssysteme bauen,
wenn ihnen klare Ziele gesetzt und brauchbare Arbeitsgrundlagen zur
Verfügung gestellt werden.

Man muss auch klar sehen, dass Datensicherungssysteme kein Eigen-
leben im Rechenzentrum führen. Sie müssen in die Systeme der allgemeinen Sicherheit integriert werden.

Hauptgebiete sind:
        Gebäudesicherung,
        Personalsteuerung und -überwachung,
        Organisatorische Sicherungen wie
            Closed Shop
            Funktionsteilung u.a.
        Programm- und Datensicherung,
        Benutzungssicherung wie
            Zugriffsberechtigungen,
            Protokollierungen u.a.

Gute Datensicherungssysteme sind nur dann zu realisieren, wenn alle
Beteiligten zusammenwirken. Da sind ausser der Geschäftsleitung
die Funktionen:
        Organisation,
        Datenverarbeitung,
        Fachabteilung,
        Revision,
        Rechtsabteilung und
        Werksicherung.

Es wurde bereits darauf hingewiesen, dass die Organisation des Datenschutzes mit dem Ziele ein wirkungsvolles Datensicherungssystem
aufzubauen, eine wichtige organisatorische Aufgabe ist. Bei der
Organisation von Informations- und Steuerungssystemen ist der Da-
tenschutzaspekt von hervorragender Bedeutung. Deshalb kann nur plan-
volles Vorgehen zum Ziele führen. Der nachfolgende Netzplan gibt
einen groben Überblick über die notwendigen Aktivitäten beim Aufbau
eines Datensicherungssystems.

Ein Datensicherungssystem kann nur in gemeinschaftlicher Anstrengung
verschiedener Stellen konzipiert, aufgebaut, installiert und genutzt

werden. Die wichtigsten beteiligten Stellen und ihre Hauptaufgaben
seien hier aufgeführt.

Es muss deutlich darauf hingewiesen werden, dass die letzte Verantwortung für den Datenschutz nach innen und nach aussen stets bei der Geschäftsleitung liegt. Sie kann selbstverständlich an den Datenschutz-
ausschuss und an den Datenschutzbeauftragten spezielle Aufgaben dele-
gieren, bleibt aber damit in der Gesamtverantwortung.

Die Organisation ist am Aufbau wohl am stärksten beteiligt, da auf-
wandsmässig der grösste Arbeitsanteil auf die Organisation des Systems
entfällt. Zur Organisation zählen wir auch die Programmierung, soweit
sie Sachprogramme zu erstellen hat.

Grosse Bedeutung kommz allerdings auch der Revision zu. Gerade in der
Revision wird der grösste Sachverstand zum Thema speziell zu finden
sein, verbunden mit einer intimen Kenntnis der in der Gesamtorganisa-
tion vorhandenen Schwachstellen im Hinblick auf den Datenschutz. Sowohl in der vororganisatorischen Phase (also bei der Zielformulierung,
der Erstellung allgemeiner Richtlinien, der Personal- und Schulungs-
planung u.ä.) als auch bei der laufenden Berater- und Gutachtertätig-
keit in der Phase der Organisation wird die intensive Mitwirkung der
Revision unerlässlich sein (Abb.1).

Auch die Datenverarbeitung hat wichtige Aufgaben zu übernehmen. Der
gesamte Bereich der hardwaregebundenen Sicherungen gehört zu ihrem
Aufgabengebiet. Von den Software-Sicherungen hat sie zumindest die
Sicherungen in Betriebssystemen und Steuerungsprogrammen zu realisieren. Die Sicherungen in Sachprogrammen liegen normalerweise im Auf-
gabenbereich der Organisation.

Wesentliche Beiträge haben die Fachabteilungen zu leisten. Deren
intensive Mitwirkung wird bei allgemeinen Organisationsaufgaben viel
zu wenig in Anspruch genommen. Wenn das bei organisatorischen Regelungen, wo doch die Aufgaben dieser Funktionen geordnet werden, schon ein
kaum verständlicher Fehler ist, so kann es beim Datensicherungssystem
zu dessen späterer Unwirksamkeit führen.

Auch die Werksicherung ist in die Realisierung des Datenschutzes einzu-
schalten. Sie ist zwar im wesentlichen für die Sicherungen dinglicher
Objekte zuständig, und Daten gehören nicht zu den physischen Kategorien.

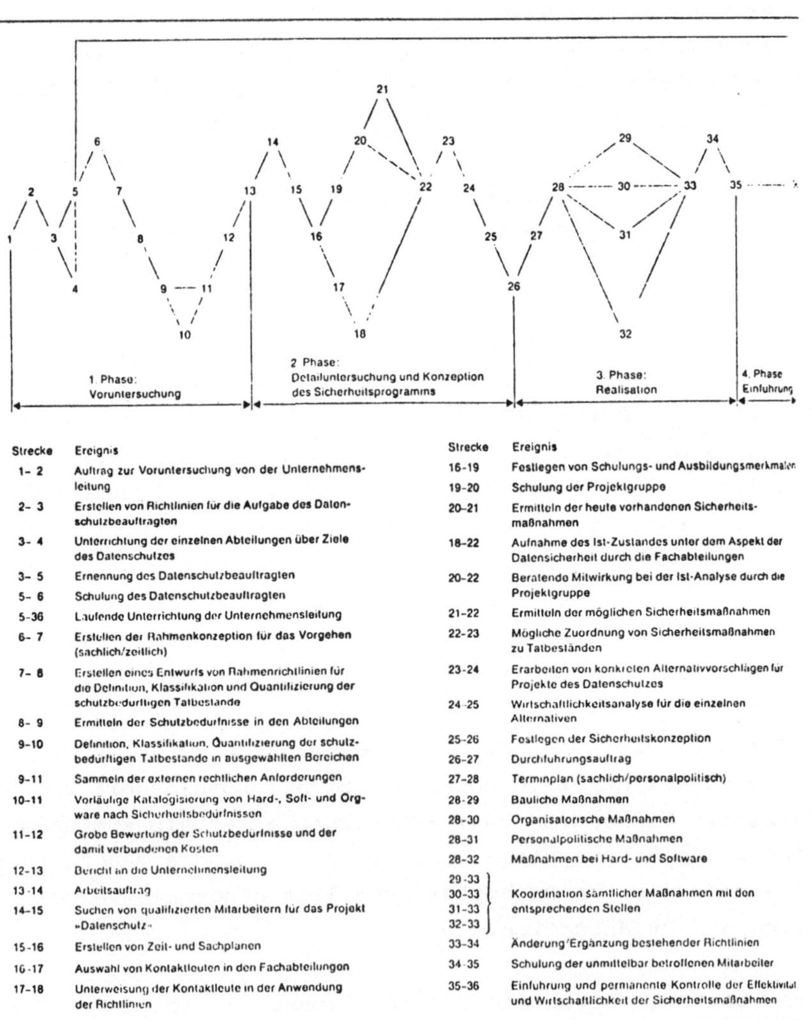

Strecke	Ereignis		Strecke	Ereignis
1- 2	Auftrag zur Voruntersuchung von der Unternehmensleitung		16-19	Festlegen von Schulungs- und Ausbildungsmerkmalen
2- 3	Erstellen von Richtlinien für die Aufgabe des Datenschutzbeauftragten		19-20	Schulung der Projektgruppe
3- 4	Unterrichtung der einzelnen Abteilungen über Ziele des Datenschutzes		20-21	Ermitteln der heute vorhandenen Sicherheitsmaßnahmen
3- 5	Ernennung des Datenschutzbeauftragten		18-22	Aufnahme des Ist-Zustandes unter dem Aspekt der Datensicherheit durch die Fachabteilungen
5- 6	Schulung des Datenschutzbeauftragten		20-22	Beratende Mitwirkung bei der Ist-Analyse durch die Projektgruppe
5-36	Laufende Unterrichtung der Unternehmensleitung			
6- 7	Erstellen der Rahmenkonzeption für das Vorgehen (sachlich/zeitlich)		21-22	Ermitteln der möglichen Sicherheitsmaßnahmen
			22-23	Mögliche Zuordnung von Sicherheitsmaßnahmen zu Tatbeständen
7- 8	Erstellen eines Entwurfs von Rahmenrichtlinien für die Definition, Klassifikation und Quantifizierung der schutzbedürftigen Tatbestände		23-24	Erarbeiten von konkreten Alternativvorschlägen für Projekte des Datenschutzes
8- 9	Ermitteln der Schutzbedürfnisse in den Abteilungen		24-25	Wirtschaftlichkeitsanalyse für die einzelnen Alternativen
9-10	Definition, Klassifikation, Quantifizierung der schutzbedürftigen Tatbestände in ausgewählten Bereichen		25-26	Festlegen der Sicherheitskonzeption
9-11	Sammeln der externen rechtlichen Anforderungen		26-27	Durchführungsauftrag
10-11	Vorläufige Katalogisierung von Hard-, Soft- und Orgware nach Sicherheitsbedürfnissen		27-28	Terminplan (sachlich/personalpolitisch)
			28-29	Bauliche Maßnahmen
11-12	Grobe Bewertung der Schutzbedürfnisse und der damit verbundenen Kosten		28-30	Organisatorische Maßnahmen
			28-31	Personalpolitische Maßnahmen
12-13	Bericht an die Unternehmensleitung		28-32	Maßnahmen bei Hard- und Software
13-14	Arbeitsauftrag		29-33 30-33 31-33 32-33	Koordination sämtlicher Maßnahmen mit den entsprechenden Stellen
14-15	Suchen von qualifizierten Mitarbeitern für das Projekt »Datenschutz«			
15-16	Erstellen von Zeit- und Sachplänen		33-34	Änderung/Ergänzung bestehender Richtlinien
16-17	Auswahl von Kontaktleuten in den Fachabteilungen		34-35	Schulung der unmittelbar betroffenen Mitarbeiter
17-18	Unterweisung der Kontaktleute in der Anwendung der Richtlinien		35-36	Einführung und permanente Kontrolle der Effektivität und Wirtschaftlichkeit der Sicherheitsmaßnahmen

Abb. 1

Sobald aber mit Daten gearbeitet wird, werden sie auf physischen Datenträgern erfasst, mit Maschinen verarbeitet und über physische Kanäle transportiert. Deshalb ist die physische Sicherung von grosser Bedeutung.

Nicht zuletzt sollte auch die <u>Rechtsabteilung</u> ständig in beratender Funktion beteiligt sein.

3. Checkliste zur Datensicherung

Als Leitfaden für die Überprüfung des Gesamtsystems hinsichtlich seiner Datensicherheit sollte unbedingt eine Checkliste herangezogen werden. Man erhält damit die grössere Sicherheit, alle wesentlichen Fragen gestellt und alle wesentlichen Aspekte ausgeleuchtet zu haben.